高等职业教育市场营销类专业系列教材

市场营销综合实训

单凤儒　主编
付铁山　贾洪芳　副主编

科学出版社
北京

内 容 简 介

本书是为市场营销专业学生毕业后上岗前进行综合实训而编写的教材。

为了最大限度地与实际营销岗位和业务接轨，本书设置了营销组织与管理、企业营销、商场销售与专项营销等四个可依需要而灵活组合的模块体系。本书具有如下三个特点：结构流程化，构建"营销业务流程＋典型工作任务"的实训结构模式；从"说"实训转变为"做"实训，构建实操型实训方式体系；校企合作，商学结合，创新实训组织形式。

本书可作为高职高专市场营销专业的教材，也可作为成人高等教育和企业营销人员的培训用书。

图书在版编目(CIP)数据

市场营销综合实训/单凤儒主编. —北京：科学出版社，2009（2023.8 修订）
（高等职业教育市场营销类专业系列教材）
ISBN 978-7-03-024270-9

Ⅰ.市…　Ⅱ.单…　Ⅲ.市场营销学-高等学校：技术学校-教材
Ⅳ. F713.50

中国版本图书馆 CIP 数据核字（2008）第 038609 号

责任编辑：赖文华　丁　波 / 责任校对：耿　耘
责任印制：吕春珉 / 封面设计：耕者设计工作室

科学出版社 出版
北京东黄城根北街 16 号
邮政编码：100717
http://www.sciencep.com
北京九州迅驰传媒文化有限公司 印刷
科学出版社发行　各地新华书店经销
*
2009 年 5 月第　一　版　开本：787×1092　1/16
2023 年 8 月第八次印刷　印张：16
字数：360 000

定价：48.00 元

（如有印装质量问题，我社负责调换〈九州迅驰〉）
销售部电话 010-62134988　编辑部电话 010-62135235-8205（VF02）

高等职业教育市场营销类专业系列教材

编 委 会

序

随着我国市场经济的发展与成熟，全球经济一体化步伐的加快，市场营销在我国经济与社会生活中发挥着日益重要的作用。为市场营销培养实用人才的高职高专市场营销专业发展迅速，已成为我国财经类在校生规模最大的专业之一，同时，该专业也肩负着深化改革、更好地适应职业需要的重要使命。在全国多所高职高专院校教师深入研讨市场营销职业特点与市场营销专业的培养目标、总结各校乃至全国教学改革经验、探索教材模式创新的基础上，科学出版社策划并组织出版了本系列教材。

一、市场营销的职业特点与市场营销专业的培养目标

职业教育的生命力在于其所培养的人才与职业需要相吻合，衡量职业教育质量的首要尺度是学生就业后对职业岗位的适应能力。因此，研究市场营销专业改革与教材建设，首先就要研究市场营销的职业特点，并相应确定市场营销专业的培养目标。

市场营销职业的主要特点如下：

1. 工作的创新性。市场犹如一匹脱缰的野马，驰骋千里，瞬息万变。商场如战场，竞争激烈，机会随处可见，风险无处不在，成败有时就在旦夕之间。而且，营销人员又大多是人自为战，要独立面对与把握复杂多变的商机。市场营销既有规律可循，又无“长胜”秘诀可依，唯一的取胜之道就是创新。

2. 过程的沟通性。营销的本质是沟通。从表面上看，营销就是卖东西，而营销的实质却是人与人之间的沟通。在信息传播过程中，卖者掌握买的信息，买者掌握卖的信息；在认知与心理沟通过程中，实现买卖双方的互信与双赢；成功的沟通结束了，成功的交易也就实现了。就营销的本质而言，商家卖的不是商品，而是信息、信誉、情感。成功的营销员首先必须是个沟通高手。

3. 知识的艺术性。营销既是科学，又是艺术，而且主要是艺术。营销是有规律的，因此，在大量实践的基础上，创建一整套市场营销科学理论体系，对于指导营销实践具有极为重要的作用。但同时，由于市场营销工作的创新性与过程的沟通性，这就决定了营销不可能照搬理论，按图索骥，而更多的是在理论的指导下，针对千变万化的市场情景，标新立异，出奇兵制胜。只“啃”书本，“熟记”营销理论，不谙营销实务，在商战中只是纸上谈兵，必败无疑。

4. 技能的心智性。高职高专多数专业都强调培养学生的动作技能，而市场营销专业则不然，强调的是心智技能的培养。固然，市场营销工作实践中有大量的程序化的业务操作，有的还有较高的技术要求，但营销的本质是创

新、是沟通、是艺术，这样，衡量一个营销人员素质与水平的核心标准就是其心智技能，如观察力、思维力、表达力、应变力、创新力等。

基于上述分析，笔者以为，高职高专市场营销专业的培养目标应为：培养具有创新精神，掌握必要理论，熟悉营销实务，以沟通能力见长的高素质营销人才。

要适应市场营销的职业需要，有效地实现上述培养目标，就必须深化市场营销专业教学改革，而改革的核心与关键就是课程的改革与建设。

二、高职高专市场营销课程的改革与建设

在教学内容结构改革上，要树立“应用整体性”理念，探索建立工作过程驱动、职业能力导向的教学内容体系。教学内容结构设计的指导思想要从学科系统性转为应用整体性。在传统的学科导向结构设计中，通常是把现实职业中鲜活的、整体化的知识人为地分解为若干学科或知识单元，教师抽象性讲授，学生“线”性理解；学生到岗位后，还需要把在不同学科分散学到的知识按实际岗位职责进行重新整合，从而大大增加应用中的转换成本。在现代的应用导向结构设计中，以就业岗位应用的整体性为指导思想，以职业岗位的工作过程（业务流程）为主线设计教学内容体系，加强实务训练，注重技能培养，从而达到了解营销流程、熟悉营销实务、掌握营销技能的目标，使学生立体理解职业过程，能将所学直接运用于实际工作中，构建整体性的职业意识与职业能力结构，从而最大限度地实现教学过程与职业过程的对接与吻合。具体可选用业务流程模式、工作任务模式、能力单元模式、岗位职责模式等。

在教学模式改革上，树立“以学生为中心”的理念，探索建立校企合作、商学结合、教学做合一等富有职教特色的模式。这就要求在教学中要实现“五个转变”：

1. 教学转为学习，即从教师教为主转变为学生学为主。

2. 从以教师为中心转变为以学生为中心，即教师从学生学习的监督者变为指导者、服务提供者，学生从被监督者变为学习的主人、教师与学校的服务对象。

3. 课堂教学从单向传播转变为师生互动、双向沟通、双边活动，彻底打破“一言堂”、“满堂灌”的局面。

4. 从以教师讲为主转变为以学生练为主，使学生按照营销业务流程开展实训，接触实务，训练技能。

5. 从以教师组织教学为主转变为鼓励学生组成学习团队，自我控制，师生和谐组织教学。

同时，要与企业深度合作，联手再造以理论教学为支撑的、以实训为主体的、全新的高技能人才培养过程，实现在做中学，使学生在营销中学营销，

真正做到教学做合一。

三、本系列教材的特色

本系列教材在策划与编写中形成以下特色：

1. 结构流程化，应用整体性。在教材内容的选择与结构的设计上，坚持应用导向，以营销业务实际流程或环节为主线设计全书总体结构，彻底打破学科导向、按理论条目的逻辑顺序排列的老套路，并注意吸收最新理论前沿知识，总结改革实践新鲜经验。在具体内容设计与选择上，最大限度地贴近营销岗位实际业务，所学要尽可能联系或直接对应所用。同时，注意所用内容的层次定位。所选择的内容一定是高职学生这一特定层次能用得上，而且是必须用的。本系列教材研究的重点，从企业宏观转为岗位微观、从战略转为实务、从理论知识转为职业技能。

2. 情景渗透，行动导向。打破传统教材一贯到底的知识叙述型编写模式，构建情景渗透、理实穿插的多元化、栏目式编写模式，以更好地服务于行动导向教学的需要。在教材中设置知识点、技能点、案例导入、工作描述、知识拓展、案例分析、实训项目、小结、复习思考题等栏目，并结合知识内容插入营销案例、故事、游戏等。在实训教材中，创建"营销业务流程＋典型工作任务"的综合实训模式。具体内容设计从"说"实训（许多高职实训教材仍是停留在复述知识要点的"说"实训状态）转变成"做"实训，即教材主体内容是具体安排学生实际动手、动脑去做训练项目。为保证"做"实训目标的实现：一是校企合作、商学结合，即综合训练必须选择一个合作企业，要与企业一道组织实施；二是实训系列化，所有单元一贯到底地使用同一产品或项目进行训练，使学生体验并实践营销全程。以营销实务训练为载体，以实际营销技能与素质培养为根本。

3. 教材系列化，资源集成化。为更好地服务于市场营销专业教学改革的目标，我们打造了一个系列化的教材群，并建立了集成化的教学资源服务系统。本系列教材分为三个子系列，即营销基本业务系列、专项业务系列、非营销专业系列。作为立体化教材精品建设工程，本系列教材还包括与之配套的辅助教学资源，包括课程教学大纲、实训指导大纲、电子教案、教学参考资料、试题库等。

本系列教材的作者主要是来自全国部分高职院校的有较为丰富教学经验和写作水平的教师，并有部分企业管理者和营销业务骨干参与编写。

由于高职高专的改革任重道远，课程改革与建设更是改革的重点与难点，加之作者水平所限，本系列教材难免存在不足，尚有心到而手不到之处。敬请广大读者批评指正。

单凤儒

2008年9月于渤海大学

前　言

一、我国高职高专教学实训的综合化趋势

我国高职高专教育改革中的一个重要趋势就是实训的综合化。随着高职高专教育在我国的迅猛发展，教学改革不断深化，实训正越来越受到重视与强化。而且，对实训本身的内涵与外延的认识也正在深化。在过去的教学中，实训仅仅作为验证性的实验在理论课中附带开设。随着改革的深入，实训的比重不断加大，现在已是半壁江山。然而，实训的内容与形式的更新与变革却不像数量增加那样容易。如何设计更加适用的实训内容，创造更加有效的实训方式，成为制约当前高职高专教学改革的瓶颈。

要突破这个瓶颈，就必须在以下四个方面转换观念：

一是从验证性实验转变为应用性实践。要“正本清源”，高职高专教学的本质目的不是学习知识本身，而是通过掌握知识与技能来更好地应用，应用才是教学的本源。因此，只是为了验证知识而实训是远远不够的，必须是为了应用而实训，这样，实训就应该是一种目标岗位职业活动的实践行为。

二是从知识系统性转变为应用整体性。既然应用是本源，就应以应用为标准选择和设计教学或实训内容体系，要大胆打破学科导向的知识系统性，取而代之的则是按照如何实现应用中的整体性原则来加以设计，使学生“所学”与“所用”无转换对接，打造应用导向的实训体系。

三是从单项实训转变为综合实训。适应应用整体性需要，就必须把过去单个项目、单个环节、单门课程的实训转变为把各门课程训练综合成职业应用实践，把各个环节连成流程，把个别项目训练整合为岗位职能活动的综合性实训，使综合实训与岗位实践对接，这样就会大大提高学生的实际职业技能和综合素质，增强就业竞争力与岗位适应能力。

四是从课堂上纸上谈兵式训练转变为流程化、实操化实训。要实现实训的综合化，就必须走出课堂，走进基地或企业，按照目标岗位群的业务工作流程设计结构。同时，在实训结构的微观层次上，也要按照完成典型工作任务的要求，较为完整地安排具体的训练过程与方法。从而，不但使学生到业务岗位后上手快，而且由于具备较强的实际技能和对工作的整体把握，能完整地处理工作，更好地完成任务。

正是适应上述要求，我们编写了这本实训教材。综合实训是高职高专市场营销专业学生在学完全部课程之后，即将走上工作岗位之前，集中一段时间所进行的以岗位实际应用为目标与结构的综合性、系统化实训课程体系。

二、本书的特点

1．结构流程化，构建“营销业务流程＋典型工作任务”的实训结构模式。现有的

市场营销实训教材大多沿用理论教材体系，即按知识的类别划分，而我们的实训教材则从全新的视角重构，按照营销人员的实际业务流程设计总体结构，在每块具体训练中，则采用营销人员典型的工作任务或实务设计实训项目及具体训练方法。

2．从“说”实训转变成“做”实训，创建实操型实训方式体系，这是同理论教材及其他实训教材的本质区别之处。现在大多实训教材仍然是在大讲“应该怎样做”，而不是让学生实际去“做”。本书主要是安排学生实际去做，即教材主体内容是关于学生如何实际操作的训练活动安排。在训练方式上，采用到岗后的职场从业实际操作或其模拟训练，如顶岗训练、情景训练、角色扮演、情景剧、案例分析等多种重视实操的训练方式与手段。特别是直接参与营销实战的顶岗训练，由竞争决定效益，使其深切地体会竞争的压力与营销的艰难，以有效地提高其实际营销技能。

3．校企合作，商学结合，创新实训组织形式。本书中的实训，是以校企之间紧密合作、实行商学渗透或商学交替、建立三大实训基地为基础和载体的，以校企共同管理和学生模拟公司为基本组织形式。为增强学生职场实际体验，本书全部采用由学生组建模拟公司组织实施。

三、本书的内容结构

为了最大限度地与实际营销岗位和业务接轨，本书设置营销组织与管理、企业营销、商场销售与专项营销四大模块，将综合实训划分为营销管理与基础训练、生产企业产品营销、零售企业（商场）柜台销售与专项营销等四个可依需要而灵活组合的可选择性体系，详见所附“市场营销综合实训课程流程化架构”。

四、本书的使用建议

1．树立“以学生为中心”的现代教学理念，以调动学生积极性为核心。学生是实训的主体、组织者、管理者、考核者，教师只是指导者、服务提供者。鼓励学生参与课程设计，由学生组织全部实训活动，实现学生自我管理、自主控制，实训活动成绩由学生评估确定。只要学生参与实训的积极性真正调动起来了，综合实训就一定能取得成效。

2．建立与完善激励机制与约束机制。要真正把学生都发动起来，就必须实施有效的激励，这就要建立科学的激励机制。要通过职业吸引、兴趣激发、亲身实践、自我表现、自我控制、相互竞争、全员考核等有效的手段最大限度地调动学生参与实训的积极性。同时，还必须要有科学有效、宽严适度的监督、控制机制，如必要的纪律约束，教师指导，学生的自我约束，对所有实训活动的全面、全程、全员考核等，以保证实训的秩序、进程、质量与目标的实现。

3．校企合作，建设三大实训基地。本书所组织的训练，是以校企合作、建设三大实训基地为基础的，因此，在实训前，必须选择合作企业，签订共同组织实训协议，实现全程合作。同时，要创造条件，建立校外实训基地（合作企业）、校内实训基地（校办店厂）和校内营销模拟实训室，并聘请企业营销人员作实训指导教师。

4．对训练模块与项目的灵活选择与重组。由于本书采取模块化组织，各学校可依专业培养规格与就业方向，对四个模块灵活选择，并实行科学组合；对具体训练项目，可依需要以及学校的实际条件灵活取舍；还可根据需要，添加一些实用项目；对一些不够完善的项目或条件，可修改完善。

本书由渤海大学的单凤儒教授主编。渤海大学的付铁山教授、辽宁科技学院的贾洪芳副教授任副主编。各部分主要编写人员为：绪论由单凤儒编写；模块一由单凤儒等编写；模块二由贾洪芳、王小志（承德石油高等专科学校）等编写；模块三由付铁山等编写；模块四由赵素敏（渤海大学）等编写。其他编写人员有：刘超（大连大学）；孟雷、李艳松、祖峰、张丽凤、高薇、李昕、张帅、吴晓云等（渤海大学）。渤海大学高职学院的刘艳良、张海英、张艳玲、聂艳华等也参加本书资源库等内容的写作。

本书参阅了一些文献资料，在此向相关作者致谢！

由于是第一次探索流程化、实操化市场营销综合实训教材，不足之处在所难免，恳请广大读者批评指正！

单凤儒

2009年元月

于渤海大学

目　录

市场营销综合实训课程流程化架构

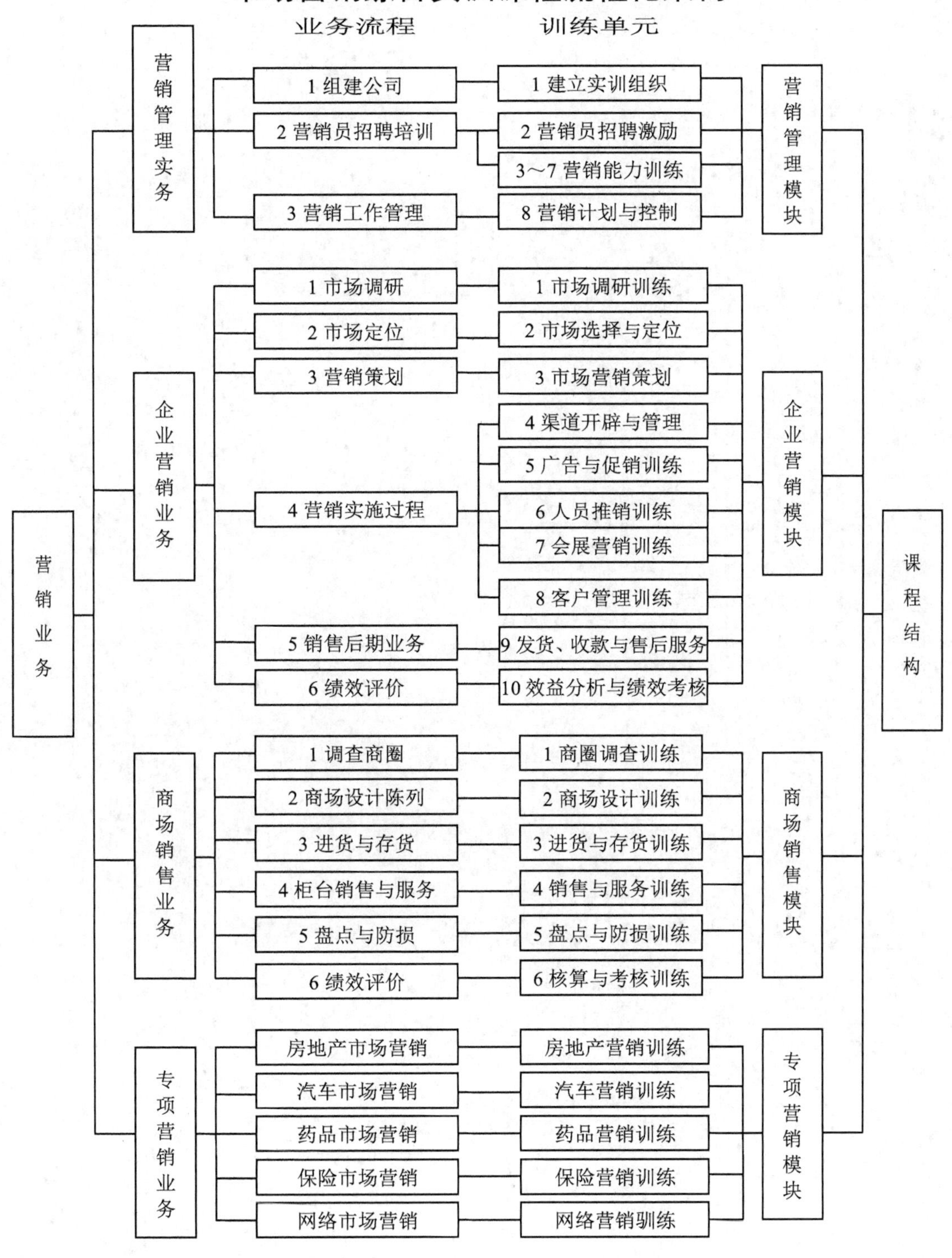

绪　论

市场营销综合实训的概念与目标

一、市场营销综合实训概念的界定

高职高专市场营销专业的实训是其课程体系中极为重要的组成部分。通常可以分为课程实训、课外实训与综合实训三大部分。其中，课程实训是指列入某门课程计划之内，占用该课程课时所进行的实训；课外实训是指未列入教学计划之内，在教师倡导下或由学生自发、在课程学时之外所进行的实训；而综合实训则指在专业教学结束与实习或就业之前集中进行的系统化实训。

所谓综合实训，是高职高市场营销专业学生在学完全部课程之后，即将走上工作岗位之前，集中一段时间，所进行的以岗位实际应用为目标与结构的综合性、系统化实训课程体系。综合实训是实现所学知识的系统化，特别是技能培养的综合化，全面提高学生综合素质的基本途径，是使学生由学校走向社会的桥梁与纽带，是高职高专市场营销专业人才培养的关键环节。

市场营销综合实训具有如下特点：

1．阶段上的终结性。综合实训需安排在全部课程学完之后，即将结束全部学业，走上实习岗位或工作岗位之前所进行的。

2．时间上的集中性。它不是分散进行的，必须是集中一段时间，少则半个月，多则三个月，进行全天性训练。

3．内容上的完整性。即综合实训所设计的实训内容，不但包含所有课程培养的技能，而且，应尽可能完整地反映营销实际工作岗位所需技能的训练。

4．训练方式上的职业性。可以采用营销情景训练方式，即尽可能创造营销职场的仿真环境，采用实际营销的方式手段，以最大限度地贴近营销职场实际；要创造条件，实行商学结合，或完全在企业营销一线顶岗训练，在实战中训练。从而尽可能实现与营销职业岗位工作的零距离对接。

二、市场营销专业服务面向行业的简要分析

1．市场营销行业的竞争性。市场营销是一个竞争十分激烈的行业。“商场如战场”，在市场上，诸多企业为了各自的生存与发展，在产品、价格、分销渠道与促销推广等方

面展开全面而激烈的竞争。营销人员首当其冲，成为激烈市场竞争的勇敢斗士。

2．市场营销工作的社会性。市场营销工作在本质上是一种人际交往、信息传播、说服诉求的社会沟通行为。而人是最复杂的，不但有复杂多变的各种行为，更有让别人难以捉摸的思想与心理。它比只与物质劳动对象打交道的技术性、操作性工作复杂得多。营销人才应是以较高人际沟通技能为本质特征与优势的交际型人才。

3．市场营销岗位的挑战性。大量的简单操作性工作岗位，没有特殊专业技能要求，一般人都能适应。而市场营销工作岗位则是许多人无法适应的。市场营销工作难度大，且大都是个人独自作战，并直接与最复杂的“人”打交道。这样，在市场营销岗位上工作，一方面，要承担巨大的工作压力，另一方面，也能够在取得成功时获得巨大的成就感与满足感。所以，市场营销工作极具挑战性。

4．市场营销人员素质的综合性。由于市场营销行业、工作及其岗位的特殊性，要求市场营销人员不但要具有较高的技能与素质，而且要求其具有较强的综合素质。它不仅要求具有很高的市场营销专业技能，而且要求具备很高的职业道德，同时还要具备很好的心理素质。

三、市场营销综合实训的目标

通过综合实训，实现如下目标：

1．对该专业所学全部专业课程知识的系统复习与综合运用。

2．对市场营销职业能力的系统强化。

3．对核心能力与综合素质的系统培养。

4．进行上岗前的系统培训，实现与就业的零距离对接。

市场营销综合实训的能力结构

市场营销专业学生从业所需的技能主要是心智性的，而非动作性的。其实训能力组群体系由三层构成，即核心能力、职业能力和综合素质。

一、核心能力

核心能力是指营销人员所应具备的非专业的、普遍适用的、现代人的核心能力。核心能力是一种不受行业和岗位限制的通用能力，是人们从事任何工作都需要的能力，而且应当是人们各种能力中起支配作用的能力。市场营销专业主要包括以下四种核心能力：

1．心理适应能力，是指营销人员在心理范畴所应具备的自信、勇敢、毅力、容忍、调节、乐观等心理品质与能力。

2．交际与沟通能力，是指营销人员应具备的文明礼仪、人际交往、信息传播、语言表达、感情融通、交涉诉求等能力。

3．分析与解决问题能力，是指营销人员应具备的观察事物、分析环境、科学思维、筹划对策、解决难题、谋求成功等能力。

4．信息处理能力，是指营销人员应具备的信息搜集、信息处理、信息储存、信息运用、数据运算等能力。

5．创新与应变能力，是指营销人员应具备的创新精神、创新思维、创新方法以及能动适应环境、应付紧急或突发事件等能力。

二、职业能力

市场营销职业能力是指营销人员在职场上从事营销活动、谋取营销成功所需要的最重要的职业技术与能力。主要包括如下技能：

1．市场调研、环境分析、目标市场选择的能力。

2．营销策划能力。

3．广告宣传能力。

4．协调客户关系能力。

5．人员促销能力。

6．柜台服务与销售能力。

7．营销效益核算与绩效评估能力。

三、综合素质

综合素质是指在实际营销中所涉及的各方面、各种各样的综合性能力与素质。除上述所讲的核心能力与职业能力外，还包括思想境界、职业道德、人格魅力、共事与合作能力、将理论知识应用于实践的能力、将单项知识与能力综合起来的能力等。

四、综合实训能力组群体系的总体模型

综合实训能力组群体系的总体模型如下图所示。

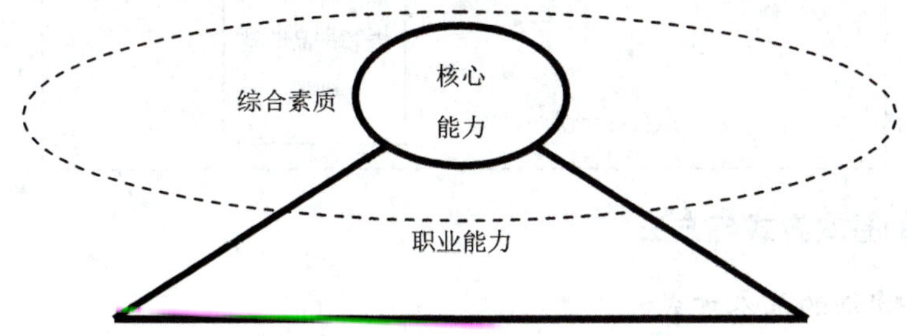

市场营销综合实训的基本方式与流程

一、综合实训的总体模式

市场营销综合实训总体模式为：以就业为导向，以提高职业能力、核心能力与综合素质为目标，以校企合作、商学结合为基本途径，以模拟公司为基本组织形式，以情景训练和顶岗训练为基本方式的系统化实训模式。

二、综合实训的结构模式与总体流程

1．创建“营销业务流程＋典型工作任务”的综合实训的结构模式。按照营销人员的实际业务流程设计总体结构，然后在每个具体训练中采用营销人员典型的工作任务或实务设计实训项目及具体方法。

2．综合实训分为营销管理、企业营销、商场销售与专项营销四个模块。为了最大限度地与实际营销岗位和业务接轨，将综合实训的业务能力训练划分为工业企业产品营销、零售企业（商场）柜台销售与专项产品营销等三个模块。这三个模块可根据专业、具体的服务灵活选择。例如，培养工业企业营销员专业方向的，应以工业企业产品营销为重点训练模块；培养商场（连锁店）营业员专业方向的，应以零售企业（商场）柜台销售为重点训练模块；专项产品营销模块则根据学生就业意向自主选择。

3．在体例结构上设置四个模块，下设训练单元，单元下再安排若干个训练项目。

综合实训的结构与流程如下图所示。

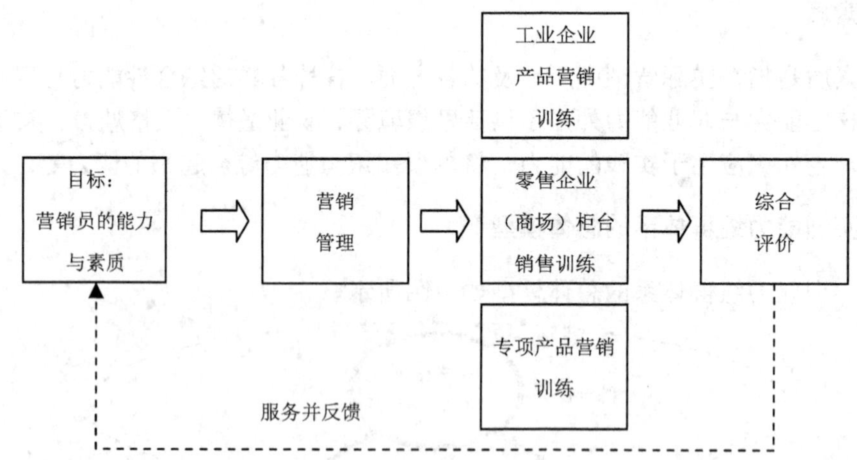

三、综合实训的基本方式与方法

（一）综合实训的基本方式

综合实训主要划分为两种基本形式：一是情景训练，即指在校内模拟实训室，创造营销仿真环境，开展模拟营销与训练的方式；二是营销实战，即指在校内基地或校外企业直接参与营销实践，在实战中训练技能的方式。

综合实训在空间上可分为三种形式：一是在校内模拟实训室进行各种情景模拟训练；二是在校内实训基地，如超市、商场、校办工厂、产品销售部或企业的代理营销部进行的各种实战训练；三是在社会上各种企业的营销部或商场进行的顶岗实训。

综合实训在时间上可分为四种形式：一是分段式实训，即在校内实训与在企业实训划分先后阶段进行；二是渗透式实训，即在校内实训与在企业实训交叉进行；三是全程在校内进行情景模拟实训；四是全程在企业进行顶岗实训。

（二）综合实训的基本方法

为有效地培养营销人员的职业能力与核心能力，要探索并完善多种实训方法，具体如下：

1．案例分析。本书所选的营销案例，均是较为典型的、具有学生讨论与研究空间的案例。进行案例分析时，既可以采用由学生独立分析，再以书面作业完成的分散方式，又可以采用先分小组讨论，后到课堂上全体讨论的集中形式。其中，后一种方式主要用于对重点案例进行分析。教师的指导要重点放在引导学生寻找正确的分析思路和对关键点的多视角观察上，而不是用自己的观点影响学生。教师对案例分析的总结，也不要对结果或争论下结论，而是对学生们的分析进行归纳、拓展和升华。

2．调查与访问。根据训练需要，特别是要带着特定的营销问题，与合作企业共同安排，组织学生深入合作企业或其他企业，调查营销市场，访问消费者、客户与营销管理者，了解顾客的需求，熟悉企业营销流程与实务。调查结束后，再由学生写出调研报告，并以班级为单位组织交流与评价。

3．项目决策与管理。即设定一定营销情景或典型任务，由学生运用所学知识与相关技能，对该项目设计营销方案，进行模拟营销，或实施管理与决策。这是大量采用的基本形式，是情景训练的一种典型方式。

4．角色扮演。给出一定的案例、情景或要解决的营销问题，由学生扮演其中的角色（也可轮流扮演），设身处地地分析与解决所面临的营销问题。其他同学作为观察者，记录扮演过程，并加以评价。学生从所扮演角色的角度出发，运用所学知识，自主分析与决策，以提高学生实际决策的技能。

5．情景剧。由学生选择营销案例并编写脚本，再由学生进行演出，演出分为两部分：一是所要解决的营销关系与矛盾的展示，二是由角色扮演者现场处理所要解决的营销问题；演出结束后，全班同学进行评议，分析各扮演者处理是否得当，并提出更好的建议。可以分组进行，有关角色也可以轮流扮演。这种方法可提供更有价值的仿真环境，并且使学生对不断变化与发展的营销问题进行动态的分析与决策，对于训练学生的营销意识与实际营销技能具有重要的作用。

6．头脑风暴法。针对营销策划等问题，由学生应用所学知识，放开思路，大胆分

析，提出自己的见解与解决方案。

7．多媒体教学。本课程可全程使用多媒体教学，有的重点案例采取录像播放方式，以增强感染力。有条件时，可将学生们的各种模拟与表演摄录下来，再通过录像回放的方式，自我修正与相互交流、评价。并尽可能制作有利于学生训练的助学课件，努力建立系统性、立体化的多媒体实训辅助体系。

8．实际操作。是指对一些营销实务，在学校或企业，按照业务规程，实际动手操作或训练。

9．营销实战。可采用顶岗训练等形式。根据综合实训计划，会同合作企业，组织学生参与实际销售过程，同营销人员一道与顾客或用户打交道，完成销售任务。营销实战必须与合作企业共同组织，相对集中安排并尽可能实现系列化。营销实战的考核主要以实际销售业绩和企业评价作为学生营销综合能力的衡量依据。通过营销实战，全面训练与培养学生的综合能力，促进与就业的零距离对接。

四、综合实训的教学组织与媒体

（一）组建模拟公司，作为综合实训的基本教学组织形式

1．聘任一位学生助教，协助教师指导实训活动，并负责联系各模拟公司。同时，可组织一个课程指导小组（由3～5名学生组成），同教师一起设计与组织实训，并负责重要实训活动成绩的评定。

2．所有实训活动均以模拟公司为单位组织实施。学生自愿组成5～8人的模拟公司，通过竞聘产生总经理。在总经理主持下，共同策划，相互配合。同时，一些实训活动实行在公司之间的竞争与对抗。

3．实行轮值主持制度，以自我控制为基本教学管理方式。教师要由知识传授者和教学监督者变为学习指导者和协调者。除特别注明主持的实训活动外，实训活动均由模拟公司轮值主持，即每个训练阶段（模块或单元）分别由一家模拟公司负责主持，实行“轮流执政”，也可以实行“双主席制”，即每个训练阶段都由两家公司同时担任轮值主席，以便交叉评定成绩。每家公司、每个成员都有主持全班活动，为全班同学评分的机会与权力。

4．在一般实训活动中，可以以“模拟公司”名义组织实施；在企业产品营销模块中，则以“模拟公司营销部”名义活动；在商场销售模块中，要以“模拟商场卖区”名义活动。在许多非特定环境下，还可以以模拟营销团队的形式活动。

5．以公司形式为主的组织实施体系的系统模型。在教师指导下，班级组成教学与实训指导小组，全面负责课程实训；学生助教为指导小组的召集人与师生间的联络人；按自愿原则组成5～8人的模拟公司，在其总经理领导下开展实训；每一阶段可由一家公司担任轮值主席，负责组织实施与考评。市场营销专业实训的组织实施体系模型如下图所示。

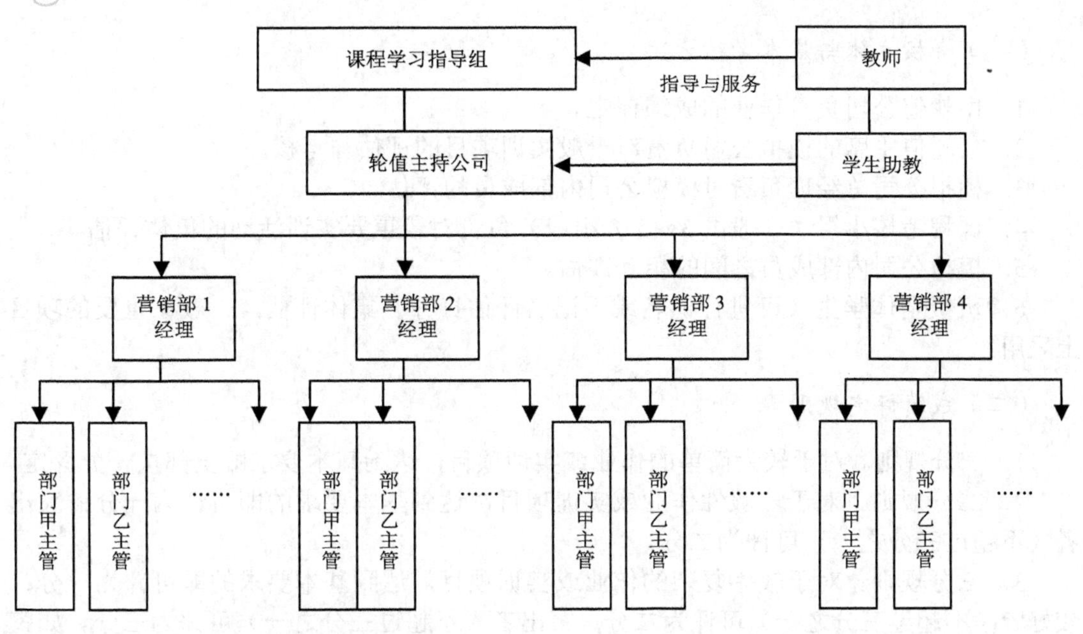

（二）加强信息化教学手段建设

要建立纸质、声音、电子、网络等多种媒体构成的立体化教学媒体。除本书作为主教材外，尽可能运用多媒体支持实训的运作，并逐步建立与完善辅助实训与课程考核及管理的计算机化系统。

（三）实训条件建设

1．双师型的指导教师团队。教师本身必须熟悉营销业务，以有效指导学生的操作。要尽可能聘请有合作企业经验的营销人员担任指导教师，或邀请其到校做培训讲座。

2．校内场地。除教师外，应建设营销模拟室或实训室，用于组织各种营销模拟、角色扮演、情景剧等训练活动。

3．有条件的，可组建实体公司（超市）。可经正式注册，具有营业执照；可由学生和学院共同投资入股注册超市，建立真正的实体；还可以是接收企业委托代理经销。营销机构提供一切实训设施，全体管理者与营销人员均由学生担任，并定期轮岗。

4．合作企业。在组织综合实训之前，应选择相应类型的企业作为实训合作伙伴。除派员参与指导学生实训外，主要是安排学生的顶岗训练活动，并负责指导与管理。在组织同一个训练模块过程中，最好选择同一企业进行系列化的连贯实战活动，既便于组织，又有利于学生对业务的完整把握。

五、综合实训能力考核与成绩评定

综合实训实行全程化、累分制考核体系。

（一）考核主体与基本考核方法

1．由轮值公司负责作业的成绩评定。

2．任轮值主席的模拟公司负责对一般实训项目的评估与考核。

3．模拟公司总经理负责对模拟公司内部成员的评估。

4．课程考核小组（一般由3～5人组成）负责对较重要实训活动的集体评估。

5．模拟公司内部成员之间的相互评估。

6．班级全体学生（可进行记名或不记名评估打分）集体评估，一般在重要的项目上采用。

（二）成绩评定规则

1．一分规则。对于较为简单的作业或实训项目，达到基本要求即全部按一分评定。

2．二分规则。对于一般性作业或实训项目，达到基本要求的即可评为一分；突出者（不超过三分之一）可评为二分。

3．三分规则。对于较为复杂的作业或实训项目，达到基本要求的即可评为一分；较好者（不超过三分之一）可评为二分；突出者（不超过三分之一）可评为三分。如突出者达不到三分之一，可将份额转给较好者。

（三）案例考核要素与方法

1．学生案例分析作业（不进行大组讨论）或发言提纲（进行大组讨论）。由轮值公司按照二分规则评定成绩。

2．根据学生在大组讨论中的表现（重点考核参与态度与发言水平），由轮值公司对发言者按照二分规则评定成绩。

（四）实训项目考核要素与方法

1．考核要素包括参与度与态度、能力表现与操作水平、实际效果、所要求的作业或书面材料。

2．对各公司或成员，由轮值公司按照二分或三分规则评定成绩。

（五）成绩综合评定

1．按项目、单元与模块三个层次计算基本得分。

（1）按各个考核要素评定案例与训练项目得分。

（2）将某一能力单元中各项目得分相加来核定能力单元得分。

（3）每一个训练模块的单元分汇总，就是该训练模块得分。

2．模块基本得分折算成标准分。

实训总成绩按百分制计，要根据实际进行的训练单元与阶段数量将一百分分配到各个模块（可按各训练模块的实际训练量的大小，有差别地分配分数），确定每个阶段以百分计的额定标准分。

按每个人模块得分占模块满分（最高得分）的比例与模块额定标准分，将模块得分折合成标准分，即为模块成绩。

$$个人实得标准分=\frac{个人得分合计}{模块最高得分}\times模块额定标准分$$

式中：个人实得标准分即每个人该模块折合后的标准分；

个人得分合计即被评定者该模块所有训练项目与案例得分合计；

模块最高得分即该模块所有训练项目与案例得分合计中的最高分（可按得分最高的同学计）；

模块额定标准分即按百分计该模块所分得的分数。

3．将所有模块标准分汇总成实训总成绩。

（六）依需要可设加减分

1．可设置 10 分为特殊贡献分，酌情奖励给那些提出关于实训与工作的建议、在实训中有特殊贡献者，用以鼓励学生的创新精神与自主意识。

2．可设置 10 分为缺勤与事故扣分，依实训情况酌定。

3．可用加减分修订实训总成绩。实训总成绩满分仍为 100 分（超过 100 分的均按 100 分计）。

六、综合实训的管理机制

为实施高质量的实训，关键要建立有效的激励机制与严格的控制机制。

1．激励原则。整个实训必须坚持以调动学生积极性为核心，没有学生参与实训的积极性，就不可能提高实训的质量与效果。要通过明确目的，提高自觉性，形式要活泼，以引发兴趣，内容要实用，增强动力，由学生自我表现、自主控制，激发动机，从而保证实训的有效运行。

2．要建立科学而有力的控制考核机制。除了运用社群控制等群体制约与氛围影响外，必须实行科学而严格的考核评价机制，建立与健全实训考核评价体系。

模块一　营销组织与管理

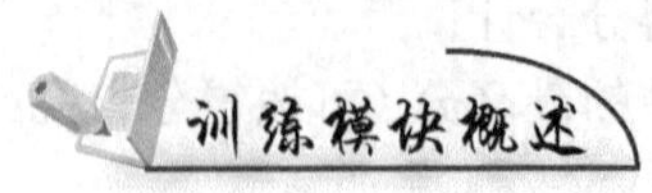

本模块是本课程的基础训练模块，是全部训练的起始模块。通过本模块训练，为整个训练建立实训组织载体，实施对营销员管理的训练，并重点进行培养学生作为营销人员所应具备的基本素质的训练，为学生的后续训练特别是为未来职场发展奠定基础。

首先，组建模拟公司，规范组织机构与职能，进而进行营销员的招聘、管理与评价等训练。

其次，进行心理素质训练与潜能开发，并分别训练沟通能力、观察与应变能力、团队合作能力、产品与企业形象塑造能力等。

本模块虽然具有专项能力训练性质，但也要注意各项训练的联系性、系统性，并特别要注意激励学生，焕发其激情进入情境。

训练流程与能力培养架构

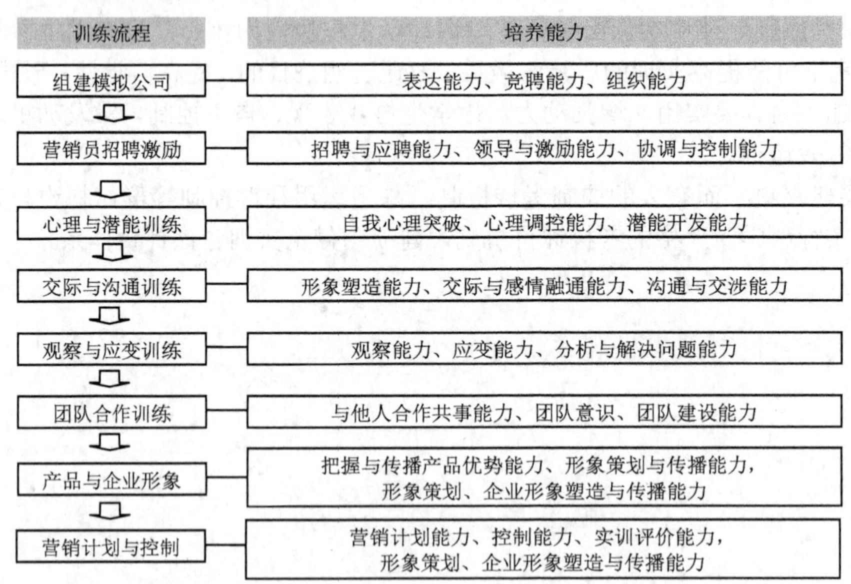

训练基地与组织

1．实行校企合作，商学结合，选择若干家销售产品的企业或商场，签订合作培训的协议，建立校外实训基地，组织实施顶岗训练。并聘请实训指导教师进校指导综合实训。

2．创造条件，建立校内实训基地，组建产品销售机构，如独立组建产品经销部、商店，或设置企业的产品代销部，在教师和企业营销人员的共同指导下，进行岗位训练。

3．建设仿真营销模拟实训室，在校内实施各种情景训练。

4．组建模拟公司，全部实训活动均以模拟公司为载体进行。在后续三个模块的训练中，可依据需要，将模拟公司调整为模拟企业营销部，模拟商场卖区；到企业实训，或在有些场合下统称为营销团队或销售团队。

单元一　组建综合实训组织：模拟公司（营销部）

营销工作描述

营销是工商企业（公司）一项极为重要的职能，是以各种形式的公司（工业的或商业的）为组织载体运行的。营销既是各公司之间的互动，又是各公司内部的运作，所以，营销离不开公司。

专司营销的部门，依据企业类型与职能不同，设置明显不同。例如，较大规模的工业企业设置营销部；商业企业（商场、超市）通常设置卖区等部门。在本模块训练中，主要是组建模拟公司营销部，并以此为载体组织实施基础训练。

实训目标

1. 训练表达能力。
2. 培养竞聘能力。
3. 培养营销组织设计能力。

训练项目 1　经理竞聘与组建公司营销部

训练目标

1．训练表达能力。

2．培养竞聘能力。

实训内容与方法

1．全体参加实训的同学，组建若干模拟公司营销部。

2．召开竞聘会，通过竞聘产生各营销部经理。

3．通过自愿组合与经理招聘相结合的方式成立各个公司营销部。

4．以公司营销部为单位，由经理主持确定公司名称。

实训要求与要领

1．依据班型大小确定公司个数，一般为偶数，便于组织对抗及有利于互判作业。

2．为尽可能使每个人都有充分参与的机会，每个公司人数不宜过多，一般以 4～8 人为宜。

3．每个同学要认真写好竞聘演讲提纲，主要内容包括自我介绍、竞聘原因、竞聘条件与优势、担任经理后的工作展望等。

4．演讲者必须脱稿，要大声宣讲并富有激情，既可以全部同学都参与竞聘演讲，也可以按经理职位的 150%限额，自由竞聘。

5．确定经理与组成公司的方式有两种：

（1）投票产生经理，再由经理按照“经理招聘与自愿组合相结合”的原则确定各公司成员。

（2）由学生通过“站队”方式选择经理，即拥护谁当经理就站到谁的身后，成员达到组建公司的最低人数，该公司即宣告成立，竞聘者即成为经理。

实训成果与考核

1．每个人提供一份总经理竞聘讲演稿或提纲，作为一次作业，按照二分规则评定成绩。

2．对各个竞聘发言者进行评估打分，按照二分规则评定成绩。

训练项目 2　公司营销部组织与职能

训练目标

1．增强对营销机构与职能的感性认识。

2．培养设计营销组织与职能的能力。

实训内容与方法

1．以模拟公司营销部为单位，利用社会调查与网络搜索等多种方式搜集一两个典型企业的营销机构设置资料。

2．设计本公司营销部内部机构，并由经理进行人员分工。

3．参照企业实际，设计本公司营销部内各机构或职位的业务职能与工作职责，并拟订简要的权责制度。

4．交流各公司组织与职能设计方案，并进行质询、评价。

实训要求与要领

1．搜集典型企业资料，一定要选择有一定实力、管理规范的公司，机构设置合理、典型，并有规范、健全的制度。

2．有条件要多搜集几家公司的资料，经过比较分析，并结合本公司所设定的条件，合理设计内部机构或部门。

3．要按照内部机构，或者职位设计各自的职能与责任、权限，要明确、具体、有根据。

4．交流方案时，其他公司成员可现场质询，并对方案进行分析、评价，被评价的公司要及时修改、完善。

实训成果与考核

1．各公司搜集的资料可作为评价材料，按照二分规则评定成绩。

2．对各公司的方案按照三分规则评定成绩。

3．根据交流过程中的表现，对发言人按照二分规则评定成绩。

资源库

知识链接

资料 1　经理竞选讲演稿编写要领提示

1．基本内容结构

（1）竞聘的目的与原因。

（2）本人的简介与优势条件。

（3）目标承诺。

（4）工作思路及实现目标的举措。

2．把握要领

（1）认真分析主客观条件，研究竞聘态势，做到知己知彼。

（2）研究选民心理，投其所好，满足需要，争取民心。主要是两方面，即实际利益与情感士气。

（3）为自己科学定位，树立有魅力的自身形象。

资料 2　市场营销部门的岗位设置与主要工作①

市场营销部门的岗位设置与主要工作如下表所示。

岗　　位	主 要 工 作
营销总监	制定和执行营销战略方案，完成上级下达的各项营销任务和目标。领导、管理、培训以及考核下属等

① 张海英．2009．企业营销实务．北京：科学出版社

续表

岗　　位	主 要 工 作
市场营销部经理	全面负责市场营销部的业务及人员管理。根据市场信息的变化为公司制定长远营销战略规划以及月度市场推广计划（促销等手段）并负责配合销售总监推广实施
销售部经理	负责完成公司下达的年度销售指标及诸如销售额、合同履约率、销售计划完成率、销货成本和回款速度等考核指标。监督、管理销售部门的工作进度。管理各销售区域的销售工作
市场调研主管	做好产品售前、售中、售后的所有调研项目，形成调研报告，为市场部经理设计战略计划提出依据
产品主管	负责产品开发，协助产品销售
广告企划主管	负责产品的广告业务和媒体发布工作，协助销售部进行产品销售
渠道企划主管	制定渠道计划，负责对中间商的管理与沟通工作
促销主管	书写促销计划，并监督实施促销计划（以节日促销、现场终端促销为主）
公关主管	主持制定与执行市场公关计划，监督实施公关活动
客户主管	与客户的高层人员、现场作业人员协调，与客户进行谈判、联络和收款等；进行有效的客户管理和沟通，了解并分析客户需求情况，进行维护客户的方案规划

范例

企业营销部组织系统如下图所示。

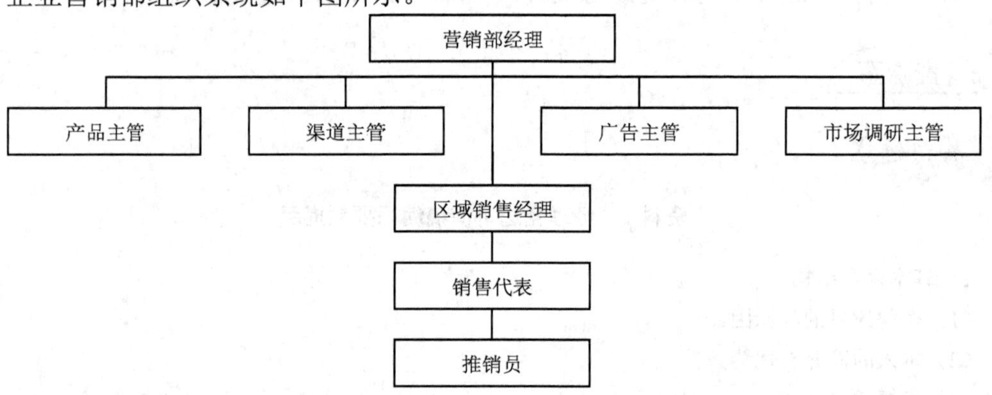

业务工具

模拟公司营销部实训考核表（　　　班）　学生助教：

公司序号	公司名称	职务	项目 / 姓名																缺席扣分	管理加分	总分
1		经理																			

续表

公司序号	公司名称	职务	项目 姓名																缺席扣分	管理加分	总分
		经理																			
2																					
		经理																			
3																					
		经理																			
4																					

轮值主席公司经理签字：

注：由轮值经理填写；在第一行注明实训项目；按一分、二分、三分规则评定成绩。

单元二　营销员的招聘与管理

营销工作描述

营销员管理的训练，是为了培养营销管理者有效管理营销人员的能力。在营销管理的实践中，主要包括如下工作或职能：

1. 根据营销人员的招聘计划与标准，择优招聘营销人员。
2. 按照现代领导方式领导营销人员高效工作。
3. 针对工作特点与人员特性、需要，对营销人员实施有效的激励，以调动其积极性。
4. 对营销人员的工作与绩效进行科学控制、考核与评价。
5. 加强营销人员的培训，促其全面发展。

实训目标

1. 增强招聘与应聘能力。
2. 体验与掌握现代领导方式。
3. 训练有效激励的能力。
4. 培养控制与评价能力。

训练项目1　模拟管理：营销员的招聘

训练目标

1．深入了解与感受营销员的素质与条件。
2．熟悉招聘程序，训练招聘能力。
3．培养心理素质与应聘能力。

实训内容与方法

1．以模拟公司为单位，轮流扮演招聘公司与应聘人员。

2．招聘公司设置固定招聘地点（每个公司一个教室），在经理主持下，公司全体成员均作为招考人员。

3．应聘人员要轮流去各招聘公司应聘，并接受面试。

4．招聘公司的招考人员要现场对所有应聘者评估打分。

5．招聘公司当场统计应聘者的得分情况，并按照招聘额度，从高分到低分录用。

实训要求与要领

1．要把所有公司分成等额的两大组，一组为招聘公司，另一组为应聘人员，一轮结束后两组轮换。

2．组织者要事先确定每个公司招聘的营销员职位与额度，一般可按照所有应聘人数的一倍半确定所有公司招聘人数总额（要同每一轮招聘的时间及相应的每个人应聘的次数相协调，一般不要超过应聘总人次的三分之二），再平均分配给各公司。

3．每一轮的时间可控制在一课时左右。

4．招聘公司要事先制定招聘计划，明确招聘目标、招聘职位、数额与条件、招聘程序与方法等。

5．应聘者要有简要的应聘提纲或自我推荐信。

6．招、应聘双方必须高度认真，坚持原则与规范，严格遵守时间。

实训成果与考核

1．招聘公司招聘计划按照二分规则评分（原则上给起草人）。

2．应聘者按照二分规则评分。

3．由应聘者集体为各招聘公司按照二分规则评分。

4．统计所有应聘者被聘用的次数，按照二分规则评分。

训练项目 2　角色扮演：对营销员的管理方式

训练目标

1．进一步认知领导者对营销员的领导方式。

2．培养选择与运用适宜的领导方式的能力。

实训内容与方法

情景：某电脑商店开业以来，生意还算兴旺。由于是新开店，特别是广告做得较为成功，来店参观浏览与选购商品的人很多。但是，几天后顾客明显减少。经深入了解发现，是由于几位店内销售人员在服务上出现了一些问题，并收到多起投诉。

员工 A：对电脑技术可谓精通，对于稍有电脑知识的顾客他可以作深入的讲解，深得这些顾客的欢迎。但是，对于毫无电脑知识的顾客，常表现出不耐烦。有一次甚至出言不逊，与顾客当众顶了起来，闹得不可开交。

员工 B：通晓硬件技术，能够熟练地组装各种型号的机器。但就是个性特强，成天总板着一副冰冷的面孔，着实令顾客“望而生畏”。而且，当部门主管提醒他改正时，他竟斩钉截铁地说：“顾客买的是硬件，又不是笑容。我天生如此，实在是装不出笑脸来！”

员工 C：为人热情、谦虚，总能为顾客着想。其服务态度很得顾客好评。但是，有关电脑的业务水平实在太低，顾客问到相关软硬件常识他常常弄不明白。更为可怕的是经常出现错误回答，误导顾客，以至遭致顾客投诉。

如果你是这家电脑店的经理，将如何解决这些问题？

方式如下：

1．由三位同学分别扮演三位员工，对经理的解决方式作出反应。

2．同时，由三位同学分别扮演 A、B、C 三位经理，提出不同的解决这一问题的方案。

3．双方进行现场沟通与争辩。要按照 A 经理→A 员工；B 经理→B 员工；C 经理→C 员工方式进行。

4．公司派出扮演者可以有多种组合：经理与员工的扮演者可以来自同一公司，也可以来自不同公司。

5．其他同学（或公司）作为观察者，现场记录双方的沟通与争辩过程，并进行评价与打分。

实训要求与要领

1．员工扮演者要进入角色，从该员工设定的个性与思维作出相应的反应。

2．经理的扮演者要按照自己或本公司议定的领导方式，提出解决方案，要有所见地。各位经理提出的方案应不同。

3．观察者要高度认真、负责，做好记录。评价要客观、公正。

4．由轮值公司主持整个过程。

实训成果与考核

1．员工扮演者要写出对所扮演角色的认识以及对经理各种处理方案的应对措施或态度的提纲，按照二分规则评分。

2．经理扮演者要写出对所扮演角色的领导方式把握和对员工的处理方案以及应对措施的提纲，按照二分规则评分。

3．观察者对扮演者的表现进行评分，依据表现状况按照二分规则评分。

训练项目3　案例分析：施经理没有解决的难题①

训练目标

1．加深对现代激励理论的感性认识。

2．提高有效激励，调动人积极性的能力。

案例与问题

施迪闻是富强油漆厂的营销部经理，厂里同事乃至外厂的同行们都知道他心直口快，为人热情，尤其对新主意、新发明、新理论感兴趣，自己也常在工作里搞点新名堂。

前一阶段，常听见施经理对人嚷嚷说："咱厂科室工作人员的那套奖金制度，我看，到了非改不可的地步了，是彻底的'大锅饭'、平均主义。奖金总额不跟利润挂钩，每月按工资总额拿出5%当奖金，这5%是固定死了的，一共才那么一点钱。说是具体每人分多少，由各单位领导按每人每月工作表现去确定，要体现"多劳多得'原则，还要求搞什么'重赏重罚，承认差距'，可是谈何容易，'巧妇难为无米之炊'呀！总共就那么一点点，还玩得出什么花样？理论上是说要奖勤罚懒，干得好的多给，一般的少给，差的不给。可是你真的不给试试看？不给你不造反才怪呢！结果实际上是大伙基本上拉平，皆大欢喜；要说有那么一点差距，确定分成三等，不过这差距也只是象征性的。照说这

① 张海英．2009．企业营销实务．北京：科学出版社

奖金也不多，有啥好计较的？可要是一分钱不给，他就认为这简直是侮辱，存心丢他的脸。唉，难办！一个是咱厂穷，奖金拨的就少；二是咱中国人平均主义惯了，爱犯‘红眼病’。”

最近，施经理却跟人们谈起了他的一段有趣的新经历。他说：“改革科室奖金制度，我琢磨好久了，可就是想不出啥好点子来。直到上个月，厂里派我去市管理干部学院参加一期中层管理干部培训班。有一天，他们不知打哪儿请来一位美国教授，听说还挺有名，来给咱们作一次讲演。”

“那教授说，美国有位学者，叫什么来着？……对，叫什么伯格，他提出一个新见解，说是企业对职工的管理，不能太依靠高工资和奖金。又说，钱并不能真正调动人的积极性。你说怪不？什么都讲金钱万能的美国人，这回倒说起钱不那么灵来了。这倒要留心听听。”

“那教授继续说，能影响人积极性的因素很多，按其重要性，他列出了一长串单子。我记不太准了，好像是，最要紧的是‘工作的挑战性’，这是个洋名词，照他解释，就是指工作不能太简单，不能轻而易举地就完成了；要艰巨点，让人得动点脑筋，花点力气，那活才有干头。再就是工作要有趣，要有些变化，多点花样，别老一套，即太单调。他说，还要给自主权，给责任，要让人家感到自己有所成就、有所提高。还有什么表扬啦，跟同事们关系友好、融洽啦，劳动条件要舒服、安全啦什么的，我也记不准、记不全了。可有一条我是记准了：工资和奖金是摆在最后一位的，也就是说，最无关紧要。”

“你想想，钱是无关紧要的！闻所未闻，乍一听都不敢相信。可是我细想想，觉得这话是有道理的，所有那些因素对人说来，可不都还是蛮重要的吗？我于是对那奖金制度不那么担心了，还有别的更有效的法宝呢。”

“那教授还说，这理论也有人批评，说那位学者研究的对象全是工程师、会计师、医生这类高级知识分子，对其他类型的人未见得合适。他还讲了一大堆新鲜事。总之，我这回可是大开眼界啦。”

“短训班办完，回到厂里，正赶上年末工作总结讲评，要发年终奖金了。这回我有了新主意。在营销部，论工作，就数小李子最突出：大学生，大小也算个知识分子，聪明能干，工作积极又能吃苦，还能动脑筋。于是我把他找来谈话。”

“别忘了我如今学过点现代管理理论了。我于是先强调了他这一年的贡献，特别表扬了他的成就，还细致讨论了明年怎么能使他的工作更有趣，责任更重，也更有挑战性……瞧，学来的新词儿，马上用上啦。我们甚至还确定了考核他明年成绩的具体指标。最后才谈到这最不要紧的事——奖金。我说，这回年终奖，你跟大伙儿一样，都是那么多。我心里挺得意：学的新理论，我马上就用到实际里来了。”

“可是，小李子竟发起火来了，真的火了。他蹦起来说：‘什么？就给我那一点？说了那一大堆好话，到头来我就值那么一点？得啦，您那套好听的请收回去送给别人吧，我不稀罕。表扬又不能当饭吃！”

“这是怎么一回事？美国教授和学者的理论听起来那么有道理，小李也是知识分子，怎么就不管用了呢，把我搞糊涂了。”

供分析的问题如下：

1．案例中所提到的激励理论，是指管理学中的哪个激励理论？按照这个理论，工资和奖金属于什么因素？能够起到什么作用？

2．施经理用美国教授介绍的理论去激励小李子，结果碰了钉子，问题可能出现在什么地方？根据案例提示的情况，说出你的理由。

3．你认为富强油漆厂营销部在奖金分配制度上存在的主要问题是什么？可以用什么办法解决？

组织与要领

1．在课下准备，可安排 1～2 课时集中讨论。

2．每个人认真阅读分析案例，并搜集有关资料，写出发言提纲。

3．由模拟公司组织小组讨论。

4．可以以班级为单位组织讨论。

5．本案例的讨论分析，重点是把握现代激励理论及其在营销领域的应用问题。特别是赫兹伯格双因素论理论的有效应用。

实训成果与考核

1．每个人的发言提纲可作为一次作业，按照二分规则评定成绩。

2．根据班级讨论中的表现，按照二分规则评定成绩。

训练项目 4　情景剧：对营销员的协调与控制

训练目标

1．提高学生搜集与处理信息的能力。

2．培养协调营销过程中矛盾与冲突的能力。

3．培养对营销员有效控制的能力。

实训内容与方法

1．每个学生都要搜集一个有关营销员协调控制与评价的案例。

2．每个公司将本公司成员搜集的案例分析整理，选择或整合成一个典型案例。

3．将该案例编成剧本，并由本公司成员进行排练。

4．各公司将各自的情景剧在全班演出。

5．在轮值公司主持下，全班共同分析评价。

实训要求与要领

1．所选取的案例，特别是编写剧本，必须符合下列要求：①内容是关于营销员之间发生的矛盾或冲突，或如何对营销员进行评价问题；②应错综复杂，是非难断，有较大的分析讨论空间。

2．情景剧表演必须遵循三个基本步骤：①管理冲突的客观表演；②提出两种以上的对该冲突处理或解决的办法或决策；③学生们对各种解决方案的分析与评价。缺步骤的要扣分。

3．选择一个有利于表演的场所。

4．通常需要较长时间的准备。

实训成果与考核

1．对所有学生所搜集的案例进行打分，按照二分规则评定成绩。

2．每个公司的剧本积二分（可由公司总经理依据实际贡献分劈），被评为最佳剧本的（不超过三分之一）可积三分。

3．参加表演者每人积一分，被评为最佳表演的可积二分（不超过三分之一）。

知识链接

资料　酌情适度地运用奖惩[①]

1．重视奖惩效应

一方面，奖励与惩罚是以权威作为支撑基础的，没有权威，自然也没有能力进行奖惩；但另一方面，奖惩又对权威产生重要的反作用，即奖惩将有助于增强管理者的权威。因此，权威是实施奖惩的条件，奖惩又是强化权威的手段。重奖有贡献的人，就能激励更多的人追随管理者，努力做贡献，从而产生显著的权威强化效应；而惩罚违规者，“惩一儆百”，会使更多的人不敢向组织纪律和管理者的权威挑战，同样产生显著的权威强化效应。有效地运用奖惩手段是管理者增强自身权威的重要途径。

2．奖惩分开

有功则奖，有过则罚。这不但适应组织内的不同人，也适应一个人的不同方面。一个组织中，如果有功不奖，有过不罚，这个组织就是一潭浑水，管理者也自然无权威可言；同样，对一个人，对其优点、贡献方面该奖则奖，而对其错误该罚则罚，绝不可以功抵过。不能“好人不香，坏人不臭”，“好事不奖，坏事不罚”。管理者必须旗帜鲜明，奖惩分明，形成一个清正的治理局面。

3．酌情适度，恩威并重

奖惩的核心是寻求奖惩效应的最大化，即通过奖励产生尽可能显著的激励作用；通过惩处，产生尽可能大的敬畏作用。奖惩中要注意：①要根据管理目标、实际情景、奖惩事件、奖惩对象的实际，酌情、适度地进行奖惩。一定要必要、恰当、有效。②要针对奖惩对象及其他人敏感的需要或心理选择奖惩形式，增强奖惩的震动作用，以放大奖惩效应。③要以事实为根据，令奖惩对象和其他人员心服口服。否则，就会产生不良后果。④管理者在运用权力进行奖惩时，必须突破“平均主义”、“老好

---

① 单凤儒．2008．管理学基础．北京：高等教育出版社

人”等传统观念，加大奖惩的力度。奖惩没有一定的力度，就不会在被管理者中造成一定的刺激作用，很难收到预期的效果。

范例

××公司招聘面试管理规程[①]

1．总则

（1）本公司为招聘人才，为公司的发展服务，特制定应聘面试管理办法。

（2）有关应聘员工面试事项，均依本办法处理。

2．面试考官应具备的条件

（1）本公司人事部门工作人员为面试考官，面试人员本身需要给人一种好感，能够很快地与应职者交流意见，因此面试人员在态度上、表情上必须表现得十分开朗，让应征者愿意将自己想说的话充分表达出来。

（2）面谈人员自己本身必须培养极为客观的个性，理智地去判断一些事务，绝不能因某些非评价因素而影响了对应聘者应有的客观性。

（3）不论应聘者出身、背景的高低，面试人员都得设法去尊重应聘者所表现出来的人格、才能和品质。

（4）面试人员必须对整个公司组织概况、各部门功能、部门与部门间的协调情形、人事政策、薪资制度、员工福利政策有深入的了解，才能应对应聘者随时提出的问题。

（5）面试人员必须彻底了解该应聘职位的工作职责和必须具备的学历、经历、人格条件与才能。

3．从面试中应获得的资料

（1）观察应聘者的稳定性。要注意应聘者是否无端常换工作，尤其注意应聘者换工作的理由，假如应聘者刚从学校毕业，则要了解应聘者在学校中参加哪些社团，稳定性与出勤率如何。另外从兴趣爱好中也可以看出该应聘者的稳定性。

（2）研究应聘者以往的成就。研究应聘者过去有哪些特殊工作经验与特别成就。

（3）应付困难的能力。应聘者过去面对困难或障碍是否经常逃避，还是能够当机立断、挺身而出解决问题。

（4）应聘者自主能力。应聘者的依赖性是否很强？如应聘者刚从学校毕业，则可观察他在读书时是否一直喜欢依赖父母。

（5）对事业的忠心。从应聘者谈过去的领导主管、部门、同事以及从事的事业中，就可判断出应聘者对事业的忠心度。

（6）与同事相处的能力。应聘者是否一直在抱怨过去的同事、朋友、公司以及其他各种社团的情形。

（7）应聘者的领导能力。当公司需要招聘管理者时，特别要注意应聘者的领导能力。

4．面试的种类

---

① 付亚和，许玉林．1994．现代管理　制度・程序・方法・范例全集．（劳动人事管理实务卷）．北京：中国人民大学出版社

根据本公司状况，面试可分为下列两种：

（1）初试。初试通常在人事部门实施，初试的作用无非在过滤那些学历、经历和资格条件不符合的应聘人员，通常初试的时间为15～30分钟。

（2）评定式面试。经过初试，如果发现有多人适合这项工作，这时就要由部门主管或高级主管做最后一次评定式面试，这种面试通常为自由发挥式的面谈，没有一定的题目，由一个问题一直延伸到另一个问题，让应聘者有充分发挥的机会，这类面试通常为30～60分钟。

5．面试的地点及记录

（1）面试的地点最好在单独的房间，房间里只有面试人与应聘者，最好不要装电话，以免面试受到电话的干扰。

（2）从事面试的时候，必须准备面试表格。通常初试表格最好是对勾方式的。在评定式面试中，最好用开放式的表格，把该应聘者所说出来的一切当时就记下来。

6．面试的技巧

（1）发问的技巧。好的面试人员必须善于发问，且问的问题必须恰当。

（2）学会听。面试人员要想办法从应聘者的谈话里找出所需要的资料，因此，面试人员一定要学会听的艺术。

（3）学会沉默。应聘人员当问完一个问题时，应学会沉默，看应聘者的反应，最好不要在应聘者没有开口回答时，或者感觉到不了解你的问题时，解释你的问题。这时你若保持沉默，就可以观察到他对这个问题的反应能力，因为应聘者通常会补充几句，而那几句话通常是最重要的也是最想说的几句。

7．面试的内容（面试内容的重点事项）

（1）个人的特性。应聘者的资格包括应聘者的体格外貌、举止、健康情形、穿着、语调、坐和走路的姿势。应聘者是否积极主动、是否为人随和、是否有行动以及个性内向或外向，这些要依靠面试人员对应聘者的观察。

（2）家庭背景。家庭背景资料包括应聘者小时候的家庭教育情形、父母的职业、兄弟姊妹的兴趣爱好、父母对他的期望以及家庭的重大事件等。

（3）学校教育。应聘者就读的学校、科系、成绩、参加的活动，与老师的关系，在校获得的奖励，参加的运动等。

（4）工作经验。除了应聘者的工作经验外，更应该从问题中观察应聘者的责任心、薪酬增加的状况、职位的升迁状况和变化情形以及变换工作的原因。从应聘者的工作经验里，我们可以判断出应聘者的责任心、思考力、理智状况等。

（5）与人相处的特性。从应聘者的社交来了解与人相处的情形，包括了应聘者的兴趣爱好、喜欢的运动、参加的社团以及所结交的朋友。

（6）个人的抱负。包含应聘者的抱负、人生的目标及发展的潜力、可塑性等。

业务工具

营销员工作周报表

控制营销员的工作进度可借助“营销员工作周报表”，如下所示。

营销员工作周报表

<table>
<tr><td colspan="2">所在部门</td><td></td><td>姓名</td><td></td><td>执行日期</td><td></td></tr>
<tr><td rowspan="2">计划目标</td><td>全年</td><td colspan="5"></td></tr>
<tr><td>本周</td><td colspan="5"></td></tr>
<tr><td rowspan="2">实际完成</td><td>全年累计</td><td colspan="2"></td><td colspan="2">完成百分比</td><td></td></tr>
<tr><td>本周</td><td colspan="2"></td><td colspan="2">完成百分比</td><td></td></tr>
<tr><td>完成情况说明</td><td colspan="6"></td></tr>
<tr><td>环境与问题分析</td><td colspan="6"></td></tr>
<tr><td>工作建议</td><td colspan="6"></td></tr>
</table>

单元三　心理素质与潜能开发训练

营销工作描述

从本质上看，营销员归根结底是做顾客（客户）心理的工作的，而要做好顾客（客户）心理的工作，前提与基础是做好自己心理的工作。只有自我心理突破，才能突破顾客（客户）的心理，以便取得营销的成功。

营销作为一项高难度的创造性工作，需要营销人员的出色才能。而人的潜能只有很小一部分在现实中表现出来，这就要求营销人员必须大力开发潜能，去造就营销工作的奇迹。而潜能的开发，又在相当程度上依赖于人的自我心理上的突破，特别是靠自信与激情这种巨大的精神力量。自我心理突破、自我潜能开发是迈开营销征程的第一步，是成功营销强有力的精神保障。

营销人员这种心理素质与潜能开发，具体表现为：

1. 突破自我心理障碍，敢于同陌生人以及在大庭广众之下讲话。
2. 树立自信心，永不言败。
3. 饱含热忱与激情，不断战胜自我，开发潜能。

1. 实现自我心理突破。
2. 增强自我心理调控能力。
3. 自我潜能开发。

训练项目 1　案例分析：推销员与 IBM 创始人

训练目标

1. 结合实际，感受心理素质在事业成功中的重要性。
2. 克服心理恐惧，提高心理素质。

案例与问题

1895 年 10 月的一天，一个年轻人来到了美国现金出纳机销售总公司，他找到了公司营业处的负责人约翰·兰奇先生。

他向约翰·兰奇先生表示说："我……我希望能成为贵公司的一名推销员。"

"噢！你先试试吧。"约翰·兰奇先生没有与他说太多的话，只是让他去仓库领了几台出纳机。

两个星期过去了，年轻人走街串巷，可是一台出纳机也没卖出去。

他只好又来到约翰·兰奇的办公室，希望这个前辈能够给他一些指导。

"哼，我早就看出你不是推销的那块料。瞧你一副呆头呆脑的样子，还不赶快给我从办公室里滚出去！你呀，老老实实回去好好学学吧。"

没想到约翰·兰奇竟然劈头大骂。

年轻人身材高大，而此时却被骂得无地自容。不过，他并没有丝毫的不满，只是默默地站在那里……最后，约翰·兰奇没有再发脾气，而是和蔼地说："年轻人，不要太着急了，让我们来好好地分析一下，为什么没有人买你的出纳机呢？"

约翰·兰奇像换了一个人，他请年轻人坐下，接着说："记住，推销不是一件轻而易举的事。如果零售商都愿意要出纳机，他们就会主动购买，就用不着让推销员去费劲了；如果每个推销员都能轻而易举地把商品推销出去，那也是不正常的。推销是一门很深的学问，需要你认真学习和思考。这样吧，改日，我和你走一趟。如果我们俩一台出纳机都不能卖出去，那咱们俩都得回家了！"

几天后，约翰·兰奇带着年轻人上路了。

年轻人非常珍惜这个宝贵的机会。他认真地观察这个老推销员的一举一动。在一个顾客那里，约翰·兰奇耐心地为客户讲述出纳机的用处与好处，他说："买一台出纳机可以防止现金丢失，还能帮助老板有条理地保管记录，这不是很好吗？再有，这出纳机每收一笔款子，就会发出非常好听的铃声，让人心情愉快……”顾客微笑着倾听他的讲述，最后竟然真的买下了一台出纳机。

年轻人睁大眼睛看着一笔生意就这样谈成了。

后来，约翰·兰奇又带着这个年轻人到其他几个地方推销出纳机，也都一一成功了。

年轻人后来才知道，约翰·兰奇那天对他的粗暴行为，并不是真的看不上他，也不是因为其他的原因而拿他撒气，而是对推销员的一种训练方式——他先是将人的脸面彻底撕碎，然后告诉你应该怎样去做，以此来激发人的抗挫折能力和决心，调动人的全部智慧与潜能。

就这样，年轻人从约翰·兰奇那里学到了这种容忍的精神和积极的处事原则。后来，在他 39 岁那年，他离开原公司，负责经营一家只有 13 个人组成的计算制表记录公司。但经营并不顺利，几年后，公司几乎破产，靠着大量借贷他才熬过了 1921 年的经济危机。1924 年，已经不再年轻的他将公司更名，他希望公司更上一层楼，成为真正具有全球地位的大公司。这似乎有点滑稽，但后来他确确实实成功了，他就是 IBM 的创始人——托马斯·约翰·沃森。

供分析的问题如下：

1．年轻人的独自推销与后来约翰·兰奇的推销有何不同？

2．试分析年轻人受到辱骂时的心态，约翰·兰奇大骂年轻人的用意与作用是什么？

3．请说明这个案例给你的启示。

组织与要领

1．每个人认真阅读分析案例，搜集有关资料，并写出发言提纲。

2．先由公司组织讨论，再以班级为单位组织讨论。

3．本案例分析的重点是把握心理素质与事业成功的关系，可以从先后两个推销过程的对比来进行分析；也可以从年轻人对辱骂的心理感受、约翰·兰奇辱骂的用意、这场辱骂的实际效果等方面进行分析。

4．注意为同学们的“自我突破——跨越难堪”作思想准备。

实训成果与考核

1．对每个人的发言提纲，按照二分规则评定成绩。

2．根据同学们在班级讨论中的表现，按照二分规则评定成绩。

训练项目 2　自我心理突破：跨越难堪

训练目标

1．培养在陌生人与众人面前敢于讲话的能力。

2．克服心理障碍，增强自信和勇气。

实训内容与方法

1．根据实训目标要求与学生的特点，选择设计训练项目。必须是在众多陌生人面前作宣讲或表演。

2．既可以以模拟公司为单位，组织实施，也可以全班集中进行。但每个人都必须当着陌生人公开宣讲。

3．演讲的时候，其他人可作为观察者，进行记录与评价，有条件的可进行录像。

实训要求与要领

1．要明确目标与要求，所选行为既要有积极意义，又确实令自己难堪，并要当众进行。

2．注重思想发动，可先组织研讨。让同学深切认识到心理训练的必要性。通过潜能开发等形式首先实现认识上的突破，使同学产生强烈的参与欲望。

3．教师与主持者一定要注意现场氛围的营造，使每一个同学都能产生强烈的参与、表现冲动，以克服畏惧、怯场心理，真正实现自我突破。

4．建议可采用的训练项目：

（1）在人流较多的教学楼大厅，组织同学进行公开宣讲，如自我推销。

（2）在校园中一个陌生人很多的场所组织公开宣讲或需要每个人独立表现的公益或文艺活动。

（3）同企业联系，站在商场大厅向消费者宣传消费知识或推销一种产品等。

（4）到社会上组织一些能够使每个同学受到心理训练的公益活动等。

（5）以“推销”为题组织有陌生人参加的辩论会或管理沙龙。

实训成果与考核

1．每个人写出训练的简要报告，按照二分规则评定成绩。

2．对每个同学的现场表现进行评议，分析成功与不足，并按照三分规则评定成绩。

训练项目 3　潜能开发训练

训练目标

1．培养学生树立正确的成功理念。

2．利用成功潜能，激发学生参与实训、热爱营销的热情与激情。

实训内容与方法

1．教师结合理论与实例，提出成功的要素，分析失败的原因，并鼓励学生参与讨论。

2．教师提出成功的理念并辅以实例说明，引导学生积极参与讨论，并集体背诵成

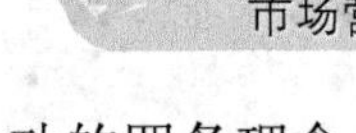

功的四条理念。

3．带领所有学生一起做成功体操，以正确的心理暗示，引导自己做成功的人。正确的心理暗示为：

我不行→我潜力无穷
我好累→我很有精神
我没时间→我安排时间
我不知道结果如何→我期待好结果
这件事我无法胜任→我能胜任

4．集体做成功体操：我是活着的，我是最优秀的，我一定做得到。

实训要求与要领

1．教师根据对理论和实例的讲解，总结成功的三大要素和失败的三个原因。

（1）成功的三大要素：对自己忠实（不找借口）、积极、有目标。

（2）失败的三大原因：对自我不忠实、消极、没有目标。

2．讲解并令学生接受成功理念。

（1）如果你的心中想到失败，你就失败；如果你坚信“我一定能成功”的理念，胜利就会向你走来！

（2）如果你想到落后，你就落后；如果你坚信“我是最棒的”理念，你就会永创一流！

（3）如果你不坚持，你就失败；如果你坚信“我永远不会失败”的理念，成功将伴你同行！

（4）如果你不认真做事，你就失败；如果你坚信“我一定要做得最好”的信念，希望将变成现实！

3．教师首先宣讲潜能开发的意义与重要性，营造热烈、活泼、宽松的现场氛围，使每一名同学都成产生强烈的参与欲望。

4．引导每名同学都能对照成功的三大要素，找出自己的优点；对照失败的三个原因，分析自己的不足。并能准确地背诵成功哲学的四条理念。

5．成功体操的方式可自行设计，总的要求是心、口、体并用，全班同学齐动，造成激情氛围。例如，在心想、口诵的同时，配以鼓掌、拍桌、跺脚、伸臂等。

6．自始至终，要充满激情，最大限度地鼓励学生参与，打碎自卑与羞涩，培养自信与热情。

实训成果与考核

1．凡达到基本要求的所有学生，均按一分规则评定成绩。

2．对于发言者或单独表现者按照二分规则加分。

知识链接

资料1　营销人员的基本心理素质[①]

作为一个合格的现代营销人员，必须具备以下基本的心理素质。

1．自信心

这是营销人员最基本、最主要的心理品质。没有自信心，就不可能做好营销工作。这一问题后面将作专题研究。

2．勇气、魄力与冒险精神

营销人员上岗首先需要的就是有勇气。这就要求营销人员首先要战胜自我，即打掉自己的“面子”、虚荣心和各种心理障碍，勇敢地面对营销中的挑战与各种困难。营销活动中总有各种利益和方案的抉择，经常是机会与风险并存，绝对不冒险是不可能的。而且，往往是越有风险的经营活动，越能带来更大的风险收入，而营销中的犹豫不决很可能贻误战机，导致失败。这就要求营销人员必须有风险意识，有魄力，在科学分析的基础上，适时地做出果断的抉择。

3．真诚热情，有广泛的兴趣

营销中的第一关键要素是处理好与顾客的关系。只有以诚相待，对顾客真诚、热情，才能赢得顾客的信任和支持。同时，营销人员应具有广泛的兴趣。首先，要对所从事的营销工作感兴趣，对营销相关的种种人和事产生浓厚的兴趣；其次，适应与顾客交往的需要，应对社会生活各个方面有广泛的兴趣，有较深的阅历和广博的知识。

4．有较高的修养和鲜明的个性风格

营销人员的个人素质、风度对顾客会产生重要的心理作用。为赢得顾客的好感与敬重，营销人员必须重视个人的自我修养，提高文化层次，加强文明礼貌修养。并从仪表、言谈、举止等方面塑造良好的个人形象。要发挥自身的个性优势，形成健康、鲜明的个性风格，以自身魅力去赢得顾客。

5．善于自我控制情绪

营销人员的情绪是影响与顾客关系和交易成败的重要因素。营销人员必须善于控制自己在营销过程中的情绪。首先，要拓宽自己的心理容量，有容忍精神，能大度地对待顾客，特别是在任何时候都不要向顾客发火。这是融通与顾客情感，化解与顾客冲突，争取交易活动最后成功的关键性因素。其次，要正确处理情绪的宣泄与封闭。好的情绪可传给顾客，感染顾客；不良的情绪则必须对顾客封闭，绝不可以将不良情绪宣泄到顾客身上；而对于需要掩饰的情绪，如急于达成交易的心理，则应有效地加以控制，以有利于交易成功；当然，对于极差的情绪，如失败和挫折带来的痛苦，可在没有顾客在场的特定场合下宣泄，以尽快调节到正常状态。

6．感同力

这是指营销人员善于从顾客角度考虑问题的意识与能力。营销活动的成功，是营销人员与顾客合

① 单凤儒．2005．营销心理学．北京：高等教育出版社

作的结果，必须是互惠的。营销的成功必须以顾客感到获得了利益、得到满足为前提。因此，高明的营销人员不是一味考虑怎样有利于自己，而是善于换位思考，多从顾客的角度考虑问题，努力使营销的过程成为协助顾客谋取利益的过程，这样，营销就一定能获得成功。

7．自我驱向

这是指想达到营销目标的强烈的个人意欲。营销工作是一项极为艰巨的工作任务，在完成目标的过程中会遇到各种各样的困难和阻力，失败和挫折也是经常有的。许多营销的成功，都是在坚持到最后一分钟时赢得的。这就要求营销人员必须有强烈的达成营销目标的欲望，并有持之以恒、百折不挠的坚强毅力和顽强精神。

资料 2　自信心的培养[①]

营销人员自信心的培养，既有正确认识自我的问题，又有结合营销实践不断训练和提高自我的问题。具体培养途径包括如下方面：

1．善于进行积极、乐观的思维

营销人员的自信心无论是“自我接受”，还是“自我价值”的形成，无不同自己的思维相联系。要培养自信心，就必须有积极、乐观的思维。① 营销人员要培养自己科学、健康的思维，纠正和调整不科学的思维。② 要从有利于事业发展，有利于个人成长的角度培养积极的思维态度，克服各种消极思维态度。③ 要发扬乐观主义精神，坚持乐观化的事物体验模式。

这样，就会在客观存在和自我基础不变的前提下，增强自己的自信心。例如，一位刚刚上岗的营销人员，当发现自己的销售业绩明显落后于别人时，正视自己经验不足的实际状况，充分肯定自己初战告捷的成果，会对赶上或超过别人充满信心，而不是悲观失望。

2．正确地认知自我

对自身如何认识和做出评价，是自信心形成的关键性环节。营销人员要培养自信，就必须正确地认知自我。① 对自己的看法、态度和评价是由自己决定的。在承认基本事实的基础上，营销人员可对自己的能力、水平以至形象做出评价。经过自我控制，可以改善自我形象、增强自信。② 不要受别人摆布，保持自我本色。对人和事物的许多评价是会依标准不同而改变的。营销人员不要让别人为你设定标准，而应由你自己，按照自己的意愿、兴趣设定标准，保持自己的本色，形成自己的个性特色。这样，你就会充满信心。③ 要认识自己的长处和优势，从而增强自我价值感。④ 正确地选择和调整自己的目标。当设定过高的目标时，若一时达不到，就会产生强烈的自卑感。营销人员应为自己确定科学、可行的工作目标和生活目标，调整不切实际的目标，从而获得实现目标的自信。

3．努力提高与发展自己

自信，不单是个自我认识的过程。自信的基础在于自身素质的高低与社会贡献的大小。营销人员要培养自信心，必须特别注重在营销实践中，加强学习、加强修养，全面提高自己的素质，真正使自

① 单凤儒．2005．营销心理学．北京：高等教育出版社

己获得发展。这是从根本上提高营销人员的自信心的途径。① 学习与掌握心理学知识。② 利用各种形式进行心理训练。③ 通过成功的心理训练成果反馈，来强化自信心理。心理训练要结合营销业务实践和生活实际进行，并注意加强科学指导，不断总结提高。

范例

勇气训练[①]

美国海军陆战队为了培养其士兵的勇气，在训练中设立了若干个“勇士站”。一个名为“贾西亚”的勇士战是为了纪念这位海军陆战队员在 1812 年的一场军舰战役中，从一个索具跳向另一个索具杀敌。在这个训练站上，让每一个士兵站在一个树桩上，跃向一条被设计成根本不可能抓住的危险绳索，其他同伴在底下做准备接他。未能抓住绳索的新兵就会以腹部着地的方式落在其同伴手上。

贾西亚在 1812 年为了英勇杀敌而迫使自己超越了极限。他的英勇事迹激励着海军陆战队员们勇敢地向危险挑战。

日本培训经历学校[②]

日本一所专门培养经理的学校，曾对其学员进行一次极为特别的心理训练。为了打破学员要“面子”、不敢同生人大声说话等心理障碍，要求每个学员必须敢于在大庭广众之下做一件令自己难堪的事。一次，由教官带领学员到火车站的候车大厅，让学员单个站在凳子上向在场的众多旅客大声唱歌，令在座的旅客都目瞪口呆。学员们经受这次锻炼，说话时的恐惧心理荡然无存。

单元四　交际与沟通能力训练

营销工作描述

现代营销的本质是一种沟通，营销的成功就在于沟通的成功。营销人员的第一素质就是交际与沟通能力。有效的营销工作包括与顾客的感情融通与有效沟通、与用户的成功交际与沟通、与供应商的交际与沟通、与政府和社区的交际与沟通等。

营销人员这种交际与沟通能力具体表现为：

1. 在交际与沟通过程中营销人员自我形象的塑造。
2. 与顾客、用户及相关者的交际与感情融通能力。
3. 化解冲突、沟通问题，特别是成功交涉的能力。

① 尼斯·布兰查德．2002．第一修炼．延吉：延边人民出版社

② 单凤儒．2005．管理学基础实训教程．北京：高等教育出版社

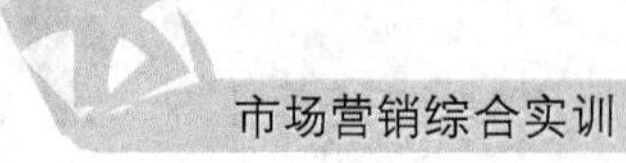

实训目标

1. 培养自我形象塑造能力。

2. 训练交际与感情融通的能力。

3. 培养沟通与交涉的能力。

训练项目 1 案例分析：周总理的一次跨国公关

训练目标

1．训练分析交际对象心理的能力。

2．培养交际与感情融通的能力。

案例与问题

1972 年尼克松首次访华时，当周总理了解到由于美方内部矛盾，国务卿罗杰斯及其手下的专家们对已经达成协议的《中美上海公报》大发牢骚，还说到上海后他们要闹一番时，联想到毛主席接见尼克松时，基辛格在场而职务更高的罗杰斯却不能参加会见，感到问题严重。于是，决定到上海后，特地去看望罗杰斯，以补上这一课。

当周总理来到罗杰斯下塌的锦江饭店时发现，他们被安排在第十三层。而西方人最忌讳“十三”。面对满脸怒容的罗杰斯及其手下的外交家们，周总理一边伸手，一边热情地说：“国务卿先生，我受毛泽东的委托，来看望你和各位先生。这次中美两国打开大门，是得到你罗杰斯先生主持的国务院大力支持的，……几十年来，国务院做了不少工作。我尤其记得，当我们邀请美国乒乓球队访华时，美国驻日本大使馆就英明地开了绿灯，说明你们的外交官很有见地……”罗杰斯听到这些赞扬的话，转怒为喜，说：“总理先生，你也是很英明的。我真佩服您想出邀请我国乒乓球队访问的招法，太漂亮了。一下把两国的距离拉近了。”周总理一看气氛已缓和，接着说：“有件很抱歉的事，我们忽视了，没想到西方风俗对十三的避讳。”然后，风趣地说：“我们中国有个笑话，一个人怕鬼的时候，越想越可怕；等他心里不怕鬼了，到处上门找鬼，鬼也就不见了……西方的‘十三’就是中国的‘鬼’”。众人哈哈大笑。

周总理走后，罗杰斯的助手问：“怎么办？还找麻烦吗？”罗杰斯摇摇头说：“算了吧，周恩来这个人，真是令人倾倒！”

可供分析的问题如下：

1．周总理是如何缓解双方之间矛盾的？

2．结合自身，谈谈如何培养交际与感情沟通的能力？

组织与要领

1．每个人要认真阅读案例，并写出发言提纲。

2．以公司为单位组织讨论，必要时也可组织全班进行案例分析。

3．本案例讨论的重点是分析罗杰斯等人来华前有何心理，周总理又是运用哪些心理规律与策略开展公关的。

实训成果与考核

1．对每个人的发言提纲，按照二分规则评定成绩。

2．根据同学们在班级讨论中的表现，按照二分规则评定成绩。

训练项目 2　自我形象塑造

训练目标

1．训练服饰仪容自我设计能力。

2．培养礼貌礼仪素养。

3．举止谈吐训练。

实训内容与方法

1．为自己设计一个所期望的“目标营销员”形象。

2．根据营销员实际需要，设定若干基本礼貌、礼仪项目进行训练。

3．设定各种沟通会话情景，通过角色扮演等方式，训练学生的举止谈吐。

实训要求与要领

1．上述训练，既可以是分成三个专项训练，又可以是设定统一的情景，组合在一起训练。

2．设计“目标营销员”形象，既可以是设计出一种方案，相互交流，又可以是实际装扮，现场展示与评价。

3．设定若干基本礼貌、礼仪项目，一般应是营销所用到的基本礼节、礼仪，如自我介绍与介绍他人、拜会与会见、迎接并为顾客服务、会议与仪式、接待并宴请等。

4．设定各种沟通会话情景，既可以是营销相关情景，也可以是非营销情景，但是，如果组合在一起训练，就一定选择营销相关情景。例如，去拜访某位重要顾客或用户，进行洽谈或接待等。

5．可分组训练，也可全班集中进行，但必须有其他人在现场作为观察者进行评价。

6．某公司表演时，其他公司作为观察者负责评价。

实训成果与考核

1．自我形象设计方案及实际评价。

2．礼貌、礼仪展示评价。

3．会话中的表现评价。

4．在对方心目中的印象评价（结合三项训练的综合评价）。

上述四项均按照二分规则进行评分，为与其他项目的平衡，每个人按照得分的一半计入总成绩。

训练项目 3 角色扮演：交际与感情融通

训练目标

1．培养了解与分析交际对象的能力。

2．训练与交际对象感情融通的能力。

实训内容与方法

1．将模拟公司分成三大组，一组负责设计并扮演顾客（或其他相关者），另一组扮演营销员与顾客打交道，第三组为观察者，负责对双方的沟通情况进行评价。每组可派一人扮演角色，也可以以角色群体形式出现。

2．扮演顾客的小组要事前对所扮演顾客的有关情况进行设定，扮演营销员的小组也要事前设计拜访方案。

3．双方从见面、介绍、寒暄，到交谈、告别，进行连贯演示。

4．扮演营销员的小组要说明通过交往对顾客的观察与分析情况，如顾客的心理需要与类型。

5．观察者进行现场观察与评估。

实训要求与要领

1．扮演顾客的小组要设计顾客职业、年龄、学历、爱好、个性、需求及有关背景，并写下设计要点。

2．扮演营销员小组要确定拜访目的、时间地点策划、过程与策略设计等，也要编制简要方案。

3．观察者与顾客扮演者要评价营销员扮演者对顾客的观察分析是否与扮演顾客的小组的设计相吻合，当然也存在后者是否正确表现出来的问题。

实训成果与考核

1．对扮演顾客的小组设计要点，按照二分规则评定成绩。

2．对扮演营销员的小组设计拜访方案，按照二分规则评定成绩。

3．观察者按照二分规则，对扮演双方评定成绩。

4．顾客扮演者也要按照二分规则评价营销员扮演者。

上述四项分数合计也可折半计入总分。

训练项目 4 顶岗训练：与潜在顾客交际与沟通

训练目标

1．训练与顾客交际的能力。

2．培养与顾客沟通与交涉的能力。

实训内容与方法

此项训练尽可能结合合作企业的实际业务活动进行。如实施有困难，也可与其他企业联系安排。

1．由每位学生（或模拟公司）选择（或由合作企业安排）一位企业的潜在顾客或客户作为拜访与沟通对象。

2．拜访之前设计沟通方案。

3．拜访顾客并进行沟通。

4．一定要说服顾客或被拜访者实现某个业务目标，或一起做一件有价值或有益于他人之事。

5．以公司或班级为单位组织交流与评估。

实训要求与要领

1．事前要认真设计沟通方案，包括拜访对象、沟通目标、沟通过程与策略设计、形象塑造、语言运用等。

2．沟通过程要按照方案，自觉控制，注重实效。

3．事后要将沟通过程记录下来，并写下体会与经验教训。

4．在模拟公司或班级组织交流与评价。

实训成果与考核

1．对沟通方案与沟通实录按照二分规则进行评分。

2．通过交流，按照二分规则进行评分。

知识链接

资料1　交际形象塑造①

1．形象的自我塑造

交际中的形象，首先是客观存在的。但同时，交际形象也有主观表现的因素。由于交际形象是交际者在交际对象心目中的印象，具有相当的主观性，这样，在实际上就存在着客观实在形象与主观感受形象不一致的现象。这就为管理者在交际过程中自觉的自身塑造提供了可能。形象的自我塑造，一是指管理者在交际过程中正确地表现真实的自我；二是管理者要在交际过程中，自觉控制，精心设计，能动表现，不断完善与提升自身形象。

---

① 单凤儒．2008．管理学基础．北京：高等教育出版社

2．形象塑造的途径

管理者应从服饰仪容、礼貌利仪、举止与谈吐等几方面塑造自己的形象。① 服饰仪容。交际对服饰的基本要求是：服饰要协调自然；服饰要与体形相适应；服饰要与本人身份相适应；服饰要与环境气氛相协调；服饰要显示个性、风度；服饰要为实现交际目标服务。② 礼貌礼仪。要注意称谓与介绍的礼仪惯例，并善于运用语言与肢体语言的艺术；根据交际双方身份、相互关系选择礼节；要注意不同国家、民族、地区礼节上的差异；并注意以礼传情，即通过理解表达尊重、真诚、亲近等复杂情感。③ 举止与谈吐。要重视交际中举止的规范性、礼仪性，特别是目的指向性。通过会话谈吐，举手投足，表现出管理者的风度、气质、才学、人品以及与对方的情感。

资料2 有效沟通的原则①

1．明确沟通的目标

管理沟通，作为一种有意识的自觉行为，必须在沟通之前，规定明确的目标。沟通的目标决定沟通的具体内容与沟通渠道、方式、方法。整个沟通过程都要按目标要求来设定。

2．了解沟通对象，增强沟通的针对性

沟通对象的需要、心理、知识、个性等因素对沟通效果影响也是很大的。如果不了解沟通对象的情况，沟通时就如“盲人骑瞎马，夜半临深潭”，必然导致沟通失败。管理者在沟通前，应利用多条渠道，尽可能多地了解沟通对象多方面的情况，真正做到“知己知彼”，然后，有针对性地进行沟通，方会取得成功。

3．具备科学的思维

沟通者思维是沟通的蓝图。构思合理，思维清晰，才会有沟通的效率与成功。科学的思维，一是要进行科学的分析，能认识事物的本质，抓住问题的关键；二是要形成清晰的沟通思路，构思出周密的沟通方案。

4．管制信息流

沟通过程中，信息不足不行，而信息过多也不行。要对所沟通的信息进行科学处理，提高信息的质量，特别是真实性、准确性；同时，要对信息进行必要的过滤，去掉无关紧要的信息。以保证所传递的信息质量高、数量适当。

5．选择恰当的沟通渠道与方式、方法

要根据沟通目标、沟通内容和沟通对象等方面的需要，正确地选择沟通渠道、媒介及相应的沟通方式与方法，从而保证在传递过程中的效率和质量。

6．讲究语言艺术

语言是管理沟通最基本的手段，能否正确、有效地使用语言，对沟通效果影响极大。管理者要讲究语言艺术，提高沟通语言的简练性、准确性、针对性和趣味性，以提高沟通的有效性。

7．及时地运用反馈

反馈可以排除噪声和信息失真，增强沟通的有效性。特别是在面对面的直接沟通中，更应及时注

---

① 单凤儒．2008．管理学基础（第三版）．北京：高等教育出版社

意反馈，随时把握沟通对象的反应、心态及沟通效果，及时地调整沟通策略与方法，以实现更为有效的沟通。

8. 社会与心理因素的运用

要运用有效手段，消除沟通双方的心理障碍，拉近心理距离，融通情感。并努力营造和谐、融洽、无拘无束的沟通氛围，以提高沟通的有效性。

范例

第一次握手

1971 年 7 月 9 日，基辛格秘密访华。周总理在钓鱼台宾馆 6 号楼接见基辛格一行，由于中美隔绝、敌对了几十年，美方人员非常紧张，他们紧挨着排成一行，垂手站立，表情僵硬，紧张而拘束，连话都不说了。周总理同基辛格握手，友好地说："这是中美两国高级官员二十几年第一次握手。"基辛格说："遗憾的是这还是一次不能马上公开的握手，要不全世界都要震惊。"紧接着基辛格将自己的随员介绍给周总理。当周总理握住大个子约翰·霍尔德里奇的手时说："我知道，你会讲北京话，还会讲广东话。广东话连我都讲不好，你在香港学的吧？"接着，基辛格向周总理介绍理查德·斯迈泽。周总理握着他的手说："我读过你在《外交月刊》上发表的关于日本的论文，希望你也写一篇关于中国的。"这时，温斯顿·洛德抢先向周总理自报了姓名。周总理握着洛德的手摇晃着说："小伙子，好年轻。我们该是半个亲戚。我知道你的妻子是中国人，在写小说，我愿意读她的书，欢迎她回来访问。"最后，周总理跟两位特工人员雷迪和麦克劳德开玩笑："你们可要小心哟，我们的茅台酒会醉人的。你们喝醉了是不是回去要受处分的？"周总理对每个来访者如此了解，又说得妙趣横生，使美方人员紧张、拘束的神情一扫而光，使隔绝了几十年的中美双方的第一次北京会晤一下子进入到融洽气氛之中。

业务工具

实地交际与沟通卡

1. 主动同一位陌生人交往，交流某个问题；并动员他与你共同做一件有意义的事。
2. 应用交际与沟通理论，运用交际与沟通的艺术。
3. 事先要有精心的策划，事后要进行简要的小结。

沟通主体		沟通对象		单位及职务	
沟通目标		时间		地点	
沟通前计划					
沟通过程实录					
沟通后体会					
教师评估					

单元五　观察与应变能力训练

营销工作描述

作为营销人员必须要具备像狼一样敏锐的市场观察能力，在这瞬息万变的市场中去捕捉所需信息。应变能力是指营销人员根据不断发展的主客观条件，随时调整行为目标和行为策略的创新能力，是市场对营销人员的一项基本要求。一名优秀的营销人员，其非凡的应变能力往往表现在对一些复杂的"突发事件"和"非规范事件"的果断处理上。

营销人员观察与应变能力具体表现为：

1. 迅速而准确地搜集市场信息的能力。
2. 对客户心理、需求及消费行为等敏锐的洞察能力。
3. 对应急的"突发事件"迅速作出反应，果断进行处理的能力。
4. 通过观察与应变，及时调整行为目标及营销策略的能力。

实训目标

1. 通过训练让学生理解观察与应变能力对营销人员的重要性。
2. 提高学生的观察与应变能力。
3. 通过观察和反应能力的训练，培养学生分析和解决问题的能力。

训练项目1　案例分析：彭奈的推销[1]

训练目标

1．结合实际，感受观察与应变能力在营销中的重要性。

2．提高观察能力与应变能力。

案例与问题

彭奈创设的基督教训商店，是美国零售业内非常著名的零售商店。

彭奈的第一个零售店开业不久，有一天，一位客人来到店里买搅蛋器。

店员问："先生，你是想要好一点的，还是要次一点的？"那位客人听了显然有些不高兴："当然是要好的，不好的东西谁要？"

店员就把最好的一种"多佛"牌搅蛋器拿了出来给他看。男子看了问："这是最好的吗？"

① www.cpw.com.cn/Article/2006-11/20061123921177899653.Htm

“是的，而且是牌子最老的”。

“多少钱？”

“120 元。”

“什么！为什么这样贵？我听说，最好的才六十几块钱。”

“六十几块钱的我们也有，但那不是最好的。”

“可是，也不至于差这么多钱呀！”

“差得并不多，还有十几元一个的呢。”

男子听了店员的话，马上面现不悦之色，想立即掉头离去。

彭奈急忙赶了过去，对男子说：“先生，你想买搅蛋器是不是，我来介绍一种好产品给你。”

男子仿佛又有了兴趣，问：“什么样的？”

彭奈拿出另外一种牌子来，说：“就是这一种，请你看一看，式样还不错吧？”

“多少钱？”

“54 元。”

“照你店员刚才的说法，这不是最好的，我不要。”

“我的这位店员刚才没有说清楚，搅蛋器有好几种牌子，每种牌子都有最好的货色，我刚拿出的这一种，是同牌中最好的。”

“可是为什么比“多佛”牌的差那么多钱？”

“这是制造成本的关系。每种品牌的机器构造不一样，所用的材料也不同，所以在价格上会有出入。至于“多佛”牌的价钱高，有两个原因，一是它的牌子信誉好，二是它的容量大，适合做糕饼生意用。”彭奈耐心地说。

男子脸色缓和了很多：“噢，原来是这样的。”

彭奈又说：“其实，有很多人喜欢用这种新牌子的，就拿我来说吧，我就是用的这种牌子，性能并不怎么差。而且它有个最大的优点，体积小，用起来方便，一般家庭最适合。府上有多少人？”

男子回答：“5 个。”

“那再适合不过了，我看你就拿这个回去用吧，担保不会让你失望。”

生意成交，彭奈送走了顾客。

供分析的问题如下：

1．店员的独自推销与后来彭奈的推销有何不同？

2．试分析店员在推销过程中忽略了哪些细节？有何不妥之处？

3．请说明这个案例给你的启示是什么？

组织与要领

1．每个人认真阅读分析案例，并搜集有关资料，写出发言提纲。

2．可以以小组为单位组织讨论，也可以安排 1～2 课时以班级为单位组织讨论。

3．本案例分析的重点是把握观察与应变能力与营销成功的关系，可以从先后两个推销过程的对比来进行分析，也可以从店员的观察与应变能力的欠缺之处进行分析。

实训成果与考核

1．每个人的发言提纲可作为一次作业，按照二分规则评定成绩。

2．根据班级讨论中的表现评定成绩，对发言者按照二分规则评定成绩。

训练项目 2　管理游戏：应变能力测试——快指游戏[①]

训练目标

1．训练学生的应变能力。

2．通过游戏测试，初步培养学生的应变能力，以预料变化，掌握机会。

实训内容与方法

1．将全班学生分成几组，也可按模拟公司分组。

2．每组学生围成一个圈。

3．每个学生伸出右手食指，向上顶着右边学生的左掌心，而他左边的同学伸出右手食指，向上顶着他的左手掌心，依此类推。

4．老师讲一些话，当提到指定词语时，学生的右手食指尽量逃脱不要被旁人的手掌抓住，而左手则尽量去抓住旁人的手指（例如，指定词语为“人”字，老师可以说，“我们今天这里来了很多的朋友，他们是一些非常优秀的‘人’。”当提到“人”字时，学员就做所指示的动作）。

实训要求与要领

1．在对学生进行分组时，每组人数要适当。

2．学生在游戏过程中，要态度认真，积极参与，尝试将注意力合理分配。

3．整个游戏过程由教师控制，教师要观察学生游戏过程中的状态与表现，及时调整游戏的节奏。

实训成果与考核

1．学生总结游戏体会，思考游戏过程中聆听、注意力及反应三者间的关系，并自由发言。对发言者可按照二分规则评定成绩。

2．每人设计或寻找一个能提高反应力的训练游戏，作为一次作业。对作业可按照二分规则评定成绩。

---

① 陈龙海，韩庭卫．2004．企业管理：培训游戏全书.深圳：海天出版社

训练项目3　现场观察：观察能力训练

训练目标

1．训练学生的观察能力。

2．增强学生对实际营销的感知能力。

实训内容与方法

1．以模拟公司为单位组织实施，进行现场观察。

2．每个公司在商场或超市里选择一个观察点（如柜台旁或货架旁），学生以普通顾客身份观察该地点的消费者选择或购买商品的行为表现。

3．观察并记录每位顾客从接触商品到购买或离开商品的行为过程，包括推测顾客的职业、年龄、收入状况；观察顾客面部表情，语言运用、浏览与购买行动以及自己对顾客购买心理的初步推测等。

4．观察并记录营业人员接待顾客与服务的行为过程。主要包括形象（给顾客的印象），迎接顾客、推介商品、成交、结算、送客等，并能评价其服务态度、服务技能等方面的情况。

5．在班级组织交流与评价。

实训要求与要领

1．注意每组（公司）的人数，一般每组以4～6人为宜。

2．学生在进入观察点前，要做好观察前的准备工作，思考所要观察的内容，设计观察卡片。

3．每组学生要分散在观察点的周围，以自然状态观察顾客的行为，认真记录观察到的行为。

4．在对顾客与营业员的观察中，既要注意外在、直观现象的观察，又要注意对观察对象内心因素的分析以及相关因素的推测。

实训成果与考核

1．对各公司所涉及的观察卡及其组织实施状况，按照二分规则评定成绩。

2．各公司在观察结束后写出观察笔记，按照二分规则评定成绩。

3．在全班交流各公司观察到的内容，比较、思考自己观察中的漏洞，总结观察的要点与观察体会。并通过集体评估的方式，按照三分规则评定成绩。

训练项目4　角色扮演：观察与应变

训练目标

1．在模拟营销中，训练学生的观察与应变能力。

2．通过观察与应变能力的训练，培养学生分析与解决问题的能力。

实训内容与方法

模拟场景：在某超市日用品专区，一名顾客在向导购人员咨询某一品牌洗发水的情况后，提出超市销售的该商品外包装与其之前购买的商品包装不同，对商品的保真性提出异议，并认为导购人员在误导顾客，当众与导购人员发生了争执。日用品专区经理清楚了解该商品的进货渠道，知道该商品为正品，负责及时处理该事件。

方式如下：

1．每个公司由三位同学分别扮演顾客、导购员和专区经理，由专区经理负责处理事件。

2．各家公司轮流进行角色扮演，对上述问题提出不同的解决方案。

3．其他同学（或公司）作为观察者，现场记录双方的沟通与争辩过程，并进行评价与打分。

实训要求与要领

1．员工扮演者要进入角色，通过对顾客表情与行为的观察，对商品的分析，对事件做出相应的反应。

2．经理的扮演者要迅速对事件做出判断，提出解决方案，要有所见地。各位经理提出的方案应不同。

3．观察者要高度认真负责，做好记录。评价要客观、公正。

实训成果与考核

1．员工扮演者要写出对所扮演角色的认识以及对经理各种处理方案的应对措施或态度的提纲。按照二分规则评定成绩。

2．经理扮演者要写出对所扮演角色的领导方式把握和对顾客的处理方案以及应对措施的提纲。按照二分规则评定成绩。

3．观察者对扮演者的表现进行评分，按照三分规则评定成绩。

训练项目5　顶岗训练：营销中的观察与应变

训练目标

1．在实际营销工作中训练学生的观察与应变能力。

2．通过开展实际营销活动，培养学生解决实际问题的能力，积累营销工作经验。

实训内容与方法

与合作企业共同组织安排学生参加一次商场或超市的实地促销活动。

1．以模拟公司为单位，分别参与不同商品的促销工作。

2．每位学生深入到商场或超市，作为促销人员观察和寻找潜在顾客群，面对不同的顾客人群，推销自己的商品，训练自己的观察与应变能力。

3．促销工作结束后，各模拟公司总结促销过程中观察与应变的成果与感受。教师组织各模拟公司间交流经验。

实训要求与要领

1．在活动过程中，学生要运用所学知识，在真实的情境中注意观察顾客的特征（职业、收入、个性）、需求心理、购买阶段与体验等。并认真做好记录。

2．促销过程中，要高度重视可能遇到的问题，并注意及时沟通与协调，以保证活动顺利进行。

实训成果与考核

1．根据销售业绩和促销表现，按照三分规则评定成绩。

2．根据交流中的表现，按照二分规则评定成绩。

资源库

知识链接

资料　现场观察[①]

在交涉过程中，人们有些想法、见解、意图是通过语言形式正面表达的。但有时为了竞争的需要，却将一些想法、意图加以掩盖，这就需要借助交涉对象的体态语言来进行观察分析。人们在交涉中的某些心态、意图总会不自觉地通过体态流露出来。

1．观察个性风格

从人的衣着、仪表、姿势可以反映出一个人的个性风格。例如，一个人衣着仪容非常整洁，动作敏捷，很可能是办事干净、利落、果断。或可能是做事刻板、不易动摇；一个人不修边幅，衣着随便，很可能意味着这个人不注意形式，注重本质，或可能办事急躁，或可能是灵活性强。

2．观察心境

通过观察对象的体态姿势可以观察到其在交涉过程中的心境。

（1）兴奋。“人逢喜事精神爽”，当人高兴的时候，大都面露笑容，红光焕发，语音清脆，步履轻盈，甚至眉飞色舞、手舞足蹈，这些生动的体态语言，反映了人内心的兴奋状态。

（2）自信。自信时，人往往是昂首挺胸，高视阔步，面带微笑，目光坚定，或将两只手臂托胸前交叉，或将两只手掌的手指尖顶在一起，形成一种尖塔式。

（3）紧张。人在紧张的时候，有多种姿态或表情显露出来。例如，瞪大眼睛，瞳孔放大，张口等；手不停地摆弄铅笔、衣角等；呼吸急促，时常清喉咙；不停变换姿态，坐卧不安等。

（4）愤怒，怒目圆睁，眉竖起、嘴角向下。自觉、不自觉地摔东西，如把铅笔抛在桌子上。

---

① 单凤儒．1994．现代公关艺术．北京：中国商业出版社

3．观察态度

通过体态语言，可以观察到交涉对象对公关人员提出建议的反应及当时的心态。

（1）坦诚、开放。当人们在胸前推开双手，手掌朝上，外国人还常配以耸肩，就显示了一种坦诚和开放。或者在别人面前解开衣扣，甚至脱去外衣，都表示了一种不戒备、开放的心理。将易受攻击的部位，如喉咙、胸腹部露出，反映了人类乃至动物的一种不戒备状态。研究动物沟通的心理学家李昂·史密斯博士写道："在狼和其他犬科动物中，仰卧并露出喉咙是顺从和降服的表示。"他曾以一只公狼做了个实验：当这只野兽张牙舞爪地咆哮时，史密斯躺下身子并露出喉咙，他说："这只野狼像典型的犬科动物般抚舔我，用牙齿碰碰我的喉咙，我吓得差点灵魂出窍。"

（2）防卫。当交涉过程中，如果对方防卫心理很强，就会说话谨慎，在空间位置上正面对着你坐或站立，并保持一定的距离。同时，也反映在一定的姿势上。例如，双臂交叉地放在胸前就是一种典型的防卫姿势。当然，人自信或放松的时候也有这种姿势。要区别是否是防卫心态，还可以借助手指观察，如看是否紧握、抓衣袖，包括手是否青筋暴露等。

（3）思考。手托下巴，皱眉沉默，眼望远处是思考的典型姿态。或沉默不语，答非所问，来回踱步也都是正在思考的表现。

（4）拖延。交涉者对一些问题或意见没有理出头绪，表态不成熟，常用一些多余的小动作去拖延时间。例如，眼镜本来不脏，却将眼镜取下来，慢慢地擦，甚至反复取下几次去擦，这正是典型的拖延动作。

（5）厌烦。当人们在出现厌烦情绪时，会在体态上有明显的表现。例如，当交涉对象眼睛东张西望，或在纸上乱涂乱画，或不断地变换坐的姿势，或侧着身躯对你，或用鞋底敲地板时，你就应意识到对方已非常厌烦，这个话题再谈下去是没有意义的。

（6）否定。当对方反对你的意见时，也会以体态语言表达出来。例如，两腿互叠，手臂交叉，身体后靠，头向前倾，则表示了交涉对象已有明确的反对意见。

4．预测行动

根据交涉对象的体态语言。还可以预测他们下一步将采取何种行动。

（1）即将采取行动。在一定的场合下，双手插腰，表示他可能要采取某种行动了。如果在交涉过程中，对方突然离开椅子的靠背，坐到椅子的前缘，身体前倾，可能是跃跃欲试，要采取进攻行动，或决策已定要表态，或采取其他行动。

（2）要求结束会谈。当对方移动身体，坐在那里而将脚和身躯指向门口时，对方已暗示想要结束会谈。此时，如果再继续谈下去效果一定不好，应及时结束。

范例

丽兹·卡尔登饭店的细心营销①

曾获 1992 年美国国家质量奖的丽兹·卡尔登饭店强调的是与顾客接触中提供周到的服务。其服务方针是："在本饭店，殷勤关照和客人的舒适是我们最高使命。我们保证提供最佳的个人服务及一切设

① www.cpw.com.cn/Article/2006-11/200611239211778996 5_7.Htm

备，让客人充分感受温馨且高雅的休憩环境，本饭店的体贴入微，让人活跃、舒适、愉悦，满足客人意料之外的希望与需求。”

丽兹·卡尔登饭店要求每位员工随身携带“员工信条”小卡片，上面包含着饭店的基本服务理念：

（1）座右铭——乐在服务。我们是礼貌服务的绅士和淑女，要礼遇尊宠我们的客人。

（2）信条——以客为尊。满足顾客所需，甚至潜在需求。

（3）服务三部曲——诚挚的欢迎，温馨诚挚的接待、预想及满足顾客所需，温馨的告别等。尽可能称呼客人的姓氏或姓名，并前缀或后缀尊称。

在丽兹·卡尔登全球联网的系统档案中，详细记载了数十万客户的详细资料。有一次，韩国一家跨国集团公司副总裁到澳大利亚出差，当他住进丽兹·卡尔登饭店后，他打电话给该饭店客房服务部门，要求将浴室内原放置的润肤乳液换成另一种品牌的产品。服务人员很快满足了他的要求。

事情并没有结束。三周后，当这位副总裁住进美国的丽兹·卡尔登饭店，他发现浴室的架子上已摆着他所熟悉的乳液，一种回家的感觉在他心中油然而生……

凭借信息技术和多一点点的用心，丽兹·卡尔登饭店使宾至如归不再是口号。丽兹·卡尔登全球联网的电脑档案中记载的客户的个人资料，这是每一个顾客和丽兹·卡尔登员工共同拥有的小秘密，使顾客满意在他乡。

这一案例中所体现出的客户洞察力又有多少是数据不能告诉我们的？

单元六　团队合作能力训练

营销工作描述

随着市场竞争的不断升级，职业经理人们逐渐认识到营销团队建设对企业营销工作的重要作用。团队合作能力的培养不但能够提高学生对销售任务的认知能力，树立共同的奋斗目标，而且还能够培养他们与人和睦相处的能力，增强团队的总体合作实力，共同为提高企业的销售业绩而努力。因此，建立起一支具备较强团队合作精神的优秀销售队伍是十分必要的。

营销人员的团队合作能力具体表现为：

1. 团队成员间具有较强的凝聚力与战斗力。
2. 人际关系和谐，彼此关心，互相尊重。
3. 成员具有较强的事业心和责任感，都愿意承担团队的任务，集体主义精神盛行。
4. 能够充分挖掘自身潜力，乐于从事具有挑战性的工作。

实训目标

1. 培养与他人合作共事的能力。

2．培养团队整体意识与团队建设的能力。

训练项目 1　案例分析：如何实现公司的完美拯救①

训练目标

1．结合实际，感受团队合作能力在事业成功中的重要性。

2．树立强烈的团队建设意识，有勇于在实践中推进团队建设的精神。

案例与问题

ST 集团是一家多元化的耐用消费品企业，拥有生产家用电器、整体厨房和汽车等多种产品的子公司，很多员工都因为自己能在 ST 公司上班而感到自豪。而作为 ST 整体厨房公司的总经理刘总却一直轻松不起来，也没有什么自豪感。因为三年来，ST 整体厨房公司一直走在危险的边缘，成绩总是不尽如人意，随时都有被关闭的风险，而他却一直找不到问题的关键所在。

一天早上，刘总和副总经理罗总一同到商品促销部视察工作，刚一进门，远远地就看到企划总监一个人正在那儿忙碌着。看到新进的促销品，刘总脸上的笑容马上就消失了，立即问道："你怎么买这些茶壶啊，这种款式也太难看了吧？昨天我在商厦里看到一种杯子很漂亮，你怎么没把它们买来？"

"您不是同意我买这种茶壶的吗？我还问过您呢！"企划总监一脸的委屈。

"我看都没看到过样品，我怎么知道你说的漂亮茶壶这么难看！你还把责任推给我？"刘总非常生气地反驳道。

正在这个时候，销售总监也走了进来，他和刘总打了个招呼，就拿起一只茶壶，说："这茶壶样子不错，价格应该不便宜吧？"

"不。虽然样子不错，但价格却特别便宜。昨天商场打对折促销销售，我就进了一批。"企划总监补充说。

刘总一听，火气更大了，大骂道："你还高兴呢，做事不动脑子，尽买这些没有人要的滞销品。光廉价有用吗？我们要的是顾客喜欢的促销品。"

刘总的骂声结束后，安静了十秒钟左右，销售总监走出了促销品存放间，又回到了门口说："刘总，商场里很多品牌都要打折销售，我获得的消息是他们将从明天早上开始打八折销售。估计要持续多久我也不知道。我们怎么办啊？要跟上吗？还是有别的措施？"

"这真是个麻烦事！我能有什么办法？什么事情都问我？总部不但没有什么费用支持，连打折销售都不允许。先看着吧！现在不要去管它。"刘总大声责怪道。

① 黄继毅．管理七剑应用案例：一个企业的完美拯救．全球品牌网（www.21cbpc.com/cbo/200803/94656.html，2008-3-4）

"哦！"销售总监听后，红着脸转身就走。

当天下午，刘总还在为上午发生的事情感到十分窝火。于是决定召开公司员工大会来再次商讨公司业绩迟迟不能得以提升的原因。

在讨论中，该公司的员工都一致认为他们每个部门都努力了，问题就在于其他部门没有配合好，没有尽到责任。

销售部说："产品总是出现质量问题，同时企划部的广告片制作得也不好，再加上售后服务部的服务不及时，这都影响我们的业绩。"

售后服务部也责怪起来说："有质量问题的产品太多，我们根本来不及服务。而且，销售人员为了业绩，经常过度承诺，这让我们更是雪上加霜。"

企划部门不服气，也站起来辩解说："销售部老是不按原定方案执行市场营销，做起事情来全都按自己的意愿行事，广告效果不好又来责怪我们，真是不公平……"。

大家争论了半天，最终也没有找到影响公司业绩的真正原因。问题究竟出在哪里？责任又在谁呢？如何实现对该公司的完美拯救呢？

供分析的问题如下：

1．刘总与企划总监以及公司里不同部门之间的纷争体现了什么？

2．分析公司业绩迟迟得不到提升的原因是什么？

3．请说明这个案例给你的启示。

实训组织与要领

1．每个人认真阅读分析案例，搜集有关资料，并写出发言提纲。

2．可以以模拟公司为单位组织讨论，也可以组织全班讨论。

3．本案例分析的重点是把握团队合作与业绩提升的关系，可以从刘总、企划总监以及销售总监的对话进行分析，也可以从公司里不同部门之间的纷争进行分析。

实训成果与考核

1．每个人的发言提纲可按照二分规则评定成绩。

2．根据班级讨论中的表现，对各个发言者按照二分规则评定成绩。

训练项目 2　管理游戏：团队合作训练游戏

训练目标

1．通过游戏，培养学生与他人合作的能力。

2．加深学生对成功营销与团队合作关系的理解。

实训内容与方法

以模拟公司为单位组成团队，进行淹没乒乓球的游戏。

1．把水桶盛上水，放到教室中间。

2．该公司成员分成四组，分别站在教室的四个角上画的圆圈中，共携带25个乒乓球（随意分组）。

3．主持人一喊：“开始！”就开始从四角跑到教室中间向桶里投乒乓球。每次只能有一个人携带一个乒乓球跑出圆圈去投球。如果同时有两个人跑出圈，主持人就得要求两人都返回，并重新开始。直至将25个球投完，并计算所用时间，用时少者为优。

4．该公司再安排人到水桶前，把所有的乒乓球都浸入水中。一个人当然不能完成，但要一个人一个人地增加，直到所有的乒乓球都被淹没为止。要计算把乒乓球浸入水中的参与者人数与所用时间，人少与用时短者为优。

实训要求与要领

1．参与游戏的每位同学都要积极地参与其中，而且态度必须要认真，不可以敷衍了事。

2．跑去投球时，不许说话，只能通过无言示意，实现有序、协调地去投球。

3．在试图将所有的乒乓球都淹没于水中时，要注意不同参与者之间的合作。

4．整个游戏过程由轮值公司来组织，并且要不断提醒学生体会团队合作精神的重要性。

实训成果与考核

1．按照游戏规则，依获胜排名，按照三分规则评定成绩。

2．根据每个人在游戏中的表现，按照二分规则评定成绩。

训练项目3　情景训练：团队合作竞赛①

训练目标

1．激发创意，以提高和改善你所在的组织的团队合作能力。

2．能正确分析所处群体的状况，把握其群体目标、群体规范、群体压力、群体凝聚力和群体士气以及群体冲突等。

实训内容与方法

1．组织团队。以模拟公司为单位组织团队。

2．解释团队任务。每队都应邀提交一份或更多的能够提高和改善某企业销售部门营销方案的创意。创意可以是在原有基础上的进一步改进，也可以是抛弃原有的营销方案，重新设计，并把它写在一张纸上交上来。每一份创意都应该有一个简短的题目。

3．公布评奖规则。每个参与者都将投入1元钱，作为此次活动的总奖金。不同的团队提交的创意都将参与评奖。获得前三名的队将按照5∶3∶2的比例分割全部奖金。

---

① [美]席阿柯罗俊格伦·帕克．2004．团队！团队！游戏培养合作精神．北京：中国劳动社会保障出版社

4．开始团队合作环节。限定一段适当的时间，要求各队运用他们的创造性思维想出一条以上的创意，并以清晰的、富有说服力的形式表达出来。

5．结束活动。在限定时间即将结束时，吹响哨子并要求各队停止正在进行的活动。要求各队把创意交上来。

6．请各队评估创意。把全套的创意答卷给每个队发一份。请各队为每一份创意（除了本队提交的以外）评分，分值从 1 到 9，限定适当的时间。

7．计算得分，颁发奖金。找出得分排在前三名的创意。把全部奖金均分为 10 等份。给得分最高的队颁发 5 份，给第二名的队颁发 3 份，给得分第三名的队颁发 2 份（如果两队并列第一名，把前两名的奖金加在一起平均分成两份发给他们。如果三个或更多的队并列第一名，则把奖金在这些队中平均分配）。

实训要求与要领

1．尽量调动全班同学的积极性，使他们自愿参与其中。

2．保证每个同学在游戏开始之前都投入等额的奖金。

3．重点在于使学生能够充分体验团队合作的精神。

4．尽量保证评分环节的公平和公正。

实训成果与考核

1．要求参与游戏的每个团队继续改进自己团队所设计的营销方案，作为一次课后作业，按照二分规则评定成绩。

2．根据所有参与学生的排名获奖情况，再按照三分规则评定成绩。

训练项目 4　团队公关

训练目标

1．使学生进一步体验团队合作的意义与重要作用。

2．把握团队合作的要领，提高团队合作能力。

实训内容与方法

1．以模拟公司为单位，通过团队合作，共同完成一项与培养营销能力有关的、有一定难度的任务。

例如，为偏远山区上不起学的孩子进行公益募捐活动，对捐款的形式不做具体要求，可以号召百姓捐款，也可以到企事业单位拉赞助捐款等。时间规定为一天，最终以团队为单位计算捐款金额，金额最大的团队获胜。

2．结束活动，以班级为单位组织交流与评估。

实训要求与要领

1．在活动过程中，一定要以团队为单位，让学生充分体会团队合作的重要性。

2．选择与组织活动必须合法、合规、合情。要精心组织，注重实效，不走形式。

3．充分调动学生的积极性，尽量安排每名学生都要参与其中。

4．活动的选择必须具有一定难度，并把难度系数作为评价成效的重要指标。

实训成果与考核

根据实际活动成效，对各团队按照三分规则评定成绩。

资源库

知识链接

资料　团队建设①

1．团队的特征

“团队”与“命令型”组织相比，其本质差别与显著特征有：① 在组织形态上，团队属扁平型组织。② 在目标定位上，团队有明确的目标，每个成员有明确的角色定位与分工。③ 在控制上，强调自主管理、自我控制。④ 在功能上，形成一种跨部门、具有交叉功能的融合体系。⑤ 在相互关系上，构建合作、协调的团体。

2．团队管理的要素

团队管理有四个最基本的要素，只有牢牢把握住这四大要素，才能真正实行现代意义上的团队管理。① 目标。团队必须有为所有成员共同认可的统一目标。这一目标是建立在组织需要与团队成员一致的价值观的基础上的，并通过一致的努力来实现目标。目标成为团队存在与发展的出发点与归宿。团队的最主要目标就是提高工作绩效。② 分权。在集权的体制下是不可能形成现代团队的。团队作为一种分权化的扁平组织，其上级要实行充分授权，团队必须有足够的权力进行决策；同时，团队的管理不断地从监督控制演化为共同决策，每个成员都享有充分的权力。③ 自主。不但团队能独立自主地开展工作，而且，团队的每个成员都是平等的，都有各自的角色定位，都能自觉、自主地同他人默契配合，卓有成效地为实现目标做贡献。④ 合作。团队必须有极强的凝聚力，良好的沟通，实现团队成员的通力合作，最大限度地发挥整体效应与集体战斗力。

3．团队建设的要领

团队建设的要领为：① 科学地设定目标。② 打造团队文化。③ 促进跨部门整合与技能互补。④ 维持小规模的团队。⑤ 重新设计信息系统。⑥ 重新设计报酬系统。

范例

鸭子的故事②

某企业的领导为了培养员工的团队合作精神，在一次员工大会上，给大家讲了一个鸭子的故事：

---

① 单凤儒．2008．管理学基础．北京：高等教育出版社

② 黄继毅．管理七剑应用案例：一个企业的完美拯救．全球品牌网（www.21cbpc.com/cbo/200803/94656.html，2008-3-4）

所有的鸭子都愿意接受团体的游动队形，而且都实际协助队形的建立。如果有一只鸭子落在队形外面，它很快就会感到自己越来越落后，由于害怕落单，它便会立即回到鸭群的队伍中。鸭子的领导工作，是由群体共同分担的，虽然有一只比较大胆的鸭子会出来整队，但是这只带头的鸭子疲倦时，它便会自动后退到队伍之中，然后几乎是在难以察觉的情况下，另一只鸭子马上替补领导的位置。而在队形后边的鸭子不断发出鸣叫，目的是为了给前方的伙伴打气激励。更重要的是，鸭子努力划脚的时候你是看不见的，你能看到的永远只是它们那悠哉悠哉地游动的样子。这和优秀团队的运作很像，它们的脚在水面之下拼命地划，你是感觉不出来的，除非你加入了它们的团队之中与他们一同工作。否则，你只能看到它们露出水面的悠哉身影，接着去羡慕它们的悠哉生活，最后你还会学它们的样子，它们悠哉你也悠哉，实际上是别人在努力而你却是在浪费时光，其结果就是，你被别人远远地抛在了后面。

最后，该领导说：“革命尚未成功，同志还需努力！我们也要向鸭子学习协作精神，为了公司的明天而努力，我们一定能够成功！”听了领导振奋人心的发言后，员工们好像都憋着一股劲，大家也一起握起拳头高呼：“团结协作，我们一定能成功！”

在不久之后的企业业绩评估中，该企业的各项销售指标较之以前都有了明显的提高。

单元七　产品与企业形象塑造能力训练

营销工作描述

在社会主义市场经济条件下，产品与企业形象是企业创造营销佳绩，经营获得成功的关键要素。那么，如何才能树立良好的企业形象呢？这就要求我们加强观察与分析、调研与评价的能力，特别是有效传播的能力。

产品与企业形象塑造能力主要包括：

1. 掌握商品知识，熟悉商品特点，把握商品优势。
2. 善于观察与分析顾客（用户）对商品与企业的需求心理。
3. 能有效地进行商品推介，宣传商品优势，令顾客信服。
4. 把握企业优势，能富有创意地策划企业形象。
5. 利用各种手段，有效地传播企业的良好形象，增强顾客（用户）对企业的信任感。

实训目标

1. 训练把握与传播产品优势的能力。
2. 培养企业形象策划与传播能力。

训练项目1 案例分析：红牛为何“牛”不起来[1]

训练目标

1．结合实际，感受品牌在企业形象中的重要作用。

2．培养产品策略与传播能力。

案例与问题

据调查显示，目前中国功能饮料的年人均消费量仅为0.5公斤，距离全世界人均7公斤的消费量尚有巨大空间，功能饮料在国内的市场潜力极其巨大。另外，中国的人均GDP已经超出1000美元，消费者的购买能力也已经有了大幅提升。在这种令人乐观的市场形势下，1995年就登陆中国的国际品牌——红牛原本可以放手一搏，大有作为。然而，进入中国10多年来，红牛却始终没有像他的名字那样真正地“红”起来，“牛”起来。

1996年2月，自第一款250毫升原味型上市，红牛靠这一款产品红遍全国，也是靠原味型奠定了红牛在中国的基石。可是此后，红牛却没有了后续的产品跟进，这种现象一直持续到2002年的4月。足足6年之后，红牛才又推出两款新品：250毫升强化型、180毫升浓郁型。

客观地说，红牛的包装设计是非常有特点的，既有中国特色，又能充分体现产品特点。可是再好的东西一直不变，看多了也会让人麻木的。何况当今社会，变是主导潮流，新、奇、特是人们，尤其是年轻人追求的目标。外观赏心悦目又便于携带，会更刺激人们的购买欲望。可口可乐等公司近些年都适时更新了不少产品包装，添加了不少时尚的元素，唯独红牛“我容依旧”。

在广告诉求上，红牛一直是在告诉消费者，红牛饮料有什么作用，诸如解乏、解困等，同时强调功能饮料与碳酸饮料的区别，并没能很准确地将红牛饮料的品质内涵及其所代表的生活方式传递给消费者。

功能饮料的“功能”特性既是特色又是限制，毕竟它的基础诉求是饮料而非保健品，甚至国际上目前对红牛的功能效用也没有明确定论。从最初的水饮料发展到功能饮料这一代，饮料的基本功能已经日趋弱化，甚至口味和成分的差异化也日渐缩小。红牛作为一种高档次的饮料，不能只卖产品，更要卖一种生活理念，以避免功能饮料受制于“功能”，在一定程度上弱化受众人对其具体保健效用的关注，使得“功能”更大意义上只作为初始卖点，也避免营养学家或医学专业人士对其效果的吹毛求疵。

诚然，作为功能饮料的先驱者和领导者，红牛在中国市场的销售额连年呈增长趋势。

---

① 中国食品产业网（www.foodqs.com/news/gnspzs01/200622792842.htm.2006-2-17）

在国内饮料高端产品中有着非常高的品牌知名度，也拥有了较稳定的消费群体。但它的发展脚步却一直比较缓慢，随着其他品牌功能饮料的崛起，红牛在功能饮料领域的地位受到严峻挑战。在未来的市场中，红牛还能继续“牛”下去吗？

供分析的问题如下：

1．讨论红牛为什么“牛”不起来？

2．如何制定相应的营销策略才能使红牛强大起来？

组织与要领

1．每人认真阅读并分析案例，写好发言提纲。

2．以模拟公司为单位组织讨论，也可以组织班级讨论。

3．本案例分析重点是把握产品策略在企业形象中的重要作用，可从品牌策略方面作重点分析。

实训成果与考核

1．每个人的发言提纲可作为一次作业，按照二分规则评定成绩。

2．根据班级讨论中的表现，对发言者按照二分规则评定成绩。

训练项目 2　情景训练：产品推介

训练目标

1．提高对产品属性、特征的认知能力。

2．训练现场观察顾客或客户需求并有针对性地进行推介的能力。

3．培养语言表达能力，实际应变能力。

实训内容与方法

1．采取两个公司一组轮流对抗的方式进行，即一家公司为推销者，另一家为购买者，其他公司为观察者。一轮结束后，其他组再轮换。

2．扮演推销者的公司，选派一人为主谈，负责向客户推介产品。其他人为教练，负责向主谈提供建议。

3．扮演购买者的公司，选派一人为主谈，负责应对推销，提出反驳意见，以砍杀价格。其他人为教练，负责向主谈提供建议。

4．每组在事先准备好的商品中随机挑选一种，以小组竞赛形式对其进行现场演示、解说与反驳。

5．每 4 分钟暂停一分钟，教练与主谈讨论，以更好地介绍商品与应答，每组进行 10～15 分钟。

6．观察者认真做好笔录，并可随时（也可在结束后集中）互动讨论提问，最后评选最佳公司与最佳主谈。

实训要求与要领

1．按照公司数的 1.2 倍准备供推介的产品，每个公司成员分工，一人重点掌握 1～2 样产品的情况，以便推介；同时，按照分工，每个人还要写出这种产品的弱点或不足，以便反驳，并写成文字材料。

2．每人认真、深入地了解产品知识，包括原材料、工艺、产品属性、功能、质量、使用便捷等方面的优缺点，并了解用户或顾客对该产品需求的特点。

3．在推介现场，买卖双方都要进入角色，全身投入，不但要认真，还要有应变能力。

4．组织者掌握好每组进度，协调好现场气氛。

实训成果与考核

1．每组提交一份推介演讲稿或提纲，每个观察者提交一份记录，均作为一次作业，每份作业按照二分规则评定成绩。

2．根据现场表现，对表演者按照三分规则评定成绩。

训练项目 3　情景训练：企业形象策划与传播训练

训练目标

1．培养企业形象调研与策划的初步能力。

2．训练传播企业形象的能力。

实训内容与方法

1．选择一家感兴趣的企业或合作企业，以模拟公司为单位对其进行调研。内容包括企业基本情况、企业形象现有状态等。

2．为该企业设计塑造形象方案。

3．以班级为单位召开企业形象传播会，各公司宣讲与传播所策划公司的形象，其他人以顾客或用户身份进行质疑与评价。

实训要求与要领

1．调查评价过程要深入、认真，尽量搜集丰富的资料与信息。

2．要根据企业实际，并运用有关企业形象策划的理论与方法，对企业形象做较为系统、可行的策划。

3．在形象传播会上，要以营销人员对顾客或用户的角度，真实、可信地宣讲与传播企业形象。

4．其他同学要以顾客或用户的身份，直言质疑，营销人员要现场做出积极的反应。

实训成果与考核

1．提前搜集资料，每人提交一份有关企业形象的简要报告，作为一次作业，按照二分规则评定成绩。

2．各公司策划方案，按照二分规则评定成绩。

3．根据在传播会上的表现（宣讲者与质疑者），按照二分规则评定成绩。

训练项目4　顶岗训练：产品与企业形象塑造

训练目标

1．训练产品宣传能力。

2．训练企业形象策划与传播能力。

实训内容与方法

1．以模拟公司为单位，到合作企业或自己联系单位，参与实际产品或企业宣传活动，锻炼实战能力。

2．事前要制定参与计划，结束后要写出参与实录及体会。

3．进行全班交流与评估。

实训要求与要领

1．要求每个模拟公司成员认真对待此次实训活动，积极参与，做好实训笔记。

2．参与计划要列明目标、活动内容与形式、产品或企业形象传播要领等事项。

3．实训实录要特别记载重要环节与事项，并写出实践体会。

实训成果与考核

1．每人提交一份有关产品宣传或企业形象的简要材料，作为一次作业，按照三分准则评定成绩。

2．根据在交流会上实际交流情况，按照二分规则评定成绩。

资源库

知识链接

资料　企业形象塑造的基本途径[①]

1．企业形象的决定因素

企业形象是以顾客为主体的公众对企业存在形态的一种反映。决定企业形象的因素主要有三个：

---

① 单凤儒．2004．营销心理学．北京：高等教育出版社

① 企业性状，即企业自身的特征、行为与状况。这是企业形象所反映的客观存在，是决定企业形象的前提与基础。② 传播，即有关企业性状的信息是怎样传播给公众的。当今世界如此之大，“酒香不怕巷子深”的观点是站不住脚的。同样的企业性状由于传播的方式、手段、效果不同，其在公众心目中的反映会有很大的差别。传播过程是决定企业形象的重要因素。③ 公众，企业形象在本质上是一种公众的心理反映，因此，以顾客为主体的公众自身的因素也将成为影响企业形象的重要方面。

2．企业形象塑造的途径

由于公众这一因素是企业只能研究不能改变的因素，企业塑造形象的途径就只有两条，一是改变企业性状，加强企业自身形象建设；二是实行有效沟通，加强企业形象传播。① 加强企业自身形象建设。要在广大公众心目中形成良好的形象，企业自身性状必须好。企业塑造形象，首先必须在加强自身建设和促进发展壮大上下工夫。企业要加大改革力度，提高自身素质，推出高质量的产品和服务，全面承担社会责任。这样，企业的知名度和美誉度就会不断提高。加强自身形象建设是塑造企业形象的根本途径。② 加强企业形象传播。好的企业性状还要靠有效的传播，才能建立起好的企业形象来。企业必须高度重视企业形象的传播问题。企业在认真分析公众心理的基础上，有针对性地进行传播，科学地设计交流信息，选择传播方式、手段和媒介，提高传播功效，就会使良好的企业形象尽早地在公众心目中建立起来。

范例

迪斯尼：一只老鼠的不老传奇①

迪斯尼的品牌延伸可谓是企业长青的法宝。在1928年后的4年里，沃尔特的工厂生产了约40部动画片，在获得市场成功的同时改变了人们对动画片的看法。

早期的动画片不登大雅之堂，主要是插在电影前头的“增值服务”，在播放电影前的几分钟里博观众一乐，和爆米花没有太大的差别。沃尔特改变了这一切。除了不惜工本配置音响，沃尔特还开创性地把黑白动画片改成了彩色。当时一部黑白片能赚到大约35 000美元，采用彩色技术后成本增加，盈利减少到30 000美元。但沃尔特决定把制作中的黑白底片刮掉、全部重拍。1931年米老鼠动画片历史性地获得了奥斯卡奖，在电影院，米老鼠、三只小猪、白雪公主、匹诺曹……一个个鲜活的卡通形象出现在银幕上。从1930年起，使用米老鼠形象的玩具、书籍、报纸、漫画给迪斯尼带来了巨大的收益。仅在1932年，米老鼠俱乐部在美国就拥有100多万会员，到当年年底，美国已经有80多家大公司在生产、销售和迪斯尼有关的商品，这给品牌授权的制片厂带来了30万美元的纯利润。但是由于沃尔特为了挤垮竞争者而拼命赶拍大片，这些钱还不足以解决流动资金捉襟见肘的问题。制片厂在1934年获得了美洲银行100万美元信用贷款，这帮助了《白雪公主与七个小矮人》的制作。1937年12月，《白雪公主与七个小矮人》首映，成为有史以来最成功的大片之一。发行后6个月，沃尔特不但还清了全部债务，还有几百万美元的结余；可是迪斯尼又赶制了耗资260万美元的《匹诺曹》，加上几部大片

① 中国品牌网（www.chinapp.com/NewsHTML/99129/99129_1.htm.2008-4-10）

同时开工，《匹诺曹》上映时制片厂又负债超450万美元。心惊肉跳的美洲银行冻结了新的贷款，导致第三部《幻想曲》和第四部《巴姆比》不得不暂时停机。1939年12月，沃尔特·迪斯尼制片公司正式成立，发行了400万美元的股票，基本解决了流动资金的危机，公司治理也上了一个台阶。38岁的沃尔特从此不再是孤家寡人，而要对数以千计的大小股东负责，机构投资者对于公司的发展走向发挥了深刻的影响。1987年3月，第一家迪斯尼产品零售店在美国洛杉矶北部的格伦代尔商贸中心开业，销售印有米老鼠等图案的画报、卡片、衣服、文具、钥匙扣、背包等。在管理模式上，迪斯尼商店也以继承迪斯尼的精神为最终决策标准。

单元八　营销计划与控制训练

营销工作描述

对营销实施科学而有效的计划与控制，是企业营销管理的关键环节与经常性职能。营销计划是在分析企业内外环境的基础上，确定营销目标，制定营销方案的工作过程；营销控制是在落实营销计划，实现营销目标过程中的监控过程及营销工作结束后的总结评价过程。

营销计划与控制的基本流程是：

1. 进行市场调研，分析企业内外部环境。
2. 确定营销目标，包括相应的一系列指标以及社会责任、企业形象等目标。
3. 制定实现目标的可行方案，特别是实现目标的市场策略与促销措施。
4. 目标与计划的分解与落实。
5. 运用各种有效手段对营销过程实施监督与控制。
6. 营销周期结束后，核算营销效益，考核营销业绩，并进行总结与评价。

实训目标

1. 训练制定营销目标与计划的能力。
2. 训练对营销绩效分析、考核与评价的能力。
3. 对整个实训过程进行全面总结，做出正确的评价。

训练项目1　模拟管理：营销计划

训练目标

1. 熟悉各类企业营销计划的核心指标。
2. 训练制定营销计划的能力。

实训内容与方法

1．以模拟公司为单位，深入企业，或通过网络等途径，搜集生产企业营销与商场销售各两家以上企业的营销计划信息资料。其中，对合作企业应搜集到更为系统的资料。

2．应重点搜集如下资料或信息：

（1）企业的基本情况，特别是市场定位。

（2）目标的表达形式与标准。

（3）计划和方案的形式与内容结构。

（4）制定的程序、方法与要领。

（5）计划制定与执行的相关信息。

3．每个公司制定两份模拟营销计划（生产企业营销与商场销售各一份）。

4．以班级为单位进行交流与评价。

实训要求与要领

1．尽可能深入企业作调研，掌握一手信息，占有较多的资料。

2．要弄清各家企业的计划机制的差异，生产企业与商业企业明显不同，同类企业计划的指标差别也很大。特别是要把握营销目标与计划机制的核心指标是什么，如是销售额，是市场占有率，是回款额，是毛利（毛利额与毛利率），是销售费用，还是场效（即单位营业场地所带来的效益，如每平方米营业面积带来的营业额或毛利额）、利润。

3．要研究与借鉴多家企业的营销计划文本结构，把握共性规律，编制基本合理的模拟营销计划。

4．调研与制定计划，最好争取获得合作企业的指导与支持，能紧密联系合作企业的实际与业务。

实训成果与考核

1．对每人搜集的资料及其简单说明，按照二分规则评分。

2．对各公司制定的两份模拟营销计划（公司内人数多的也可指定三份计划），分别按三分规则评定分数，并由总经理按实际贡献将分数分劈给其成员。

3．根据交流会上的表现，对发言者可按二分规则评分。

训练项目2　模拟管理：营销控制

训练目标

1．熟悉营销控制的主要手段。

2．训练对营销过程与业绩有效控制的能力。

实训内容与方法

1．调查不同类型的企业和区域内不同层次营销组织实施营销控制的方式、手段与方法。此项目的调研过程可与前一项目一并进行。

2．以公司为单位，对所调研的各个公司营销控制情况进行研讨，理解营销控制的主要手段。

3．每家公司指定两份营销控制方案（生产企业与商业企业各一份）。

4．以班级为单位交流与研讨。

实训要求与要领

1．要搜集营销控制的多种手段的资料，如目标与计划控制、指导与行政干预、统计与信息反馈系统、效益分析与业绩考核等。

2．要注重对主要手段的分析与研究，评估其有效性，掌握不同企业控制机制的差异。

3．控制方案要科学、可行，控制手段要有效，尽可能借鉴调研企业的成功经验。

实训成果与考核

1．对每个人搜集的有关控制的资料及其简单说明，按二分规则评分。

2．对各公司的营销控制方案按照前一项目的方法评估打分与分劈。

训练项目3　实训综合评估（放到全部实训结束之后进行）

综合评价，是指企业在营销工作一定时期结束之后所进行的全面评估与评价工作，以准确核算营销效益，评估营销业绩，肯定成绩，发现问题，总结经验教训。

本项目的训练是模拟性的，是在全部综合实训结束之后，对综合实训的过程与效果进行全面评价的工作。因此，本项目要放到全部实训课程结束之后进行。

训练目标

1．培养自我分析、总结、评价的能力。

2．培养客观评估他人的能力。

3．培养综合评价的能力。

实训内容与方法

1．自我总结。每个人对实训中自己的表现做全面总结。

（1）总结实训中的主要收获、教训与不足；提出步入实际营销岗位后的努力方向。

（2）每人都要完成一份书面总结，并在公司内进行交流。

2．以模拟公司为单位组织团队评价。

（1）公司成员之间进行相互评价。

（2）公司总经理对每个成员作出评价。

3．以班级为单位召开营销感悟交流会，每个人要以“成功营销我之感悟”为题发表简短演讲（不超过三分钟），并进行集体评估。

实训要求与要领

1．每个人都必须严格按照上述所要求的内容进行认真总结。

2．评价他人一定要态度诚恳、认真，并坚持原则；总经理评价要客观、公正，拉开档次。评价中要注重既敢于批评，又团结合作的和谐氛围的营造。

3．演讲中主要强调指出你认为哪一点对成功营销最重要（即你自己感悟最深的一个方面），不要面面俱到、空洞说教。

4．教师要提供如何进行总结的辅导。

实训成果与考核

1．对每个人的书面总结材料，按照二分规则评定成绩。

2．相互评估、总经理评估和班级集体评估均采用二分规则评定成绩。

3．对每个成员进行全课程的综合评价，确定课程分数。

（1）每个人的课程综合成绩要按照概述中所讲的方法，将所有实训成绩累计而成。

（2）全课程总成绩为全部实训成绩累计与实训结束时的综合评价之和。可用下式计算：

$$\text{总成绩}=90\times\left(\frac{\text{个人实训总分}}{\text{全班最高实训总分}}\right)+10\times\left(\frac{\text{自评分}+\text{互评分}+\text{经理打分}+\text{集体打分}}{\text{上述四项合计全班最高分}}\right)$$

知识链接

资料1 营销企划的内容[①]

1．执行概要和目录表

执行概要是营销企划开始时关于本企划的主要目标和建议事项的简短摘要，它使阅读者迅速抓住企划要点。在其之后是整个企划内容的目录表。

2．当前营销状况

介绍关于市场、产品、竞争、分销和宏观环境的背景资料，并进行SWOT分析。

3．机会和问题分析

根据SWOT分析指出企业面临的主要机会，并确定影响组织目标的关键问题。

4．目标

企划中的财务目标和营销目标，可以采用销售量、市场份额、利润和其他相关指标来设立。

5．营销战略

定义相关产品层次的目标市场，并明确其竞争定位，以形成“博弈计划”，完成企划目标。

6．行动方案

① 菲利普·科特勒．2003．营销管理．第11版．梅清豪译．上海：上海人民出版社

营销企划必须具体描述为了达到营销战略而将要采取的特定的和实际的营销方案，从而实现企业业务目标。对每个营销战略必须详细回答下列问题：将要做什么？什么时候做？谁来做？成本是多少？如何衡量这个方案的优劣？

7．财务目标

在行动方案中，应该集中说明支持该方案的预算。在收入方面，指出预估的产品销售量和平均实现价格。在支出方面，说明生产成本、实际分销成本和营销费用以及再细分下去的细节项目。收入和支出之差就是预计利润。预算一旦批准之后，它就是制定计划和进行材料采购、生产调度、人力补充、营销活动安排的基础。

8．执行控制

营销企划的最后一部分，控制的目的是用以监督企划的实施过程。有些控制部分包括权变计划，以规定遇到特殊的不利情况时所应该采取的步骤。

资料 2　营销控制方法[①]

一般来说，因控制者、出发点和方法上的差异，营销控制方法分为年度计划控制、盈利能力控制、效率控制和营销战略控制四种基本方法，它们各有侧重且相互补充，构成企业营销控制系统，见下表。

控制种类	主管人	控制出发点	采用方法
年度计划控制	最高层主管 中层主管	检查计划目标是否实现	销售额分析、市场占有率分析、销售费用比值分析、财务分析、顾客态度分析与研究等
盈利能力控制	市场营销主管	检查企业的盈亏点	各产品、地区、细分市场、分销渠道的获利能力等情况的分析与研究
效率控制	职能管理部门 市场营销主管	评价和提高营销费用支出的效果	销售队伍、广告、促销和分配等的效率分析与研究
营销战略控制	最高层主管 市场营销审计人员	检查企业是否最大限度地利用了最佳市场机会	市场营销审计、营销有效性评价等分析与研究

范例

肯德基公司的业绩考核

上海肯德基有限公司收到了 3 份总公司寄来的鉴定书，对他们外滩快餐厅的工作质量分 3 级鉴定评分，分别为 83 分、85 分、88 分。公司中外方经理都为之瞠目结舌，这三个分数是怎么评定的？

原来，肯德基国际公司雇佣、培训一批人，让他们佯装顾客潜入店内进行检查评分。每个顾客都可能是公司的“探子”，这使得快餐厅经理、雇员时时感到某种压力，丝毫不敢疏忽。肯德基国际公司就是这样管理控制它的遍布全球 60 多个国家，多达 9900 余个子公司。

① 聂艳华．2009．营销策划实务．北京：科学出版社

工作要项实例[①]

职位名称：市场分析员

工作内容及职责：

1. 市场调查
2. 搜集商业趋势的资料
3. 搜集经济形势的资料
4. 准备电脑分析资料
5. 准备报告
6. 监视电脑输出资料
7. 参与新销售计划
8. 协助建立管理资料系统

工作要项：

1. 市场研究　　2. 配合电脑
3. 报告　　4. 销售计划
5. 建立系统

业务工具

推销效益计划表[②]

	全年	一季度			二季度			三季度			四季度		
		1	2	3	4	5	6	7	8	9	10	11	12
销售额													
目标达成率													
折扣													
毛利率													
货款回收率													
推销费用													

以下为××公司的数据，请对比分析场地效益计划与完成情况。

商场经营场地效益计划完成情况表[③]

2008 年 1～6 月经营场地效益计划完成情况

单　位	面 积	场地效益/元（平方米/年）					
		计　划				完　成	
		销售额	毛利额	销售额	毛利额	销售额	毛利额
女装分公司	5170	1.22	0.25	3111.8	575.9	1.20	0.22
名品商场	859	1.51	0.31	711	126.5	1.66	0.29
精品商场	717	1.53	0.3	521	115.5	1.45	0.32
商务休闲	1183	1.23	0.27	580.8	142.4	0.98	0.24
少淑商场	1385	0.9	0.21	514	121.4	0.74	0.18

① 包政，吴春波，彭亚拉．2005．现代管理 制度·程序·方法·范例全集（市场营销卷）．北京：中国人民大学出版社

② 王国梁．2004．推销与谈判技巧．北京：机械工业出版社

③ 兰贵秋．2009．营销核算与绩效评价．北京：科学出版社

续表

单　位	面 积	场地效益/元平方米/年					
		计　划				完　成	
		销售额	毛利额	销售额	毛利额	销售额	毛利额
时装商场	1026	1.17	0.17	785	70.1	1.53	0.14
男装分公司	5370	1.03	0.21	2714.1	544.2	1.01	0.20
休闲商场	594	0.9	0.2	318	66.2	1.07	0.22
西装商场	1252	1.03	0.22	656	137.7	1.05	0.22
精品商场	874	1.28	0.26	630	133.2	1.44	0.30
羽绒服	2650	0.92	0.17	1110.1	207.1	0.84	0.16
针织分公司	3750	1.19	0.2	2281.2	488.7	1.22	0.26
羊毛联	600	1.5	0.3	522	113.9	1.74	0.38
羊毛配	700	1.47	0.28	474	128	1.35	0.37
羊绒商场	710	1.73	0.29	674.2	117	1.90	0.33
内衣商场	810	0.91	0.2	417	93.9	1.03	0.23
床上商场	930	0.05	0.05	194	35.9	0.42	0.08

店·所·科别收支计划表[①]

单位：千元

部 门 别			1. 销售额	2. 变动费	3. 边际利益	4. 销售固定费	5. 部门直接利益	6. 回收额
计　　实%								
销售本部合计	本公司计	计						
		实						
		%						
	本公司第1科	计						
		实						
		%						
	本公司第2科	计						
		实						
		%						
	北京支店	计						
		实						
		%						
	上海营业厅	计						
		实						
		%						

注：1. 计——计划，实——实绩，%——达成率＝实绩/计划；
2. 变动费是采购成本（包括公司内购买）、包装运费、燃料、车辆费的合计；
3. 边际利益＝1-2；
4. 销售固定费是薪资费用、销售经费、利息等的合计；
5. 部门直接利益＝3-4。

① 兰贵秋，王娟．2009．营销核算与绩效评价．北京：科学出版社

模块二　企业营销

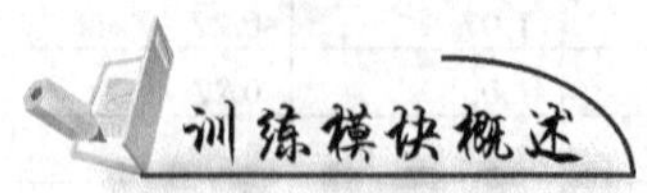

训练模块概述

本模块是全部训练的重点模块。通过本模块训练，了解产品营销的流程，帮助学生建立产品营销的观念与意识，锻炼学生产品销售技能，以提高推销企业产品的水平。

本模块涵盖产品营销的基本过程，共分为十个单元。从市场调研入手，不仅包括营销前期工作如市场选择与定位、市场营销策划、渠道开辟与管理等内容，还包括推销企业产品的基本技能训练，如广告与促销训练、人员推销训练、会展营销训练，更包括对推销起到保障作用的技能训练，如客户管理训练，发货、收款与售后服务训练及效益分析与绩效考核训练。

本模块在实施过程中，要注意各单元之间的内在逻辑关系，更要调动学生参与的积极性与主动性。

训练流程与能力培养架构

训练流程	培养能力
市场调研	掌握市场调研方法、步骤等能力
市场选择与定位	对市场的分析能力和判断能力
市场营销策划	营销策划方案制定的能力
渠道开辟与管理	销售渠道选择、策划、开发及对各环节的管理能力
广告与促销	广告设计与促销创意能力
人员推销	陌生拜访、谈判能力
会展营销	会展策划与组织实施能力
客户管理	客户开发维护与管理能力
发货、收款与售后服务	发货、收款、售后服务及讨债技巧能力
效益分析与绩效考核	营销效益核算、营销绩效考核能力

训练基地与组织

1．实行校企合作，商学结合，选择一家或几家生产与销售某类产品的企业，签订合作培训的协议，建立校外实训基地，组织实施顶岗训练，并聘请实训指导教师进校指导综合实训。

2．创造条件，建立校内实训基地，组建产品销售机构，如独立组建产品经销部，或企业的产品代销部，在教师和企业营销人员的共同指导下，进行岗位训练。

3．建设仿真营销模拟实训室，在校内实施各种营销模拟训练。

4．将模拟公司调整为模拟企业营销部，原总经理为营销部经理。校内实训均以营销部为单位进行（也可泛称模拟公司）；到企业实训，均以销售团队（即模拟营销部）为单位进行。

5．科学选择经销产品类别，实现实训系列化。首先选择模拟公司经营产品（最好是大类），然后，所有单元（包括单元内）一贯到底地使用这一产品进行训练。具体要求如下：

（1）训练伊始，选择一种或几种产品进行系列实训（原则上中间不改变），选择的原则为业务典型性、资料好搜集、便于寻找合作单位的。

（2）选中的产品在本书中可称本公司经营产品（具体项目训练时也要选该范围内的具体品种）。

（3）产品选择要在教师指导下进行，教师要充分考虑后续实训是否适应。

单元一　市场调研训练

营销工作描述

企业要比竞争者更好地满足市场需求，赢得竞争优势，必须进行市场调研，广泛收集市场信息，对市场需求和产品前景做出合理的预测，从而制定积极、有效的市场营销战略和策略。

市场调研就是科学、系统、客观地收集、整理和分析市场营销的资料、数据、信息，帮助企业管理人员制定有效的市场营销决策的活动。市场调研一般包括以下几个阶段：

1. 确定调研课题。即明确市场调研应调查研究什么问题、达到什么目的。

2. 市场调研策划。运用定性研究和系统规划的方法，制定市场调研方案或市场调研计划书。

3. 正式调查、收集数据。组织调查人员深入调查单位搜集数据和有关资料，包括现成资料和原始资料。

4. 调查资料整理。对调查资料进行审校与校订、分组与汇总、制表等。应按照综合化、系统化、层次化的要求，对调查获得的信息资源进行加工整理。

5. 分析研究。运用统计分析方法对大量数据和资料进行系统的分析与综合，借以揭示调查对象的情况与问题，掌握事物发展变化的特征与规律性，找出影响市场变化的各种因素，提出切实可行的解决问题的对策。

6. 编写调研报告。市场调研报告是根据调查资料和分析研究的结果而编写的书面报告。其基本内容有：交代市场调研的基本情况、调查结论和主要内容的阐述、情况与问题、结果与原因、启示与建议等。具体内容确定应视调研课题的性质、内容和要求而定。调研报告一般由标题、开头、正文、结尾及附件等要素组成。

实训目标

1. 培养市场调研方案的设计能力。
2. 培养市场调研组织实施能力。
3. 训练表达沟通能力。

训练项目 1 案例分析：追踪调查铁路公司[①]

训练目标

1. 掌握市场调研的原则和程序。
2. 了解掌握影响市场调研效果的各种因素。

案例与问题

自从英国的铁路系统在 1996 年被私有化以后，新铁路公司就一直被各种问题所困扰。破旧不堪的机车、火车晚点、牢骚满腹的乘客以及不同公司之间时刻表和车票问题上的不协作，都给人以铁路行业麻烦缠身的感觉。

火车运营公司（TOC）的一些主管毫不赞同乘客的意见，一位主管甚至说，其公司每年接收到的 4 万封投诉信是人们在工作时间里写的，他正考虑写信给他们的老板告知此事。另一位主管说，他们公司火车上的厕所不能使用只是一个小问题，等等再解决。后面这位主管说把票价涨了 5%，并表明他仅仅是在根据他的工作合同条款行事，而明显地忽略了对顾客所担负的责任。出现这些态度的原因可能是 TOC 只有 7 年的经营权，在这么短的时间里难以往诸如机车和火车头等固定资产上进行长期的投资，短期投资显然具有更大诱惑。

同样棘手的是，当铁路行业需要为抵挡与公路运输的竞争组成统一战线时，每家公司却都试图建立自己的品牌，甚至与其他公司恶意竞争。

① jpkc.lwvc.net/sctcyc/skja/down

TOC面临的问题之一是，当那些乘客仅仅希望以可能的最有效方式从A地去B地时，品牌根本不起作用。设计公司Wolff Olins发现，它们在为希思罗快运公司所做的企划中，最受欢迎的是那个最实际的企划，而非其他更华丽的企划，而且，维尔京火车公司报告说，它们恶劣的服务已经损害了以前良好的品牌形象。

一些评论家认为，TOC需要更清楚地细分它们的市场，并且更好地回应顾客的需求。"人们一定要非常小心地区别营销和真正营销"，Added Value公司的菲奥纳·麦卡纳说。东南铁路公司和西部火车公司已经成为英国航空公司的学习榜样。市场调研表明，人们想要更多的个人接触，大东北铁路公司已经采纳了这些要求，甚至要求员工们寻找机会增加个人接触。

可是，市场调研并不总是能为铁路提供有效的帮助。当Gatwich快运重组时，顾客们被问到需要如何改进服务。尽管调研人员希望他们可以提出改进服务的建议，但他们提不出来。调研人员对此的反应是，建立由广告商、调研人员和心理学者组成的访谈小组，希望他们可以猜测消费者的观点，这个访谈小组的结论至今没有披露。

长期以来，TOC需要解决特许经营期限太短的问题。这或许需要政府部门改变看法，允许赋予更长的特许权。但矛盾的是政府不愿意这样做，除非改进标准。

供分析的问题如下：

1．铁路公司主管对乘客的态度是否会影响调查工作呢？为什么？

2．Gatwich快运公司的市场调查为什么会失败？

3．结合我国国情，你怎样制定一个调查方案去识别不同细分市场对铁路运输的需求？

组织与要领

1．每个人认真阅读分析案例，并搜集有关资料。

2．每人写出发言提纲。

3．以模拟公司或班级为单位组织讨论。

4．本案例分析的重点是调查分析影响铁路运输效果的各种因素，有针对性地分析、识别客户需求。

实训成果与考核

1．每个人的发言提纲可作为一次作业，按照二分规则评定成绩。

2．根据在讨论中的表现，对发言者按照二分规则评定成绩。

训练项目2　市场调研方案设计

训练目标

1．加深理解市场调研的意义、特点和作用。

2．掌握市场调研课题确定的原则与程序。

3．掌握市场调研方案的基本内容和设计方法。

实训内容与方法

1．以模拟公司营销部为单位设计调研方案，营销部经理负责市场调研方案设计的任务分工与协作。

2．以本公司经营产品为目标，设计一份市场调研方案（注意，一经选定一个项目，在后续的训练中将连续使用，必须在教师指导下进行），如有条件，可会同合作企业一起确定所调研的产品，直接服务于合作企业的正常业务目标。

3．以班级为单位召开调研方案论证会，对各市场调研方案进行宣讲、交流、质疑与评价，并选出最具可行性的方案。

实训要求与要领

1．要求学生认识到市场调研是一项十分具体、细致的工作，需要花费较多的人力、物力、财力和时间，必须在整个调研过程中统一认识、统一内容、统一方法、统一步调，按时、按量、按质完成调研任务，为此有必要事先制订出一个科学、严密、可行的市场调研总体方案。

2．在市场调研方案中应明确市场调研的目的和内容、调研的对象和单位、调研时间和期限、调研方式和方法、资料整理方案、调研进度安排、经费预算等。

3．方案是否科学、可行，关系到整个市场调研工作的成败。要将调研方案的可行性和可操作性作为评价的重要标准，并能为市场营销调研实战奠定基础。

实训成果与考核

1．作为作业每组提交一份市场调研方案，按照二分规则评定成绩。

2．根据在论证会上学生的个体表现，对发言者按照二分规则评定成绩。

训练项目3　市场营销调研

训练目标

1．加深学生对市场调研的认识，培养学生对市场的分析能力和判断能力。

2．掌握市场调研的方法、特点、步骤。

3．使学生接触消费者市场，提升学生的综合素质。

实训内容与方法

1．以市场调研方案设计训练项目为基础，深入实际，开展调研，每个小组调查的样本量不低于50个顾客，并分类列表。

2．制作调查问卷或访谈方案。

3．写出分析报告。内容应包括某产品的市场容量、需求特点（产品、价格、促销、分销）、竞争情况、目标顾客、市场环境等。

4．以班级为单位进行交流与评价，并尽可能取得合作企业的指导，直至被合作企业采用。

实训要求与要领

1．本实训技能训练可采用以下两种基本方式：

（1）实务操作。根据调查的技能，运用营销的思路，按照规范进行实务操作。

（2）讨论与分析。对产品或行业的背景资料分析，问卷设计，调查对象的确定，报告撰写等方面，可采用学生讨论交流、教师评析的方式来明晰问题，加深理解。

2．按照已制定好的调研方案选择好时间在现场调查，认真作好记录，注意访问技巧的运用。

3．每完成调研的一个环节如调查问卷的设计、样本量的确定和抽样等，辅导教师应及时检查学生调研操作的进度和实际完成情况，提供必要的指导和建议，并组织同学进行经验交流，还针对共性问题在课堂上组织讨论和专门的讲解。

4．在问卷调查和与受访者交谈的过程中，注意做到语气和蔼、态度诚恳，并事先要对受访者的心理和社会环境进行研究，准确判断不同文化背景、不同职业的受访者所做回答的含义。

实训成果与考核

1．对所有小组设计的调查问卷进行打分，按照二分规则评定成绩。

2．根据各个公司在调研中的表现以及其调研报告，按照二分规则评定成绩，如方案被合作企业采用，可另加二分。

3．根据各公司及成员在交流中的表现，按照二分规则评定成绩。

训练项目 4　网络调查法的实际运用

训练目标

1．了解常用的网络调查法。

2．能运用网络调查法进行常见问题的市场调查工作。

实训内容与方法

1．访问 dssreserch.com 和 burke.com 这两个网站，比较这两个营销调研公司提供的服务。

2．以国际调研公司属于坎塔集团，它是世界上全球化程度最高的营销调研公司之一，在 54 个国家中设有代表处，访问该公司网站（网址为 www.research-int.com），并说明该公司的国际调研能力。

3．访问 www.worldopinion.com，向全班同学汇报该网站列出的调研公司的数量及对它们的描述、向同学讲述调研行业将要发生的变化，并报告营销行业的工作机会。

实训要求与要领

1．本技能学习与训练采取以下两种方式：

（1）实际操作。根据所学网络调查技能，站在营销的角度，按照网络的规范操作要求做实务操作。

（2）讨论与分析。访问指定的调查对象后，针对提出的问题收集整理信息，采用分组的形式讨论交流，最后教师评析，明确共性与重点问题，并做出具体指导，以加深理解，强化运用。

2．营销部为单位进行，采用分工协作的方式，完成总体任务。每个营销部要提供一份调查报告，上机时间集中安排。

3．在班级进行交流，每个营销部推荐 1 个人进行介绍。

实训成果与考核

1．对所有营销部完成情况予以打分，按照二分规则评定成绩。

2．根据各个营销部的调查报告，按照二分规则评定成绩。

3．根据各成员在交流中的表现，按照二分规则评定成绩。

知识链接

资料　市场调查总体方案设计[①]

1．确定调查的目的和任务

调查目的是指特定的调查课题所要解决的问题。调查任务是指调查目的既定的条件下，市场调查应获取什么样的信息才能满足调查的要求。

2．确定调查对象和调查单位

调查对象是根据调查目的和任务确定的一定时空范围内的所要调查的总体，它是由客观存在的具有某一共同性质的许多个体单位所组成的整体。调查单位就是调查总体中的各个个体单位，它是调查项目的承担者或信息源。

3．确定调查项目

调查项目的确定既要满足调查目的和任务的要求，又要能够取得数据，包括在哪里取得数据和如何取得数据，凡是不能取得数据的调查项目应舍去。

4．设计调查表或问卷

调查表或问卷既可作为书面调查的记载工具，亦可作为口头询问的提纲。调查表是用纵横交叉的表格按一定顺序排列调查项目的形式；问卷是根据调查项目设计的对被调查者进行调查、询问、填答

① 中国就业培训技术指导中心组织．2006．营销师国家职业资格培训教程．北京：中央广播电视大学出版社

的测试试卷，是市场调查搜集资料的常用工具。

5．确定调查时间和调查期限

调查时间是指调查资料的所属时间，即应搜集调查对象所处何时的数据。调查时期现象（收入、支出、产量、产值、销售额、利润额等流量指标）时，应确定数据或指标项目的起止时间；调查时点现象（期末人口、存货、设备、资产、负债等存量指标）时，应明确规定统一的标准时点（期初、期末或其他时点）。

调查期限是指整个调查工作所占用的时间，即一项调查工作从调查策划到调查结束的时间长度。

6．确定调查方式和方法

市场调查方式通常有市场普查、重点市场调查、典型市场调查、抽样市场调查、非概率抽样调查等。

市场调查方法的确定应考虑调查资料搜集的难易程度、调查对象的特点、数据取得的源头、数据的质量要求等作出选择。

7．确定资料整理的方案

确定资料整理的方案，就是对资料的审核、订正、编码、分类、汇总、陈示等作出具体的安排。大型的市场调查还应对计算机自动汇总软件开发或购买作出安排。

8．确定分析研究的方案

要制定分析研究的初步方案，对分析的原则、内容、方法、要求、调查报告的编写、成果的发布等作出安排。

9．确定市场调查的进度安排

市场调查进度一般可分为以下几个小阶段：

（1）总体方案的论证、设计。

（2）抽样方案的设计、调查实施的各种具体细节的规定。

（3）问卷的设计、测试、修改、定稿。

（4）问卷的印刷、调查者的挑选和培训。

（5）调查组织实施。

（6）调查数据的整理（计算机录入、汇总与制表）。

（7）统计分析研究。

（8）调查报告的撰写、修订与定稿。

（9）调研成果的鉴定、论证、发布。

（10）调研工作的总结。

10．市场调查经费预算

在进行经费预算时，一般需要考虑如下几个方面：

（1）总体方案策划费或设计费。

（2）抽样方案设计费（或实验方案设计）。

（3）调查问卷设计费（包括测试费）。

（4）调查问卷印刷费。

（5）调查实施费（包括选拔、培训调查员，试调查，交通费，调查员劳务费，管理督导人员劳务费，礼品或谢金费，复查费等）。

（6）数据录入费（包括编码、寻入、查错等）。

（7）数据统计分析费（包括上机、统计、制表、作图、购买必需品等）。

（8）调研报告撰写费。

（9）资料费、复印费、通讯联络等办公费。

（10）专家咨询费等。

11．编写市场调查计划书

以上市场调查方案设计的内容确定之后，市场调查策划人员则可撰写市场调查计划书（市场调查总体方案或调查项目建议书）。市场调查计划书的构成要素包括标题、导语（或摘要）、主体和附录等。其中，主体部分主要包括以上十个方面的内容（有些内容如调查的组织计划）亦可列入附录中。附录主要包括调研项目负责人及主要参加者、抽样方案及技术说明、问卷及有关技术说明、数据处理所用软件等。

范例

“3·15”调研与宣传活动方案[①]

1．确定调研的目的

为促进治理经济秩序、净化消费环境，根据2004年中国消费者协会确定的“诚信、维权”3·15主题，为了解和保护消费者权益，大力宣传《中华人民共和国消费者权益保护法》、《中华人民共和国产品质量法》等法律、法规，揭示锦州市消费者权益保护意识的现状及主要生活消费品的消费倾向，为不断提高我市消费者权益保护工作水平，保证市场合理供求做出努力。

2．确定调研对象

调研对象为锦州市所有消费者。

3．确定调研项目

（1）消费者权益保护意识。

（2）消费者生活消费倾向。

4．制定调研提纲和调研表

见下页所附问卷。

5．确定调研时间和调研工作时间

调研时间：2004年3月13～15日。

调研工作时间：2004年3月1日～31日。

6．确定调研地点

---

① 刘艳良．2006．市场调查与预测．沈阳：东北大学出版社

可选择地点如下：

地　　点	班　　组	备　注
中百商厦	广告1班	
锦州百货大楼	营销1班	
金凌商场	营销5班	
中大商城	广告2班	
新玛特超市	广告1班	
大福源超市	工商管理5班	
锦州房地产交易中心	广告2班	
桥南家具销售中心	工商管理1班	

7．确定调研方式和方法

（1）调研方式：抽样调研。

（2）方法：询问。

8．确定调研资料整理和分析方法

（1）调研资料整理方法：统计分组法。

（2）分析方法：定性分析与定量分析相结合。

9．确定提交报告的方式

网上提交3000字综合分析报告。

10．制定调研的组织计划

（1）成立“3·15”行动领导小组。

（2）成立“3·15”行动工作小组。

业务工具

“3·15调研问卷”[①]

——锦州市公民消费者权益保护意识状况调研

女士/先生，您好！

我是渤海大学的学生，正在结合所学课程践行如何作好市场调研访问工作。请协助回答几个关于消费者权益保护意识状况的问题。

谢谢您的帮助与支持！

1．您的个人资料

（1）性别：A.男　B.女

（2）年龄：A.20岁以下　　B.21～35岁　　C.36～50岁　　D.51岁以上

（3）职业：A.工人 B.机关公务员 C.公司职工 D.教师 E 学生 F 军人 G.其他

（4）文化程度：A.大学或以上　　B.中专/高中　C.初中　　D.初中以下

（5）月收入：A.400元以下　B.401～800元　C.801～1500元　D.1500元以上

① 刘艳良．2006．市场调查与预测．沈阳：东北大学出版社

2. 调研内容

（1）"3·15"这一天您觉得特殊吗？

A.是节日　B.是纪念日　C.不知道　D.与往常完全一样

（2）您对《中华人民共和国消费者权益保护法》了解多少？

A.系统学习过　B.学习过　C.听说过　D.一点也不知道

（3）你会购买盗版书籍和光碟吗？

A.绝不会　B.不会　C.会　D.有时会

（4）您购物时有索取发票和信誉卡的习惯吗？

A.经常有　B.有时有　C.从没有　D.没有

（5）当您发现买到假货后，您的第一想法是什么？

A.认倒霉　B.立即找卖主理论　C.找产品生产者赔偿　D.到消协投诉

（6）如果您与销售商私下调节不成，您会先去找哪个部门？

A.派出所　B.居委会　C.消协　D.法院

（7）当发现厂商或经销商公然侵犯您的合法权益时，您会采取什么行动？

A.放弃向该厂商或经销商购买　B.私下解决　C.媒体暴光　D.诉诸法律

调研时间：　　调研地点：　　调研者签名：

单元二　市场选择与定位训练

营销工作描述

面对复杂多变、购买者众多、分布广泛、需求多样的市场，现代企业应在分析研究市场环境和消费者行为的基础上，有针对性地根据消费者的不同需求选择不同的营销战略，可实施"三步走"：

1. 市场细分。
2. 目标市场选择。
3. 市场定位。

即在市场细分的基础上选择对本企业最有吸引力、可为之提供有效服务的市场部分作为目标市场，实行目标市场营销，并在目标市场上为产品确定适当的竞争地位。这是关系到企业生存和发展的重大战略决策，是实施各项具体营销策略的基本前提。

本单元训练可在上单元基础上接续进行。

1. 培养学生对市场的分析能力和判断能力。
2. 训练学生市场细分的营销意识，进行市场选择、市场定位的能力。
3. 使学生充分接触企业、接触市场，提升学生的职业意识和综合素质。

训练项目1 案例分析：雀巢公司的市场细分[①]

训练目标

1．明确市场细分的标准和程序。
2．锻炼学生分析问题和解决问题的能力。

案例与问题

瑞士雀巢公司是以生产和销售优质食品而闻名于世的企业。它生产的食品属于差异性大、市场变化快的产品。咖啡是雀巢公司系列产品中的骄子。为适应不同消费者的口味，它针对四种消费市场制作了四种咖啡：专为特殊口味人士制作的金牌咖啡；为嗜好厚重口味者制作的特浓咖啡；为满足爱喝咖啡却嫌弃咖啡因的消费者需要，制作不含咖啡因但又保留咖啡因味的特制咖啡；用玉米糖、植物油、乳脂等制作的咖啡伴侣，冲在咖啡中，让人感到甜润适口，适于那些喝不惯咖啡苦涩味的人饮用。

此外，雀巢公司还生产奶类、谷类速溶营养饮品、烹调食品、巧克力、婴儿系列食品等。公司紧紧跟随消费者需求的变化，不断改进和开发营养丰富、品质高级的食品，使企业不断发展，享誉世界。

咖啡市场就是咖啡市场，瑞士雀巢公司却在咖啡市场做出了多种花样，把一个市场做成了多种市场，既扩大了咖啡总体市场的容量，又扩大了自己的咖啡市场，真是一箭多雕。

供分析的问题如下：

1．试借鉴雀巢公司的经验，对自己熟悉的某种食品市场进行细分，设计出你的细分方案。

2．你认为雀巢公司对咖啡市场还可以进行哪些细分？试想出三种以上方案。

组织与要领

1．每个人认真阅读并分析案例，搜集有关资料。
2．选择某种熟悉的食品市场进行细分，并针对案例问题写出发言提纲。
3．以模拟公司或班级为单位组织案例讨论。
4．本案例分析的重点是理解和掌握市场细分的标准，调查明确食品行业进行市场细分的常用要素。

---

① http://www.nestle.com.cn/Default.aspx

实训成果与考核

1．每个人的案例分析和发言提纲可作为一次作业，按照二分规则评定成绩。

2．根据在讨论中的表现，对发言者按照二分规则评定成绩。

训练项目2　市场细分

训练目标

1．加深对市场细分作用的理解。

2．掌握市场细分的程序与步骤。

3．学会按照地理因素、人口因素、心理因素、行为因素等对市场进行细分。

实训内容与方法

1．对本公司产品市场情况进行调查。收集划分市场的相关信息，可参照其他制造商的广告和营销宣传；可上网、阅读报纸和杂志的文章，也可与当地经销商探讨不同类型的顾客和他们所购买的产品，特别注意要争取合作企业的指导与支持。

2．按照地理因素、人口因素、心理因素、行为因素等要素和具体细分变量对调查的市场进行细分。

3．说明细分市场的轮廓，描述每个潜在市场需求的特征。

4．基于这些轮廓，对于每个市场如何应用不同的营销战略，写出几条建议。

5．每个人提交一份细分市场报告，写出你的意见、你的调查、你的发现和你的营销建议。

6．召开一次交流论证会，介绍细分市场报告，其他人进行质疑与评价。

实训要求与要领

1．学生独立完成市场调查和市场细分报告，课堂进行演示演讲。

2．细分市场分析报告要做到主题明确、结构合理、重点突出、能熟练应用各种市场细分要素和变量解决实际问题。

3．对产品、市场的背景资料分析，细分变量的确定，报告撰写等方面可采用学生讨论交流，教师评析的方式来明晰问题、加深理解。

实训成果与考核

1．作为作业每人提交一份细分市场报告，按照二分规则评定成绩，如被合作企业采用另加二分。

2．根据在论证会上表现，对发言者，按照二分规则评定成绩。

训练项目3　目标市场的选择

训练目标

1．加深理解目标市场选择的意义、特点和作用。

2．通过实训，要求学生学会评估背景行业细分市场，并选择目标市场的方法。

实训内容与方法

1．以市场细分的资料和报告为基础，并结合实际收集背景行业供应商、替代产品、顾客、同业竞争者等相关资料进行分析。

2．按照以下步骤开展工作：

（1）评估背景行业细分市场的规模。

（2）评估背景行业细分市场的发展状况。

（3）评估背景行业细分市场的结构。

（4）评估背景企业的目标与资源。

（5）根据背景行业目标、特点，确定选择某一个或几个细分市场作为背景企业的目标市场。

（6）选择目标市场营销策略。

3．撰写细分市场评估和目标市场选择报告。

4．在班级交流与评估细分市场评估和选择报告。

实训要求与要领

1．学生独立完成细分市场评估和选择报告，报告主要内容包括细分市场的规模、细分市场发展状况、细分市场结构、背景企业目标与资源、背景企业选择的目标市场和目标市场营销策略。

2．熟悉对细分市场进行评估的各项指标。

3．尽可能选择比较熟悉或有所接触的背景企业和市场。

实训成果与考核

1．对所有学生的市场细分报告进行打分，按照二分规则评定成绩。

2．根据在交流会上表现，对发言者按照二分规则评定成绩。

训练项目4　市场定位

训练目标

1．训练学生市场细分的营销意识，综合运用市场选择、市场定位方法。

2．培养学生解决实际营销问题的能力。

实训内容与方法

1．以市场细分、目标市场选择为基础，设定自己是某产品的市场营销经理，针对自己所经营的产品，分析研究“谁是你的客户”，找准目标市场，实施市场定位策略。

2．以实地调查为主，配合在图书馆、网络中查找相关资料，集体讨论、分析，最

后形成报告。

1）描述你的当前客户：年龄段、性别、收入、文化水平、职业、家庭大小、民族、社会阶层、生活方式。

2）他们来自何处？本地、国内、国外、其他地方。

3）他们买什么？产品、服务、附加利益。

4）他们每隔多长时间购买一次？每天、每周、每月、随时、其他。

5）他们买多少？按数量、按金额。

6）他们怎样买？赊购、现金、签合同。

7）他们怎样了解你的企业？网络、广告、报纸、广播、电视、口头、其他（要注明）。

8）他们对你的公司、产品、服务怎么看？（客户的感受）

9）他们想要你提供什么？（他们期待你能够或应该提供的好处是什么？）

10）你的市场有多大？按地区、按人口、按潜在客户。

11）在各个市场上，你的市场份额是多少？

12）你想让市场对你的公司产生怎样的感受？

3．根据以上资料，确定这一产品的市场定位，并拟出市场定位建议书。

4．在班级组织交流论证会，或者请企业营销人员进行指导与评价。

实训要求与要领

1．结合本公司经营产品大类，选择比较熟悉的产品，如家电、手机、MP3 等市场作为分析目标。

2．可按 3～4 人成立模拟公司营销部，每公司选出代表在课堂进行演示演讲。

3．要求对产品的定位建议书能够创造差异，为产品塑造一定的特色，树立一定的市场形象，以使大家对其形成一种特殊的印象和偏爱。

实训成果与考核

1．作为作业每公司提交一份市场定位建议书，按照二分规则评定成绩，被合作企业采用的另加二分。

2．根据交流中的表现，对发言者按照二分规则评定成绩。

资源库

知识链接

资料　市场细分与市场定位

1．市场细分

（1）市场细分，就是企业通过市场调查、分析，根据消费者需求的差异性，把整体市场划分为若干具有某种相似特征的顾客群（称为亚市场或子市场），以便选择确定自己的目标市场的工作过程。

（2）市场有效细分的条件为差异性、可衡量性、可进入性、效益性和稳定性。

（3）市场细分的标准。消费者市场所依据的变数可以概括为四大类：地理环境因素、人口因素、消费心理因素和购买行为因素。

生产者市场细分的标准有最终用户、用户规模、用户的购买状况和用户的地理位置等。

（4）企业评估细分市场可从以下三方面考虑：一是各细分市场的规模和发展潜力；二是市场的盈利可能性；三是企业的资源与目标。

（5）市场细分的方法。市场细分可以采用下表所示的方法进行。

方　法	说　明	举　例
单一变量因素法	根据营销消费者需求的某一个主要因素来进行市场细分	例如，服装企业，按照年龄细分市场，可分为童装、少年装、青年装、中年装、中老年装、老年装；按照气候的不同，可分为春、夏、秋、冬装
多个变量因素组合法	根据影响消费者需求的两种或两种以上的因素进行市场细分	例如，锅炉生产厂主要根绝用户的地理位置、企业规模大小、产品最终用途及潜在市场规模进行市场细分
系列变量因素法	根据企业经营的特点并按照影响消费者需求的诸多因素，由粗到细地进行市场细分	例如，手机生产企业，根据消费者的年龄、性别、收入、职业、兴趣，生活方式等进行市场细分，针对不同细分市场生产不同产品

2．选择目标市场

（1）目标市场范围选择。

1）产品——市场集中化。

2）市场专业化。

3）产品专业化。

4）选择性专业化。

5）全面进入。

（2）选择目标市场的条件。

1）拥有一定的购买力，有足够的销售量及营业额。

2）有较理想的尚未满足的消费需要，有充分发展的潜在购买力，以作为企业市场营销发展的方向。

3）市场竞争还不激烈，竞争对手未能控制市场，有可能乘势开拓市场营销并占有一定的市场份额，在市场竞争中取胜。

（3）选择目标市场的策略。

1）无差异性目标市场策略。

2）差异性目标市场策略。

3）集中性目标市场策略。

3．市场定位

（1）市场定位的含义。就是勾画企业产品在目标市场即目标顾客心目中的形象，使企业所提供的产品具有一定特色，适应一定顾客的需要和偏好，并与竞争者的产品有所区别。

（2）市场定位的效用。

1）定位是制定营销策略依据。

2）定位能引起消费者特别注意。

3）定位形成竞争优势。

（3）市场定位步骤。

1）选择竞争优势。

2）初步确定定位方案。

3）调整定位方案。

4）再定位。

5）准确传播企业定位观念。

（4）市场定位主要战略。

1）先入为主。率先在市场上推出独有品牌。

2）填空补缺。寻找新的尚未被占领的，但为许多消费者所重视的位置，即填补市场上的空位。

3）针锋相对。把产品定位在与竞争者相似的位置上，同竞争者争夺同一细分市场。

4）另辟蹊径等。

范例

中国移动通信公司的市场细分战略[①]

案例背景：中国移动作为国内专注于移动通信发展的通信运营公司，曾成功推出了“全球通”、“神州行”两大子品牌，成为中国移动通信领域的市场霸主。但市场的进一步饱和、联通的反击、小灵通的搅局，使中国移动通信市场弥漫着价格战的狼烟，如何吸引更多的客户资源、提升客户品牌忠诚度、充分挖掘客户的价值，成为运营商成功突围的关键。

手机已成为人们日常生活的普通沟通工具，伴随着3G浪潮的到来，手机将凭借运营网络的支持，实现从语音到数据业务的延伸，服务内容更将多样化，同时更孕育着巨大的市场商机。

而同其他运营商一样，中国移动旗下的“全球通”、“神州行”两大子品牌缺少差异化的市场定位，目标群体粗放，大小通吃。一方面是移动通信市场黄金时代的到来，另一方面是服务、业务内容上的同质化，面对“移动牌照”这个资源蛋糕将会被越来越多的人分食的状况，在众多的消费群体中进行窄众化细分，更有效地锁住目标客户，以新的服务方式提升客户品牌忠诚度、以新的业务形式吸引客户，是运营商成功突围的关键。

根据麦肯锡对中国移动用户的调查资料表明，中国将超过美国成为世界上最大的无线市场，从用户绝对数量上说，到2005年中国的无线电话用户数量将达到1.5亿～2.5亿个，其中将有4000万～5000万用户使用无线互联网服务。

---

① 摘录自中国企业培训网．2003．十大营销经典案例

从以上资料可看出，25 岁以下的年轻新一代消费群体将成为未来移动通信市场最大的增值群体，因此，中国移动将以业务为导向的市场策略率先转向了以细分的客户群体为导向的品牌策略，在众多的消费群体中锁住 15～25 岁年龄段的学生、白领，产生新的增值市场。

锁定这一消费群体作为自己新品牌的客户，是中国移动“动感地带”成功的基础。

（1）从目前的市场状况来看，抓住新增主流消费群体：15～25 岁年龄段的目标人群正是目前预付费用户的重要组成部分，而预付费用户已经越来越成为中国移动新增用户的主流，中国移动每月新增的预付卡用户都是当月新增签约用户的 10 倍左右，抓住这部分年轻客户，也就抓住了目前移动通信市场大多数的新增用户。

（2）从长期的市场战略来看，培育明日高端客户：以大学生和公司白领为主的年轻用户，对移动数据业务的潜在需求大，且购买力会不断增长，有效锁住此部分消费群体，三五年以后将从低端客户慢慢变成高端客户，企业便为在未来竞争中占有优势埋下了伏笔，逐步打开市场。

（3）从移动的品牌策略来看，形成市场全面覆盖：“全球通”定位高端市场，针对商务、成功人士，提供针对性的移动办公、商务服务功能；“神州行”满足中低市场普通客户通话需要；“动感地带”有效锁住大学生和公司白领为主的时尚用户，推出语音与数据套餐服务，全面出击移动通信市场，牵制住了竞争对手，形成预置性威胁。

“动感地带”目标客户群体定位于 15～25 岁的年轻一族，从心理特征来讲，他们追求时尚，对新鲜事物感兴趣，好奇心强、渴望沟通，他们崇尚个性，思维活跃，他们有强烈的品牌意识，对品牌的忠诚度较低，是容易互相影响的消费群落；从对移动业务的需求来看，他们对数据业务的应用较多，这主要是可以满足他们通过移动通信所实现的娱乐、休闲、社交的需求。

中国移动公司据此建立了符合目标消费群体特征的品牌策略：

（1）动感的品牌名称。“动感地带”突破了传统品牌名称的正、稳，以奇、特彰显，充满现代的冲击感、亲和力，同时整套系统简洁有力，易传播，易记忆，富有冲击力。

（2）独特的品牌个性。“动感地带”被赋予了“时尚、好玩、探索”的品牌个性，同时提供消费群以娱乐、休闲、交流为主的内容及灵活多变的资费形式。

（3）炫酷的品牌语言。富有叛逆的广告标语“我的地盘，听我的”，及“用新奇宣泄快乐”、“动感地带（M-ZONE），年轻人的通讯自治区！”等流行时尚语言配合创意的广告形象，将追求独立、个性、更酷的目标消费群体的心理感受描绘得淋漓尽致，与目标消费群体产生情感共鸣。

（4）犀利的明星代言。周杰伦，以阳光、健康的形象，成为流行中的“酷”明星，在年轻一族中极具号召力和影响力，与动感地带“时尚、好玩、探索”的品牌特性非常契合。可以更好地回应和传达动感地带的品牌内涵，从而形成年轻人特有的品牌文化。

“动感地带”其独特的品牌主张不仅满足了年轻人的消费需求，吻合他们的消费特点和文化，更是提出了一种独特的现代生活与文化方式，突出了“动感地带”的“价值、属性、文化、个性”。将消费群体的心理情感注入品牌内涵，是“动感地带”品牌新境界的成功所在。

单元三　市场营销策划训练

营销工作描述

营销策划是企业对将要发生的营销行为进行超前规划和设计，以提供一套系统的有关企业营销的未来方案，这套方案是围绕企业实现某一营销目标或解决营销活动的具体行动措施。营销策划有总体营销策划和单项营销策划。总体营销策划是指对企业整体营销过程的全面规划，即企业全面构思如何去寻找目标市场、如何开发产品、如何定价、如何分销及如何促销、最终使产品以最快的速度和最好的效益实现其转移过程，从而实现企业的战略目标。单项营销策划企业为实现总体营销策划战略而进行的某项具体营销活动的策划，可以是企业的某一产品、某一市场、某一时期或单项活动等。

市场营销策划的一般过程如下：

1. 确立策划目标。

2. 拟定策划计划书。

（1）策划进程。① 准备阶段；② 调研阶段；③ 方案设计阶段；④ 方案实施阶段；

（2）预算策划经费。① 市场调研费；② 信息收集费；③ 人力投入费；④ 策划报酬；

（3）效果预测。① 预测直接经济效果，即预测方案实施后可能产生的直接经济效益；② 预测间接经济效果，即预测方案实施后企业可能因此而提高的知名度、美誉度等。

3. 市场调研。

4. 市场环境和市场机会的分析。

5. 编写策划方案。

6. 方案实施。

7. 效果测评。

本单元训练应接续上单元进行。

实训目标

1. 明确营销策划方案制定的基本流程和主要内容。
2. 强化对市场营销策划和评析的理解。
3. 培养对特定的市场营销问题进行策划的能力。

训练项目1 案例分析：空投西铁城手表，尽显优良质量[1]

训练目标

1．明确市场营销策划的特征。

2．了解掌握市场营销策划的主要内容。

案例与问题

在澳大利亚一家发行量颇大的报纸上，某日刊出一则引人瞩目的广告，意思是说某广场空投手表，捡到者免费奉送。这一下子引起了澳大利亚人的广泛关注。空投那天，直升飞机如期而至，数千只手表从高空天女散花般地纷纷落下，早已等候多时的来自四面八方的人们沸腾了，那些捡到了从几百米高空扔下的手表的幸运者发现手表依然完好无损、走时准确时兴奋不已，一个个奔走相告。西铁城的这一伟大创举成为各新闻媒介报道的一大热点。从此，西铁城手表世人皆知，西铁城手表的质量更是令人叹服！

西铁城手表的营销策划目标是为了扩大西铁城手表的知名度，于是这个策划的一切活动都是为了实现这一目标的。手表的宣传本可利用电视广告等手段来达到这一目标，但是一般的电视广告不具备创造性，也不会引起如此巨大的轰动，而西铁城手表的策划者在促销活动中融入了自己的创意，运用空投来表现自己商品的质量，这是一种前无古人的策划。这种策划就当时的条件来说是可以实现的。

供分析的问题如下：

1．策划和计划有什么区别？

2．一个成功的营销策划方案应包括哪些主要内容？

3．西铁城手表的营销策划活动为什么能取得成功？

组织与要领

1．每个人认真阅读分析案例，搜集有关资料。

2．针对案例问题写出发言提纲。

3．以模拟公司或班级为单位组织讨论，讨论发言应做到思考清晰连贯、观点明确、条理分明、能认真仔细倾听他人的意见。

4．本案例分析的重点是明确营销策划的主要内容和特征。

实训成果与考核

1．每个人的发言提纲可作为一次作业，按照二分规则评定成绩。

2．根据在讨论中的表现，对发言者按照二分规则评定成绩。

---

① 营销36计．西部商报．2005-05

训练项目 2　头脑风暴法：营销创意

训练目标

1．掌握如何在营销策划中应用头脑风暴法。

2．培养学生营销活动中的创意性思维。

3．培养学生分析评价能力和沟通能力。

实训内容与方法

1．在前两单元训练的基础上，运用头脑风暴法，对本公司经营产品进行营销创意策划，并尽可能选择合作企业感兴趣、急需解决的问题进行创意策划。

2．每个人进行初步构思，并写出简要策划提纲。

3．以模拟公司为单位，组织运用头脑风暴法进行策划，并提出公司营销创意。

4．在班级组织交流与研讨，并进行质疑、评价。

实训要求与要领

1．各模拟公司花 15～20 分钟时间，来形成能取得成功营销的创意。每位小组成员都要尽可能地富有创新性和创造力，对任何提议都不能加以批评。

2．指定一位小组成员把所提出的各个创意写下来。

3．各公司再用 10～15 分钟时间讨论各创意的优点与不足。作为集体，确定一个使所有成员意见一致的最可能成功的方案。

4．在做出你们的决策后，对头脑风暴法的优点与不足进行讨论，确定是否有产生阻碍的现象。

5．创意形成过程争取合作企业营销人员的指导。

实训成果与考核

1．每组形成的创意方案作为一次作业，按照二分规则评定成绩，被合作企业采用者另加二分。

2．根据在讨论中的表现，对发言者按照二分规则评定成绩。

训练项目 3　模拟营销：策划方案制定与评析

训练目标

1．掌握营销策划方案制定的基本结构和内容。

2．掌握针对营销策划方案的产品市场占有率分析、产品市场竞争力分析、盈利能力分析等的基本方法。

3．培养对营销策划方案评价的能力。

实训内容与方法

本项目要运用上一项目的成果。

1．通过访问相关网站，尽可能多地收集和本公司经营产品营销策划相关的资料。

2．根据企业基本情况与所收集的信息进行小组讨论和分析，进行创意。

3．以上述创意为核心，每模拟公司编制一份营销策划方案，要求内容完整、结构合理、分析正确、选择策略适当、语句通顺。

4．在班级范围内进行交流，并对其他公司的策划方案进行评析。要求能够选择适当的方法从市场占有率、产品市场竞争力、盈利能力等方面进行综合分析与评价，并写出评估报告。要求报告有评价意义、目标、方法和结论。

实训要求与要领

1．注意策划的系列性，从市场调研，到市场细分、目标市场选择、定位，再到创意形成，直至策划营销方案，这是对同一市场、同一产品所进行的系列化活动，不能中间更换产品。

2．要把创意转化成营销方案，既要对创意作进一步深化与拓展，又要尽可能形成反映创意的系统化方案。

3．所策划的营销方案，既可以是一个阶段或时期的整体营销方案，又可以是针对短时间的一次营销活动的方案。但是，营销策划方案的基本内容要素必须齐全，方案结构要合理。

4．编制方案过程中争取得到合作企业营销人员指导。

实训成果与考核

1．作为作业每公司提交一份营销策划书，按照二分规则评定成绩，被合作企业采用的另加二分。

2．根据交流中的表现，对发言者按照二分规则评定成绩。

资源库

知识链接

资料　营销策划书的结构与内容（摘要）[①]

1．封面

包括策划书的名称、被策划的客户、策划机构或策划人的名称、策划完成日期及本策划适用时间段、编号。

---

① 张炳达．2006．现代营销学．上海：立信会计出版社

2．前言

内容主要如下：

（1）接受委托的情况，如×公司接受×公司的委托，就××年度的广告宣传计划进行具体策划。

（2）本次策划的重要性与必要性。

（3）策划的概况，即策划的过程及达到的目的。

3．目录

本策划内容的目录。

4．概要提示

通过概要提示策划内容的要点。概要要求简明扼要，而且要单独成一个系统。

5．正文

（1）营销策划的目的。要对本次营销策划所要实现的目标进行全面描述。要对本营销策划所要达到的目标、宗旨树立明确的观点，作为执行本策划的动力或强调其执行的意义所在。

（2）市场状况分析。着重分析以下因素：

1）宏观环境分析。着重对与本次营销活动相关的宏观环境进行分析，包括政治、经济、文化、法律、科技等。

2）产品分析。主要分析本产品的优势、劣势，在同类产品中的竞争力、在消费者心目中的地位、在市场上销售力等。

3）竞争者分析。分析本企业主要竞争者的有关情况，包括竞争产品的优势、劣势、营销状况，竞争企业的整体情况等。

4）消费者分析。对产品消费对象的年龄、性别、职业、消费习惯、文化层次等进行分析。

（3）市场机会与问题分析。分析市场机会成为营销策划的关键。

1）营销现状分析。对企业产品的现行营销状况进行具体分析，找出营销中存在的具体问题，并分析其原因。

2）市场机会分析。根据前面提出的问题，分析企业及产品在市场中的机会点，找出与竞争对手的差距，把握利用好市场机会，为营销方案的出台做准备。

（4）营销目标。营销目标是在前面目的任务基础上公司所要实现的具体目标，即营销策划方案执行期间，经济效益目标达到：总销售量为×××万件，预计毛利×××万元，市场占有率实现××。

（5）确定具体行销方案。针对营销中问题点和机会点的分析，提出达到营销目标的具体行销方案。方案具体体现如下方面：

1）营销宗旨。

2）提出产品策略，形成有效的4P组合。

3）价格策略。

4）销售渠道。

5）广告宣传。

6）具体行动方案。

6．预算

这部分记载的是整个营销方案推进过程中的费用投入，包括营销过程中的总费阶段费用、项目费用等，其原则是以较少投入获得最优效果。用列表的方法标出营销费用也是经常被运用的，其优点是醒目易读。

7．进度表

把策划活动起止全部过程拟成时间表，具体到何日何时要做什么都标注清楚，作为策划进行过程中的控制与检查。

8．人员分配及场地

应说明具体营销策划活动中各个人员负责的具体事项及所需物品和场地落实情况。

9．结束语

（略）

10．附录

凡是有助于阅读者对策划内容理解、信任的资料都可以考虑列入附录；附录的另一种形式是提供原始资料，如消费者问卷的样本、座谈会原始照片等图像资料。

范例

通讯产品策划方案（摘要）[①]

1．市场环境分析

（1）宏观环境分析。① 经济环境（略）；② 政治 / 法律环境（略）；③ 科技环境（略）。

（2）微观环境分析。① 竞争者状况（略）；② 消费者状况（略）；③ 企业自身表现（略）。

2．机会与风险分析

（1）机会分析。① 技术优势（略）；② 频段资源优势（略）；③ 国家扶持民族手机工业（略）。

（2）风险分析。（略）

3．市场细分

从联通公司抽样的样本来看，有手机的约占 76%，其中愿意更换的占 52%，不会更换的占 48%；没有手机的占 24%，其中愿意购买的占 71%，不会购买的占 29%。

从上述情况来看可以以用户有无手机来细分市场：① 手机新用户。这群消费者没买过手机，当市场上有高品质高质量的新型手机时，他们一般会倾向购买这类手机。② 使用中国移动手机的用户。这类消费者对 CDMA 心存怀疑，且使用 CDMA 不仅要换号还要换机，因此这类用户大多数对它持观望态度，不会购买；只有少数人在经济能够允许的情况下会尝试购买使用 CDMA。③ 使用中国联通手机的用户。这类消费者原来就使用联通的 130 手机，只要他们意识到 CDMA 在技术上的好处，转向购买 CDMA 也是比较简单的。

---

① 摘自通信信息报．2007-11-9.www.bblook.com

4．战略规划

（1）战略思路。① 大力宣传提倡CDMA的技术优势，尤其是其胜于GSM与GPRS的方面。② 树立倡导振兴民族企业的观念。国家信息产业部公布计委的决定，有19家企业获得了生产CDMA手机的资格，其中有18家是国内企业，只有一家是外资企业。表明了产业部扶持手机工业的态度。在GSM手机市场上，国产品牌几年来奋力拼搏，奈何只能望洋兴叹，市场份额仅占15%左右。而在CDMA手机方面国内厂商无疑获得了许多有利的位置——技术背景相同，都采用高通的核心技术；市场地位平等，目前还没有形成寡头垄断的局面。③ 不与GSM和GPRS打价格战。

（2）产品功能定位。保密性强，话音清晰，掉线率低，电池辐射小。

（3）品牌形象定位。小巧轻便，中国人自己的手机。

（4）消费人群定位。以手机新用户为主，辅以一些联通手机用户和少许经济富裕的中国移动手机用户。

5．营销组合

（1）价格。由于CDMA是个全新的网络，用于网络、设备等方面的开销相当巨大，而GPRS技术可以向下兼容GSM，可以从现有的网络发展而来，投入自然要低许多。因此，不能与它们打价格战，主要以技术取胜。

（2）广告与促销策略。① 广告创意策略原则。以理性诉求为主，以感性诉求为辅。② 广告诉求目标。手机新用户。③ 广告表现策略。为了在广告中体现“振兴民族工业”的理念，应该请具有民族英雄气质的明星来推广，并宣传CDMA的优点。④ 促销策略原则。用常规方法加大产品的市场采纳力度，用出奇制胜的方法从竞争对手中夺取市场。

单元四　渠道开辟与管理训练

营销工作描述

分销渠道是市场营销组合策略中的重要内容，建立一个有效的分销渠道网络，是企业在激烈的市场竞争中持续、稳定发展的关键因素之一。市场经济客观上要求在产品从生产领域向消费领域转移的过程中尽可能的节省资源，研究分销渠道策略的目的在于：企业如何通过销售网络建设与管理，采取有效的渠道竞争策略，正确选择时间短、速度快、费用省、效益高的分销渠道，把商品适时、适地、方便、经济地提供给消费者，实现企业的经营目标。

企业在构建商品销售渠道时，必须做出直接与间接、长与短、宽与窄等不同的销售渠道选择。中间商起着联系生产与消费、减少交易次数、沟通信息等作用，不同类型的中间商各有其特点。生产者进行渠道选择时要根据市场特点、产品特点、企业自身状况、环境因素及经济形势等因素，确定中间商的类型、数目及渠道成员的责任，并运用选择、激励、评估、调整等措施对渠道成员加以管理。

渠道开辟与管理的业务流程：

1. 营销渠道结构设计。分析顾客需求，确定渠道目标与限制，明确各种渠道交替方案，评估各种可能的渠道交替方案。

2. 管理分析渠道。选择渠道成员，激励渠道成员，评估渠道成员。

实训目标

1. 能够培养根据产品和市场情况，选择合适的销售渠道的能力。
2. 训练对渠道进行考评、激励和调整，培养销售渠道的选择能力。
3. 训练渠道策划能力、开发能力及对各环节的管理能力。

训练项目 1　案例分析：娃哈哈的分销渠道设计与管理[①]

训练目标

1. 加深对分销渠道选择策略的理解。
2. 培养学生分析问题、解决问题的能力。

案例与问题

娃哈哈公司创立之初，产品在市场上基本没有什么影响力。公司的决策层在考虑到产品和消费者的特性之后，决定通过国营糖烟酒、副食品、医药的大型批发企业为其分销产品。原因是国有商业企业多年来形成了较多的销售网点，有比较正规的管理制度，20 世纪 80 年代末期的消费者对国营商业企业有较高程度的信赖。在销售政策上，公司决定采用代销方式，售后结帐。这些做法使娃哈哈在实力弱小的情况下，产品迅速打开了市场。

随着时间的推移和情况的变化，娃哈哈开始调整和完善分销渠道。首先是重新选择批发商，在原有的批发商中挑选出销售业绩、信誉较好的企业，继续与他们合作，同时终止与那些业绩差、信誉不好的批发商的业务往来；其次吸收了一批集体、个体、民营的批发商，为了迅速形成销售规模，公司在新批发商的选择上，主要考虑他们的销售意愿，只要愿意销售公司的产品，公司就会考虑与他们的合作关系。

经过一段时间的调整，公司逐步形成了以下两种渠道模式：

1. 公司→一级批发商→零售商→消费者。
2. 公司→一级批发商→二级批发商→零售商→消费者。

为了防止中间商拖欠货款，娃哈哈采取了保证金制度。所谓保证金制度就是要求批发商在开始承销公司产品时，必须交纳一定金额的保证金，保证金的数额通常大于或等

① 马绝尘．2003．本土市场营销．北京：企业管理出版社

于货款，公司支付高于银行存款的利息。到货款结算时，若批发商未能及时支付货款，公司则直接从保证金中扣除；而作为批发商可以日后及时补交保证金至原有水平，才能第二次进货。

娃哈哈对中间商还采取了一系列的激励措施，如年终返利、不定期奖励等。年终返利以批发商的销售额为依据确定返利比例，公司年平均返利金额大约占公司年利润总额的4%～5%。公司通过返利政策的不透明性和灵活性加强了对中间商的有效控制，而不定期奖励则是年终返利制度的一种补充，具有更大的灵活性和不确定性。

此外，公司还帮助一级批发商建立二级销售网络，协助他们举办促销活动。为了减轻中间商的负担，公司还承揽了货物的运输工作：铁路运输保证货物送到批发商所在城市的火车站，公路运输则是保证货物送到对方仓库。

公司对于各批发商的发货量，一般按照其要求的数量发货。同时，公司要求批发商在淡季保证一定的库存，一方面减少公司淡旺季生产、销售的落差，另一方面可以缓解旺季货源不足、供不应求的压力，为此，公司以优惠价鼓励中间商在淡季进货。

娃哈哈公司配有自己的销售人员，由公司总部派往各地，一般不在当地直接招募。各地销售人员以地区划分，直接向片区经理负责，片区经理再向公司销售部经理负责。公司总部通过传真、电子邮件、电话等通讯工具与各地的销售人员保持 24 小时联系，以掌握最新市场动态，及时做出反应。

销售人员的固定工资只占薪酬总额的一小部分，甚至不能满足必要的生活需求。但与销售业绩挂钩的浮动工资则相当丰厚，且立竿见影。公司用这种办法激励士气，使有能力的销售人员都能从销售业绩中获得最大的回报。

供分析的问题如下：

（1）选择分销渠道主要应考虑哪些基本要素？应如何加强营销渠道的控制？

（2）假设你是娃哈哈的地区销售经理，你将选择何种方式来扩大本地区的市场，并进一步向有潜力的市场（如农村市场、居民小区市场等）进军？

组织与要领

1．个人运用渠道管理理论对资料中企业分销渠道情况进行分析，准备讨论发言提纲。

2．以模拟公司为单位进行无领导小组讨论。讨论过程中每个人至少发言一次，每次发言不超过 3 分钟。允许不同意见，但最后必须就问题达成一致意见，得出小组成员基本共同认可的结论。

3．讨论结束，每小组选派一名同学代表小组在班级汇报结论和理由，教师进行点评。

实训成果与考核

1．每个人的案例分析和发言提纲可作为一次作业，按照二分规则评定成绩。

2．根据在讨论中的表现，对发言者按照二分规则评定成绩。

训练项目 2　渠道开辟与管理

训练目标

1．培养学生独立制定营销渠道开辟策略的能力。

2．训练选择与评估渠道成员能力，能够有效地进行渠道控制与管理。

实训内容与方法

接续前面单元的训练内容，对本公司经营产品进行渠道策划，并制定营销渠道开辟与管理方案。

1．进行实地调查，对所选择的行业内企业进行走访，了解其渠道选择、渠道运行、渠道管理的状况。

2．总结走访企业的渠道状况及渠道选择的一般模式。

3．分析调查企业渠道设计、运行、管理中的问题，并针对渠道运行中存在的问题，提出具体的解决措施。

4．制定企业营销渠道开辟于管理方案，并加以评估与完善。

5．组织方案交流评价会，对各渠道设计方案进行展示，并由教师和学生进行相互评价，评价要客观公正，选出比较突出的方案。

实训要求与要领

1．以模拟公司为单位组织实施，争取得到合作企业的指导，最好能直接参与合作企业的渠道开拓与管理实践。

2．注意按以下步骤与要领完成实战任务：① 分析渠道设计的影响因素；② 确立渠道设计的目标；③ 为背景企业选定中间商类型；④ 为背景企业确定中间商数目；⑤ 评估渠道方案；⑥ 决定渠道方案；⑦ 为背景企业设计渠道选择标准；⑧ 寻找备选渠道成员；⑨ 评价渠道成员；⑩ 确定分销渠道成员；⑪ 按照标准评估渠道成员。

实训成果与考核

1．作为作业每公司提交一份渠道开辟与管理策略方案，按照三分规则评定成绩，直接参与合作企业实践的另加一分。

2．根据在交流评比会上的表现，对发言者按照二分规则评定成绩。

训练项目 3　情景剧：渠道管理

训练目标

1．训练对渠道成员进行科学管理的能力。

2．培养协调渠道成员矛盾与冲突的能力。

3．提高学生搜集营销信息与资料的能力。

实训内容与方法

1．模拟公司为单位，各公司中每个学生都要搜集一个有关渠道成员管理或渠道冲突协调控制的案例。

2．每个公司将本公司成员搜集的案例分析整理，挑选或整合成一个典型案例。

3．将该案例编成剧本，并由本公司成员进行排练。

4．各公司将各自的情景剧在全班演出。

5．全班共同进行分析评价。

实训要求与要领

1．所选取的案例，特别是剧本，必须符合下列要求：

（1）内容是关于公司与销售渠道中各成员之间发生的矛盾冲突以及冲突协调与管理的问题。

（2）应是错综复杂，是非难断，有较大的分析讨论空间。

2．情景剧表演必须遵循三个基本步骤：

（1）渠道冲突的客观表演。

（2）两种以上的对该冲突处理或解决的办法或决策。

（3）学生们对各种解决方案的分析与评价。缺步骤的要扣分。

3．选择一个有利于表演的场所。

4．通常需要较长时间的准备。

实训成果与考核

1．对所有学生所搜集的案例进行打分，按照二分规则评定成绩。

2．每个公司的剧本积二分，被评为最佳剧本的（不超过三分之一）可积三分。

3．参加表演者每人积一分，被评为最佳表演的可积二分（不超过三分之一）。

知识链接

资料　分销渠道设计（摘要）[①]

1．确定渠道目标与限制

渠道目标是指企业预期达到的顾客服务水平以及中间商应执行的职能等。设计渠道目标应考虑三

---

① 中国就业培训技术指导中心组织．2006．营销师国家职业资格培训教程．北京：中央广播电视大学出版社

点：营销渠道绩效、营销渠道控制程度、财务开支等。

2．明确各种渠道交替方案

在确定了渠道的目标与限制之后，渠道设计的下一步工作就是明确各主要渠道的交替方案。渠道的交替方案主要涉及到两个基本问题：一是中间商的类型与数目；二是渠道成员的特定任务。① 中间商的类型。企业首先必须明确可以完成其渠道工作的各种中间商的类型。② 中间商的数目（营销渠道的覆盖面）。在每一渠道类型中的不同层次，所用中间商数目取决于企业追求产品在目标市场上扩散范围的大小。市场展露程度可分为三种，即密集分销、选择分销和独家分销。③ 渠道成员的特定任务。每一个生产者都必须解决如何将产品转移到目标市场这一问题。当渠道问题被视为“市场营销工作”分派时，可从负责完成运输、广告、储存及接触等四项工作的市场营销工作的组合来看究竟有多少交替方案可供使用。可以假定生产者和批发商从事16种组合中的任何一种工作，并假定每一渠道层次都能独立地选择其负责的市场营销工作，而不受其他层次的影响，则将有4096种不同的市场营销渠道可供选择。在4096种渠道类型中，有许多类型是不能采用的，所以必须取消。

3．评估各种可能的渠道交替方案

每一渠道交替方案都是企业产品送达最后顾客的可能路线。企业必须对各种可能的渠道交替方案进行评估。评估标准有三个，即经济性、控制性和适应性。

4．选择渠道成员

企业寻找中间商有以下途径：① 通过企业现有的销售人员找到中间商，这是一种最常用的办法。② 发布广告征求中间商，是一种选择范围很广的方式。③ 企业参加本行业的商业展览会，在展览会上，参展的厂家直接面对来自全国各地的经销商和代理商，经销、代销关系和分销网络能在短期内建立。④ 企业还可以通过顾客、行业协会、向现有的中间商咨询等多种途径来寻找、挑选中间商，设计自己的分销网络。

选择中间商通常有以下标准：① 中间商销售能力如何，即销售额的多少。② 中间商能否把产品转卖到厂家预定的目标市场，对目标市场的渗透力如何。③ 中间商所处的地理位置。④ 中间商的信誉如何。⑤ 中间商经营时间的长短，有无经营同类产品的经验。⑥ 中间商的合作诚意如何。⑦ 中间商的财务状况。⑧ 中间商的仓储、运输能力如何。⑨ 中间商的内部管理和业务人员的能力、数量、工作积极性如何。⑩ 中间商目前是否经营竞争产品。⑪ 中间商对顾客的售后服务力度如何。⑫ 中间商的发展潜力如何。

范例

春兰公司是如何维系经销商的[①]

江苏春兰集团的空调产品在国内市场上的占有率达到了40%，在同行各企业中遥遥领先。它在处理与其经销商的关系时采用的是一种全新的厂商合作方法——“受控代理制”，即代理商要进货，供货员必须提前将货款以入股方式先交春兰公司，然后按全国规定，提走物品。在维系经销商方面，春兰公司不仅为他们提供质量好、价格合理的空调产品，而且专门建立了一支庞大的售后服务中心，近万

① 李先国．2003．营销师．北京：环境出版社

人的安装、调试、维修队伍，他们实行 24 小时全天候服务，顾客在任何地方购买了春兰空调都能就近得到一流的售后服务，这为经销商免除了后顾之忧。此外，春兰公司给代理商大幅度让利，有时甚至高达售价的 30%，年末还给予奖励。到目前为止，春兰公司已在全国建立了 13 个销售分公司，同时还有 2000 多家经销商与春兰建立了直接代理关系，二级批发，三级批发，加上零售商，销售大军已达 10 万之众。

单元五　广告与促销训练

营销工作描述

在企业推销过程中，随着销售渠道的开辟，树立企业和产品形象就是大势所趋，最常使用的手段之一即为广告促销方法（不包括人员推销）的运用。广告促销程序为：

1. 广告市场调查与预测。
2. 广告策划文案。
3. 广告媒体的选择。
4. 广告效果测定。

实训目标

1. 形成一定的广告设计能力。
2. 促销创意能力的养成与提高。

训练项目 1　案例分析："酷儿"的成功广告营销推广①

训练目标

1. 培养市场调查与预测的能力。
2. 掌握整合营销的分析应用能力。

案例与问题

"酷儿"饮料的媒体曝光率不高，也没有全国范围的大规模促销活动，在上市一年时间里，全国市场占有率达到 10%，仅次于"汇源"，排名第二。"酷儿"的成功在于其独特、高效的整合营销传播策略。

1. 目标明确，效果突出。

"酷儿"饮料在未上市之前，明确目标，把广告的倾诉对象、倾诉内容、倾诉方式

① 王宏伟．2007．广告原理与实务．北京：高等教育出版社

都作了系统安排。

（1）火力集中——倾诉对象。“酷儿”定位为儿童果汁饮料，目标人群为 5～12 岁的儿童和他们的母亲。在其他品牌将目标人群确定为年轻女性或家庭主妇的时候，“酷儿”选择了容易被人们忽视的儿童饮料市场。

“酷儿”的成功证明儿童对父母购买行为的影响比我们想象的要大。同时也证明市场定位的高明：避免与市场领导品牌正面较量，寻找细分市场机会，独辟蹊径，在沟通行为、渠道、价格策略、广告表现、媒体策略方面，都瞄准了同一个目标，火力集中，避免浪费，而且广告干扰小。

（2）观点明确——倾诉内容。目标人群被确定后，酷儿品牌的核心价值就被顺理成章地定位为“乐趣、口感、营养”。虽然“酷儿”的口感酸甜，充分迎合了小孩的偏好，并且添加了维生素 C 和钙，为母亲购买提供一点理性的支持，但这两点不易展开细说。唯有“乐趣”是个性，具有无穷的表现空间，是沟通对象想要的东西。

乐趣是一种感觉、一种体会，不是理性的说教和空洞的口号。因此需要一种物质载体，能够真实传递“乐趣”的感觉。蓝色大脑袋卡通人物“酷儿”，营造出了童话般的沟通氛围，单单一个形象的出现就足以令人进入纯真的童话世界。所有想要传递的关于“乐趣”的观点，都可以通过“酷儿”实现，它是代言人，是主角。

（3）讲故事——倾诉方式。任何精彩的沟通总是通过讲故事或者举例子，借题发挥，润物无声。讲故事的方式更适合于儿童产品，因为具体的人、场景、情节、事情，会被我们记住和复述，引起我们会心一笑。

“酷儿”编故事、讲故事，“乐趣”被融入故事，变成隐藏在故事背后的灵魂，而不再是空洞无物的形容词。

以下的“酷儿”简历被称为“圣经”，确定了它所有传播活动的基调：

姓名：酷儿（Qoo）。

出身：某日现身森林，后被一对好心夫妇领走，收养为家中独子。

身高、体重、三围：重大机密！

今年贵庚：秘密。

血型：不详（但行为似 B 型）。

特征：只会说“Qoo”，一喝 Qoo 脸上的红圈就会扩大。

个性：喜欢打扮；好动，喜欢到处捣乱，想做就去做，所以有时会惹麻烦；外表简单，但其实很有内涵。

机能：跳舞、滑板。

爱好：洗澡、晒太阳、喝好味道的饮料（最喜欢 Qoo）、和孩子一起玩耍、旅游。

最喜欢的人：听话的小朋友。

最好的朋友：白鸽（除人以外，酷儿还和其他动物沟通）。

最喜欢玩的地方：公园。

平时做什么：做家务。

“酷儿圣经”里创造了几个可爱的标志性记忆点：酷儿憨态可掬的大头娃娃形象，左手叉腰、右手拿饮料喝的经典动作，嗲声嗲气的“Qoo——”，以及广告语“好喝就说Qoo”。这四点是所有故事里的共用元素。

酷儿的童真童趣都贴近儿童的实际生活，容易在儿童中流行。

2．无处不在的传播。

由于传播的策略非常明确，通过整合各种传播手段，在不高的费用支持下，“酷儿”的传播就达到很高效率。以北京的市场为例，“酷儿”上市全年的费用不足450万元，其中包括47%用于三个月电视广告；10%用于刺激通路和铺货，如进店费、通路的进货奖励促销、业务员进货和陈列奖励、价格补贴、全体员工参加的沿街铺货促销活动等；8%用于公共关系活动，如新闻发布会、儿童参观厂房过程中的直效营销、节假日的路演等；35%用于陈列和赠饮类的消费者促销活动。

（1）上市童话“秀”。“酷儿”的上市誓师大会和新闻发布会选择在北京海洋馆举行，“五一”、“六一”节假日的露天路演如期举行，歌舞、灯光、音乐、动画片，营造一派无忧无虑的童话世界，现场来宾和记者亲身体会到“酷儿”带来的无穷乐趣，并按计划在纸质媒体上进行了新闻报道。

（2）电视广告。由于目标人群相对较窄，电视广告的媒体选择就非常有针对性，只选择了北京电视台儿童节目和少量的电视剧时段。

（3）促销活动。上市三个月内，“酷儿”在30家超市、51家麦当劳门面店、全市100所小学，以“奥运小使者”的身份，举行了大规模的赠饮活动，参加赠饮人数达到42万人。公司的外事部门积极联络北京各小学，将厂房参观列为校学生春游节目，在厂房内共接待8000余名小学生参观，“酷儿”带领孩子们参观、玩游戏、喝饮料，一片其乐融融的景象。

（4）利用终端陈列展示自己。“酷儿”也充分利用卖场等终端与消费者进行沟通，展示自己的形象。产品包装的设计，采用鲜艳夺目的颜色，使用宽幅标签包装，增加在终端与消费者视觉接触的面积和冲击力。一上市，就占据了超市果汁饮品类陈列架的最重要最大排面，冰柜内第一至第二层开门处位置，食杂店的陈列还配有海报、挂偶等POP用品。选择北京65家大型超市买下了落地堆头陈列位置，其中30家还专门请制作公司设计了四款特殊造型：飞碟、摇篮、吊床和滑梯，点点滴滴传播着品牌内涵。

（5）“酷儿”玩偶令人喜爱。所有的活动场合都会聘请专业演员身着定制的“酷儿”卡通服装，表演简单、笨拙的“酷儿舞”，经典动作喝饮料，说嗲声嗲气的“Qoo——”。“酷儿”无论在什么场合出现，都会引起孩子的疯狂，争相拥抱，演员的安全问题几乎成了广告策划者的心病。广告策划者制作了大量廉价的贴纸和小玩偶，孩子爱屋及乌的程度超乎想象。一时间小贴纸竟也成了孩子们的硬通货。网络上流行的“酷儿”Flash，是从我国香港地区传过来的，如果公司再支持些费用，“酷儿”的风头可以打败“流氓兔”。

供分析的问题如下：

1．请分析评价“酷儿”上市之前的市场调查。

2．分析“酷儿”广告的合理之处。

3．“酷儿”是如何利用整合营销的？

实训组织与要领

1．事先公司组织同学收集“酷儿”的平面、视频、POP 广告等，并收集查阅相关资料。

2．各公司进行准备工作，以公司或班级为单位进行讨论。

3．本案例分析的重点是广告传播整合，从“酷儿”成功的市场占有率入手逐步分析，以生活中的经历为蓝本，结合理论，这样会更有说服力。

实训成果与考核

1．每个人的案例分析与发言提纲可作为一次作业，按照二分规则评定成绩。

2．根据班级讨论中的表现，对各个发言者按照二分规则评定成绩。

训练项目 2　企业广告设计与实施

训练目标

1．加深对广告与促销的感性认识。

2．培养分析、归纳与创意的能力。

实训内容与方法

根据所学知识与实际调查访问所获得的信息资料，为本公司产品（仍接续前面的产品，并尽可能结合合作企业的实际与需要）设计广告。

1．每个人都积极参与，为产品广告设计提出意见与建议。

2．各公司经过商讨，集中各位同学的想法，每个公司形成一份产品广告设计方案。

3．对广告文案进行反复修改后形成文字稿。

4．模拟广告实施过程，或直接参与合作企业的实际广告实施过程。

5．组织交流与评价，以公司为单位，由其成员演示广告内容，并提供广告的说明及实施过程，其他人质询与评价。

实训要求与要领

1．每个同学要认真参与到企业的实际调查，写好调查记录。

2．广告文案要细致，具有现实性与可操作性。

3．做好广告文案写作与演示的公司组织工作。

4．演示广告时要采用合适的道具与方式，能充分体现产品特色。

实训成果与考核

1．每个人搜集的资料可作为评价材料，按照二分规则评定成绩。

2．对各公司的方案按照二分规则评定成绩，如果被合作企业采用，另加二分。

3．根据交流过程中的表现，对发言人按照二分规则评定成绩。

训练项目3　产品促销活动策划与实施

训练目标

1．培养自我突破、敢于挑战的心理素质。

2．培养营销策划与实施能力。

实训内容与方法

根据所学知识，与合作企业联合，对前面本公司经营的产品，有针对性地制定促销方案并付诸实施。

1．以模拟公司为单位，运用头脑风暴法，进行促销创意策划。

2．在模拟公司内部，各成员都要形成个人促销创意，并拟定简单的促销方案。

3．在此基础上，形成公司的促销创意，并集体编制完整促销计划方案。

4．模拟促销计划的实施过程，或参与合作企业的实际促销计划实施过程，并争取企业采用模拟公司的策划。

5．以班级为单位，进行交流与评价。

实训要求与要领

1．要认真做好制定促销方案之前的分析调查工作，集思广益，写好促销活动方案，主要内容包括目标市场、产品种类、促销手段等。

2．要勇于自我心理的突破，在实践中领会所学知识。

3．促销活动方案的总体安排既要富有创意，又要有实际可操作性，并取得合作企业的指导。

4．要创造条件，尽可能将方案策划与实施同合作企业的实际营销活动结合进行。

实训成果与考核

1．每个人提供一份促销活动计划，按照一分规则评定成绩。

2．各公司要提交一份促销活动方案，按照二分规则评定成绩，如果被合作企业采用另加二分。

3．根据各公司促销方案与实施情况及交流中的表现，按照三分规则评定成绩。

知识链接

资料　广告策划程序与策划书（摘要）[①]

1．广告策划程序

（1）选择成员，组成广告策划小组。策划小组的人员由各相关职能人员组成。

（2）进行广告调查分析。主要任务就是进行市场调查与分析，收集有关信息和资料。

（3）决策计划阶段，进行广告具体策划活动。主要任务就是对广告活动的整个过程进行战略和策略的计划和决策。并且把广告策划活动分解成广告市场策划、广告媒体策划、广告时间策划、广告促销、宣传策划和具体的广告主题表现策划等。

（4）形成广告策划方案和最后确定策划书及备用方案。要将策划方案提交给广告主，经沟通取得一致认识后，要形成正式完整的广告策划书，并确立备选方案。策划书主要内容有市场调查、预测，产品市场定位，广告对象确定，营销渠道确定，广告主题的研究与确定，企业统一形象及识别系统设计，广告表现设计，广告媒体策略，广告实施方案，广告效果测定方案，整个营销活动配合等。

（5）实施广告策划。就是执行并实施广告策划与计划。具体工作包括决定广告表现，进行广告制作，按广告计划的地区、时间、媒体发布广告。

（6）评价总结阶段。主要是对广告传播效果和促销效果进行评估。主要工作包括征集信息反馈，测定广告效果；总结广告活动经验，写出总结报告。

2．广告策划书的内容

（1）前言部分。应简明概要的说明广告活动的任务和目标。一般包括广告预算、主要目标、广告主题、广告创意策略、媒介选择、日程表及各种促销的配合等。

（2）市场分析部分。一般包括企业与产品品牌分析、目标市场分析、竞争状况分析和市场发展分析等。

（3）广告战略。制定广告战略就是通过市场分析，对广告目标、广告重点、广告对象、广告地区等做出科学的决策。

（4）广告策略。广告策略就是开展广告活动所运用的具体措施与手段，主要包括媒体策略、创意策略和实施策略等三个方面。

（5）广告预算及分配部分。广告预算工作的具体内容包括确定广告费用总额和经费分配方案，具体说明经费使用项目和相应数额。

（6）广告效果预测部分。主要说明经广告主认可，按照广告计划实施广告活动预计可达到的目标。这一目标应该和前沿部分规定的目标任务相呼应。广告效果预测主要包括对传播效果和广告销售效果进行预测。

① 张海英．2009．企业营销实务．北京：科学出版社

范例

格力空调（山东）旺季市场推广企划案[1]

1．推广目的

（1）以寻找“品质见证大使”为引子，带出活动，通过用户现身说法，强力诉求格力品牌的核心价值——高品质，扩大品牌优势。

（2）通过一系列的推广传播活动，提升品牌暴光频次，清晰品牌核心价值，扩大品牌影响力。

2．推广内容

（1）推广主题。

见证★品质［返璞归真　品质是本］。

（2）推广时间。

第一阶段：2 月 18 日～3 月 12 日。

第二阶段：3 月 13 日～4 月 15 日

第三阶段：4 月 19 日～4 月 23 日

第四阶段：5 月 1 日～5 月 30 日

（3）推广方案。

1）推广步骤：

［前期寻找“见证大使”造势预热阶段］（2 月 18～3 月 12 日）

第一，寻找推广的启爆点，确定活动的内在意义：（详见《活动立意》）。

第二，制定广告计划，进行前期的预热、造势，面向全省征寻格力老用户。

第三，甄选“用户领袖”，确定“见证大使”名单，公布获奖结果。

［前期活动信息传播阶段］（3 月 13 日～3 月 15 日）

“3·15”前期公司组织举办“见证大使”颁奖典礼，企业、产品（新品与旧机）消费者、行业人士与媒体互动沟通，利用大众媒体把本次活动信息广泛传播，造大声势。

［中期深入见证阶段］（4 月 19 日～4 月 23 日）

4 月 19 日公司组织“见证大使”飞赴珠海进行“浪漫之城三日游”，同时参观格力电器四期工程及空调生产线、筛选厂、国家实验室、产品展示厅等，让“见证大使”近距离了解格力。

［后期整合传播阶段］（5 月 1 日～5 月 30 日）

以“见证大使”为载体，以媒体为传播平台，以格力的品牌形象、企业文化、技术、历史、服务理念为诉求点，以差异化营销策略打造格力的“高品质”专家形象，通过媒体传播影响消费者购买倾向，获取竞争优势。

［后期活动延伸阶段］

考虑品牌推广对市场销售的实际推动，结合本次通过拍摄《见证格力》的专题录像片，整理、提炼本次推广活动的精华和闪光点，在全省各大卖场进行循环播放。

---

① 选自 www.em-cn.com/article/2007/120184.shtml

公司组织举办“格力产品历史展”，通过把仍在正常工作的10年前的老空调＋5年前的老空调＋去年的主流机型＋今年新品＋未来的“概念机”，突出格力的高品质和强大的技术研发能力，塑造一个高科技感的空调专家形象。

2）推广策略：

① 推广总则。按照“整合传播的原则”，多视角、多手段挖掘推广的诉求点，把格力的地位、技术、产品、理念、文化等颗颗亮点以“高品质”为主线，串成华贵、精美的项链，通过电视、报纸、软文广告、终端海报、宣传单页、卖场条幅、巨幅等方式向目标人群传播，达成“格力空调——高品质”的核心诉求。

② 操作关键点：找准“见证大使”——他们是“用户领袖”，是品质见证人（高质量）、时间见证人（可靠性）、服务体验见证人（使用过程和服务体验）、用户象征（谁在使用）；他们对其背后所代表的消费群体具有强大的辐射作用。

摸准消费者心理——确定目标消费群体的心理及生活特征和状态。

把握好消费者的购买心理。

挖掘广告诉求点——围绕“品质见证大使”如何做文章？

可以引申出什么话题？什么炒作点？如何表达它？消费者的兴趣点在哪里？关注程度有多高？日常生活中的不满是什么？现阶段行业的走势、产品的情况、竞争对手的策略等。

选好用户刺激点：抽奖（一、二、三等奖）、免费换新机（以旧换新）、“珠海三日游”、服务金卡等。

③ 广告传播计划。

- 广告主题：返璞归真，品质是本。
- 电视二维创意、制作文案。
- 报纸、海报平面广告创意、文案。
- 软文标题设计及内容撰写（略）。
- 媒体公司合作（略）。

④ 消费者驱动。

奖项设置：

见证一等奖，即“见证大使”，人数为8名；奖励同机型新空调一台＋“珠海三日游”＋快速反应服务金卡一张＋《行棋无悔》光盘一套（总价值约5000元）。

见证二等奖15名，奖励格力小金豆（单冷）一台＋快速反应服务金卡一张＋《行棋无悔》光盘一套（总价值约1400元）。

见证三等奖100名，奖励高级亚麻凉席一床＋快速反应服务金卡一张＋《行棋无悔》光盘一套（总价值约500元）。

感谢奖500名，奖励《行棋无悔》光盘一套（价值约80元）。

“珠海三日游”实施方案（略）。

⑤ 甄选意见领袖。

- “见证大使”：专家型、学者型、主妇型、明星型等。
- 省消协官员（略）。

- 行业专家——省制冷协会领导（略）。
- 经销商代表（略）。
- 省公证部门（略）。

新闻媒体：《山东卫视》、《齐鲁电视台》、《山东有线生活台》、《济南电视台》，《齐鲁晚报》、《生活日报》、《山东商报》、《济南时报》、《经济导报》。

⑥ 后期延续。

- 格力品质见证巡展。
- 《见证格力》电视专题片拍摄与传播。
- 户外广告。
- 费用预算（略）。

单元六　人员推销训练

营销工作描述

人员推销是产品销售中应用较为广泛的重要手段。对于说服消费者做出购买决策是最为有效的。具体人员推销的过程分为：

1. 约见、接近顾客。
2. 开局气氛的营造。
3. 推销洽谈，注意讨价还价的策略。
4. 促成交易。

实训目标

1. 掌握约见、接近顾客的技巧，学会巧过“看门人”关。
2. 认识开局气氛营造会影响谈判优势的确立，锻炼学生善于利用开局气氛为己方造势。
3. 培养学生抓住谈判洽谈的关键因素，善于讨价还价，获得谈判利益。
4. 训练、提高学生识别成交信号、促成交易的能力。

训练项目1　案例分析：一个成功推销员是如何接近顾客的[①]

训练目标

1．结合实际，理解接近顾客是推销成功的重要基础。

---

① 张迺英．2003．推销与谈判．上海：同济大学出版社

2．克服接近时的恐惧心理，掌握接近技巧。

案例与问题

乔·吉拉德是世界上最伟大的销售员，他连续 12 年荣登世界吉斯尼记录大全世界销售第一的宝座，他所保持的世界汽车销售纪录：连续 12 年平均每天销售 6 辆车，至今无人能破。乔·吉拉德的成功在于他真正地接近顾客，走进顾客心里。

每一个人都使用名片，但乔的做法与众不同：他到处递送名片，在餐馆就餐付账时，他要把名片夹在账单中；在运动场上，他把名片大把大把地抛向空中，名片漫天飞舞，就像雪花一样，飘散在运动场的每一个角落。你可能对这种做法感到奇怪。但乔认为，这种做法帮他做成了一笔笔生意。

乔认为，每一位推销员都应设法让更多的人知道他是干什么的，销售的是什么商品。这样，当他们需要他的商品时，就会想到他。乔抛散名片是一件非同寻常的事，人们不会忘记这种事。

当人们买汽车时，自然会想起那个抛散名片的推销员，想起名片上的名字：乔·吉拉德。同时，要点还在于，有人就有顾客，如果你让他们知道你在哪里，你卖的是什么，你就有可能得到更多生意的机会。

同时乔·吉拉德在介绍他的成功秘籍时说："我每月都要发出 13 000 张明信片。"乔·吉拉德的顾客一年中的每个月都会收到一封来信。这些信都是装在一个朴素的信封里，但信封的颜色和大小每次都有所不同。乔·吉拉德吐露秘密说：不要让信看起来像邮寄的宣传品，那样人们拆都不拆就扔进纸篓里了。当顾客一拆开信，马上就能看到"我相信你"的字样。在一月份的信里，他就会写道：乔·吉拉德祝您新年好！在二月份，乔·吉拉德给顾客发出的信是：祝节日愉快，等等。顾客都喜欢这种贺信。

乔·吉拉德就是靠这种方式接近顾客，保持与顾客的不断联系。

供分析的问题如下：

1．发放名片的方式在现实推销中的可行性如何？

2．为什么顾客会喜欢乔·吉拉德的这种问候方式？

3．这种接近顾客的方式有什么好处？

4．这个案例对我们有什么启示？

实训组织与要领

1．每个人认真阅读分析案例，并搜集有关资料，写出分析与发言提纲。

2．以模拟公司或班级为单位公司组织讨论。

3．本案例分析的重点是如何接近顾客，可以从乔·吉拉德无处不在的发放名片效应来进行分析，也可以从乔·吉拉德定期给顾客发贺信、受到顾客衷心喜欢等方面进行分析。

实训成果与考核

1．每个人的案例分析发言提纲可作为一次作业，按照二分规则评定成绩。

2．根据班级讨论中的表现评定成绩，对各个发言者按照二分规则评定成绩。

训练项目 2　角色扮演：人员推销自我训练

训练目标

1．提高学生搜集与处理信息的能力。

2．培养学生养成推销员的基本素质，清楚自身的职责和任务。

3．培养独立推销产品的能力。

实训内容与方法

1．以公司为单位，两人一组分别扮演营销员和客户，设计本公司产品的推销方案，并进行个别练习。

2．在公司内表演，其他人作为观察者进行指导与评价。

3．每个公司推荐两名突出者在全班表演，其他人作为观察者，指导与评价。

实训要求与要领

1．扮演者要进入角色，从营销员和用户各自特定的个性与思维作出相应的反应。

2．营销员的扮演者要按照自己或本公司议定的销售方式，对用户进行不同角度的说服，提出营销方案，要有所见地。

3．观察者要高度认真负责，做好记录。评价要客观公正。

4．有条件的可现场录像，再回放评议。

实训成果与考核

1．营销员扮演者要写出对所扮演角色的认识以及对各种处理方案的应对措施或态度的提纲，按照二分规则评定成绩。

2．客户扮演者要写出对所扮演角色的把握以及应对措施的提纲，按照二分规则评定成绩。

3．观察者对扮演者的表现进行评分，按照三分规则评定成绩。

训练项目 3　角色扮演：拜访客户

训练目标

1．加深对企业产品营销的感性认识。

2．培养在不同的营销关系下的应变能力。

3．学会运用恰当的营销技巧，处理推销洽谈中的变化。

实训内容与方法

情景：经过三年的磨炼，彭志欣已经成长为某家电企业的销售经理助理。彭志欣仍然衣冠楚楚，风度翩翩，但是显得成熟了许多。彭志欣准备与可能成为关键客户的宏宇电器有限公司的李总约定见面时间。李总工作努力，去年从一家著名的国际工商管理学院的 MBA 班毕业，使得原本毕业于复旦大学工程数学专业的他，平添了许多现代管理与营销理念的技能。李总处事严谨而不失风趣，讲究数据但是不拘泥于数据，稳重而又敢于拍板。而彭志欣与李总的行政助理梅先生已经改了两次日程表，第一次是李总出国了，第二次是参加临时董事会，现在正在与梅先生商定第三次约会的时间。

梅先生在电话中告诉彭志欣说："如果你能够在 16 : 50 到我们公司的话，或许我可以安排你与李总见面，但是你千万不能迟到，一定要分秒不差。若我是你的话，我肯定会将各种资料准备齐全，尤其是贵公司的报价，产品的销量，已购买该产品的公司与厂家，还有技术指标等参数都要一一准备。李总想尽快结束这桩买卖，因为他要出国参加一个招标活动。B 公司（竞争者）的副总经理洪先生已经来过了，但是他们没有将李总的要求给予回复，这也是李总愿见你的原因……我们李总曾经……"

方式如下：

1．由同一公司的两位同学（也可由两家公司各指派一名同学）分别扮演彭志欣、李总，对见面后可能出现的情况作出反应。

2．扮演双方的同学（或公司）约见之前的准备工作要做细。

3．双方进行现场沟通。

4．其他同学（或公司）作为观察者，现场记录双方的沟通与争辩过程，并进行评价与打分。

实训要求与要领

1．彭志欣的扮演者要进入角色，从设定的个性与思维作出相应的反应并设计周密的预防方案。

2．李总的扮演者要按照自己或本公司议定的方式，提出见面方案。

3．观察者要高度认真负责，做好记录，评价要客观公正。

4．由轮值主持公司主持整个过程。

实训成果与考核

1．每名同学所写的拜访方案来应对策略，作为一次作业，按照二分规则评定成绩。

2．对演示者的表现进行打分，按照三分规则评定成绩。

训练项目 4　情景训练：商务谈判

训练目标

1．加深对谈判各个环节的感性认识。

2．理解并正确使用开局策略。

3．提高学生的谈判技巧。

实训内容与方法

1．全班所有公司，分成买卖双方两大组，一方向另一方推销；一轮结束后再轮换。

2．每个人都要制定谈判策略方案或计划书，并轮流担任本公司的主谈人。

3．每两个对抗组都在单独的场所进行谈判，并且在时间上连续安排。

4．要为谈判设定商品、价位、成本等数据，使推销与谈判有所遵循，并能计算经济效益。

实训要求与要领

1．谈判前要做好充分的准备，每个人都要认真准备谈判策略，设计好表达方法与进程安排。

2．要安排好场所，营造商务谈判的良好氛围，并衔接好时间。

3．有条件的邀请合作企业营销人员作现场指导。

实训成果与考核

1．对每个学生的谈判策略方案，按照二分规则评定成绩。

2．根据各公司交易的经济效益排队与综合表现，按照三分规则评定成绩。

训练项目 5　顶岗训练：人员推销

训练目标

1．培养自信、敢于挑战的心理素质。

2．培养上门推销产品的能力。

3．加深对推销方式的感性认识。

实训内容与方法

与合作企业共同安排，由学生为其产品做上门推销业务。以模拟公司营销部为单位完成此项实战训练。

1．每个人都参与上门推销业务，要了解所要推销的产品特点及简单的生产工艺，确定推销区域。

2．运用推销洽谈的技巧与目标客户打交道。

3．进行交流与业绩考评。其绩效既可以用拜访客户的数量、时间、路途距离衡量，也可以用订单数量衡量。

实训要求与要领

1．每个同学要认真做好推销计划，主要内容包括产品性能、与竞争对手相比的优势、推销过程中的注意事项等。

2．勇于突破心理障碍，善于应对各种情境。

3．善于把推销技巧应用贯穿全过程。

4．做好对推销过程的总结，积累经验，吸取教训，提高推销技术。

实训成果与考核

1．每个人提供一份人员推销计划及总结，按照二分规则评定成绩。

2．根据全体同学推销表现及推销业绩，按照三分规则评定成绩。

知识链接

资料　人员推销方法与艺术[①]

1．推销员的工作流程

推销员的工作流程如下图所示。

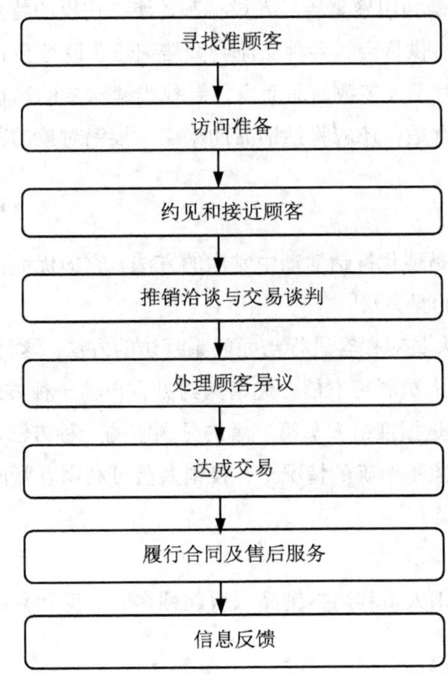

2．寻找顾客的常用方法

（1）熟识圈寻找法（关系拓展法）。利用推销员的各种社会关系寻找潜在顾客。适用场合多为日

① 张海英．2009．企业销售实务．北京：科学出版社

用品。

（2）中心开花法。中心开花法是指通过推销努力，让某一领域具有影响力的核心人物（或名人）成为自己客户，利用核心人物的广泛影响，发展准客户的方法。

（3）连锁介绍法（链式引荐法）。连锁介绍法就是推销人员在访问现有顾客时，请求为其推荐可能购买同种商品或服务的其他顾客，以建立一种无限扩展式的链条。

（4）委托助手法。委托助手法是指委托与客户有联系的专门人士协助寻找客户的方法，又称“销售助手法”。

（5）信息利用法（文案调查法）。信息利用法指推销人员通过收集整理现有文献资料，以寻找准顾客的方法。主要途径有年鉴、电话簿、行业协会资料等。

（6）个人观察法。个人观察法是推销人员通过对周围环境的直接观察和分析，以寻找准顾客。

（7）广告探查法。广告探查法是推销人员利用各种广告媒介寻找顾客的方法。主要手段有邮寄广告或商品目录、电话、电子商务。

（8）卷地毯式访问法（逐户找法、普遍寻找法、普访法、贸然访问法）。卷地毯式访问法是推销人员在任务范围内或特定地区、行业内，用上门探访的形式，对预定的可能成为潜在顾客的单位、组织、家庭乃至个人无一遗漏地进行寻找并确定潜在顾客的方法。

（9）聚集场所利用法。这是利用聚集场所人员稠密、趣味相投的特点推销商品的特点推销商品的方法。聚集场所指产品博览会、供货会、各种交流会、培训班、联谊会、俱乐部等。

（10）多途径寻找顾客。对于大多数商品而言，寻找推销对象的途径或渠道不止一条，究竟选择何种途径、采用哪些方法更为合适，还应将推销品的特点、推销对象的范围及产品的推销区域结合起来综合考虑。

3．约见顾客的方式

（1）电话约见。电话约见是现代推销活动中常用的方法。它的优势在于能在短时间内接触更多的潜在顾客，是一种效率极高的约见方法。

（2）当面约见。这是推销人员对顾客进行当面联系拜访的方法。这种约见简便易行，也极为常见。

（3）信函约见。这是推销人员利用书信、邀请函约见客户的一种方式。

（4）委托约见。委托约见是指推销人员第三者约见顾客的一种方法，即通过第三者引荐。

（5）网上约见。在约见对象不明确的情况下，推销人员可利用互联网约见，有意购买的顾客在接到信息后会主动来接触推销人员。

4．接近顾客的方法

（1）产品接近法。这是推销人员利用推销品来引起顾客的注意和兴趣，进而转入面谈的一种接近方法，也叫实物接近法。

（2）介绍接近法。这种方法是指推销人员通过自我介绍或他人介绍来接近访问对象。

（3）利益接近法。这种方法是推销人员首先强调推销给顾客带来的利益，从而引起顾客的兴趣，达到解决接近的目的。这是最直接、最有效的接近方法。因为推销员推销的不是产品，也不是产品的质量，而是产品的利益。

（4）问题接近法。这是推销人员利用直接提问来引起顾客的注意和兴趣，从而顺利转入推销面谈的接近方法。

（5）赞美接近法。推销人员利用溢美之词博得顾客的好感达到目的。

（6）馈赠接近法。推销人员利用赠送小礼品的方式引起顾客的注意和兴趣，达到接近的目的。

（7）表演接近法。这种方法是利用各种戏剧性表演技法来展示产品的特点，从而接近顾客。

5．推销洽谈及商务谈判的程序

一般来说，正式洽谈活动从开始到结束，可划分为准备、开局、报价、磋商和成交五个阶段。

（1）准备阶段具体内容见下表。

项　目	内　容
方案准备	1．推销洽谈的目标 最优目标：最理想的目标，能最大限度地满足谈判方的利益和需求，也叫发盘 中等目标：比较实际的能实现的目标 最低目标：是推销洽谈中必须保证达到的最基本的目标，又称底盘 2．推销洽谈的主要策略 3．推销洽谈的内容。包括商品、价格、质量、服务、结算及其他方面 4．推销洽谈的期限、时间和地点
人员准备	1．谈判人员的选择。一是良好的思想素质和优秀品质；二是具有宽广的社会知识与较深的专业知识；三是具有优良心理素质 2．谈判人员的配备。从知识结构、年龄结构、性格结构等方面考虑
资料准备	宏观和微观的资料

（2）开局阶段。作为洽谈活动刚开始开局阶段，主要是与对方相互认识和了解。在开局阶段，建立一种轻松、友好、愉快的洽谈气氛是非常重要的。因此，洽谈刚开始时最好是轻松、非业务性的。在开局阶段，应对第一次见面的伙伴做初步了解，同时谈些趣闻杂事，制造一个轻松愉快的气氛，以便肃立地进入正式话题，但闲谈时间不宜过长。

（3）报价阶段。报价阶段是推销洽谈双方分别提出达成交易协议的具体交易条件，又称发盘。是开局阶段开场陈述的具体化，它涉及到谈判双方的基本利益。

（4）磋商阶段。磋商阶段也称讨价还价阶段。本阶段就是洽谈双方把自己的不同意见摆到桌面上来讨论的阶段，双方会进入实质性问题的磋商，彼此明确表示自己的要求，提出问题，回答问题，说明自己的意图，努力达到自己的目的。在此阶段，双方都列举事实说服对方，使对方了解并接受自己的意见。推销洽谈的目的是要达成双方认为公平合理的交易。

（5）成交阶段。经过磋商交锋和妥协退让，买卖双方认为已经解决了交易问题，基本达到各自的目标，便可以拍板成交，签署购销合同。

6．建议成交的常用方法

（1）请求成交法（直接成交法）。推销人员用简单明确的语言，向顾客直截了当地提出购买建议。这是一种最常用也是最简单、有效的方法。当感到顾客基本满意时，应积极主动的建议购买并简述购买的好处。

（2）假定成交法。假定顾客已经决定购买，让顾客确认一些细节。就是推销员在心中假设顾客肯定会购买商品，然后向顾客询问一些关键性问题来结束销售。

（3）选择成交法。是指推销人员向顾客提供两种或两种以上购买选择方案，并要求其迅速作出抉择的成交方法。它是假定成交法的应用和发展。

（4）试用促销法。就是请客户先使用产品，然后促使客户做出购买决定的方法。

（5）次要问题成交法（小点成交法）。推销人员通过次要问题的解决，逐步过渡到成交的实现。如果推销员一开始向对方提出一个大的要求，会把对方吓跑。推销员的策略就是，从小处着眼，一口一口地将对方“吃掉”。

（6）从众成交法。推销人员利用大多数人的购买心理和行为促成交易的实现。推销员说这句话有时是真的，有时是他编造的，以增强顾客的购买信心。一般人都有赶时髦的心理，谁都不愿落在时代的后头。

（7）机会成交法。即是推销人员向顾客暗示这是最后成交机会，促成立即购买推销品的成交方法。

范例

卖产品与做市场①

有一家电池生产企业，欲把自己的产品打入某地市场，但前期调查结果并不令人满意：

（1）市场上基本没有空隙，本企业所能生产的各种产品市场上都有。

（2）竞争非常激烈，有几十种品牌的电池在打价格战，获利微薄。

（3）本企业产品，无论是知名度还是价格都不具有特别的优势。

那么这个市场还要不要进？还是要进。因为其他地区的市场也和这个市场差不多，如果都放弃，则没有自己可能立足的地盘。

经过进一步的调查分析，发现该地市场销售的几十种电池中，有一家销量最大，约占一半左右，其他都不超过10%，要挤占这个市场，这是主要的竞争对手，策略手段均围绕这家企业来制定和实施。

第一步：以1号普通电池为敲门砖，以低价位撕开市场缺口。

经分析，虽然几十家企业在打价格战，但基本上都保持在成本以上，尚无一家亏本销售，主要竞争对手的1号普通电池向批发商供货价格为每件118元，据判断应是其成本底线，向下则会亏本。批发商以每件120元向外批发，获利2元，水平较低，批发商并不满意。选择1号电池作为敲门砖，是因为1号电池销量较大，用户对价格比较敏感。另外，1号电池在各型号中销量不是最大，即使亏一点，也不会对企业造成严重伤害。为此决定以每件115元的价格向批发商供货，如批发价保持不变，则批发商的毛利水平在4%左右，基本符合惯例，批发商会比较满意。另随首批供货免费向批发商提供2500～3000支电池作为试用品，供其向下属网络免费派发，同时提供POP广告支持和人力资源支持。经过近三个月的配合运作，基本上达到预期目的，产品的市场覆盖率超过50%，占有率超过10%，更主要的是消费者对产品有了认知，回头客很多。

第二步，以保本价推出销量最大的5号电池，挤占市场。

在前期成功运作的基础上，该企业以保本价推出了销量最大的5号电池。之所以仍保持低价位，

① 王国梁．2004．推销与谈判技巧．北京：机械工业出版社

是因为这一型号的电池是主要竞争对手的利润点，对方全靠这一型号的电池获利。虽然此时的低价位已不同前期，但即使保本销售也会令对手非常难受：不降价可能会失去市场，降价又会伤及根本利益，左右为难。果然在低价位推出 5 号电池之后，竞争对手犹犹豫豫，摇摆不定，结果该公司得以趁势发挥，扩大地盘，等到对手意识到问题的严重性，也降价相应的时候，市场已经损失大半，半壁江山已归于该公司麾下。

第三步，借势发挥，推出盈利产品。

经过一番拚杀，已基本奠定了胜局，产品的市场占有率已超过 50%，消费者已普遍认同，口碑不错，并培养了消费者的购买习惯，借此有利时机，该公司适时推出盈利产品，将盈利水平较高的碱性电池、镍镉电池等推向市场，此类产品的毛利率均在 30%左右，但此时已不去和对手拼价格。一是，此类产品是竞争对手的一个弱项，产品质量一直不够稳定，消费者对其颇有微词；二是，这类产品普遍价格较高，过去的价格战基本未涉及到这类产品，根据该公司目前的市场地位，也无必要去挑起战乱。另外，如果出价太低，还会引起消费者无端猜疑，怀疑产品质量不好，所以正好借势发挥，从中取利。

第四步，改头换面，提升价位。

在取得市场有利地位之后，该公司开始对先期投入市场的 1 号、5 号电池进行改进，一是推出系列产品，彩管、纸板、铁壳陆续登场，二是改头换面，改换包装上市，以新产品的面目出现，借机抬升价位，使之保持盈利水平。由于电池属于非专家性购买，绝大多数消费者对此知之不深，此举并未引起市场震荡，厂家意图得以顺利实现。

第五步，保持竞争态势，巩固地盘。

为了防止已有的市场地位遭到破坏，该公司对于当初作为敲门砖和杀手锏的 1 号、5 号普通电池仍予保留，价位不变，以保持一种竞争的态势，只是不再投入过大的精力，随其自然。

业务工具

谈判计划书[①]

谈判的基本目的：	
主要交易条件及人际关系目标	
交易条件 A：	
交易条件 B：	
…	
交易条件 N：	
双方关系：	
双方地位评价	
对方优势：	
对方劣势：	

① 张迺英．2003．推销与谈判．上海：同济大学出版社

续表

己方优势：	
己方劣势：	
人员及其职责	
队伍负责人：	
谈判人员 A：	
谈判人员 B：	
…	
谈判人员 N：	
谈判队伍工作的基本原则	
谈判的时间安排	
完成谈判任务的时间要求	
各个时段谈判任务的安排	
谈判地点安排	
谈判地点：	
场所布置：	
谈判成本预算	
货币成本：	
机会成本：	
时间成本：	
谈判策略安排：	
替代方案：	
谈判计划说明及附件：	

销售日报表①

区域（办事处）：　　　　　　　　　　　　　　　　　　　　　　业务员：

<table>
<tr><td colspan="4">年　月　日</td><td colspan="5">本月目标：</td><td colspan="7"></td></tr>
<tr><td colspan="9">区域客户数：</td><td colspan="7">本月累计达成率：</td></tr>
<tr><td rowspan="3">访问顺序</td><td rowspan="3">访问对象</td><td colspan="7">访问目的</td><td colspan="7">金额</td></tr>
<tr><td rowspan="2">招呼</td><td rowspan="2">说明</td><td rowspan="2">订货</td><td rowspan="2">修理</td><td rowspan="2">抱怨</td><td rowspan="2">安装</td><td rowspan="2">收款</td><td colspan="2">销售额</td><td rowspan="2">毛利率</td><td rowspan="2">折扣额</td><td rowspan="2">应收款</td><td rowspan="2">实收款</td><td rowspan="2">访问费用</td></tr>
<tr><td>新户</td><td>原户</td></tr>
<tr><td></td><td></td><td></td><td></td><td></td><td></td><td></td><td></td><td></td><td></td><td></td><td></td><td></td><td></td><td></td><td></td></tr>
<tr><td></td><td></td><td></td><td></td><td></td><td></td><td></td><td></td><td></td><td></td><td></td><td></td><td></td><td></td><td></td><td></td></tr>
<tr><td></td><td></td><td></td><td></td><td></td><td></td><td></td><td></td><td></td><td></td><td></td><td></td><td></td><td></td><td></td><td></td></tr>
<tr><td colspan="9">合计</td><td></td><td></td><td></td><td></td><td></td><td></td><td></td></tr>
<tr><td colspan="16">客户信息（生产状况、销售状况、信用、经营者、从业人员等）：</td></tr>
<tr><td colspan="16">产品信息（新产品、技术革新、价格、成本、品质、特征等）：</td></tr>
</table>

① 张海英．2009．企业营销实务．北京：科学出版社

市场巡视工作报告[1]

调研人：　　　　　　　　　　　　巡视起止时间：　　　　　　　　　　　巡视地区：

商店名称	类别	店面面积	本类产品陈列面积	商品陈列与库存		广告促销		销售情况		其他	
				本公司	竞争者	本公司	竞争者	本公司	竞争者	本公司	竞争者

填表时间：

单元七　会展营销训练

一个成熟的企业不会忽略和放弃任何参与大型会展、扩大销售网络的机会。但如何有效参展，如何通过参展进行营销，使企业的利益最大化，是人们在研究的问题。会展营销的主要流程为：

1. 会展营销的时间、地点确定。
2. 参展行业、参展商分析。
3. 参展方案策划与设计。
4. 会展的组织与实施。

1. 深入理解会展营销的作用。
2. 培养遴选各类会展的能力。
3. 提高对会展方案策划设计与组织的能力。

训练项目1　案例分析："汾煌可乐"与春季全国糖酒交易会[2]

训练目标

1. 结合实际，深入理解会展在营销中的重要地位。
2. 训练会展营销的运作能力。

---

① 张海英．2009．企业营销实务．北京：科学出版社

② www.wzvtc.cn/jp/zzx/main/show_news.asp?show_id=240

案例与问题

1998 年，饮料市场除 “可口可乐”和“百事可乐”两大国际品牌之外，两个国内品牌“健力宝”和“非常可乐”也迅速发展。这几种饮料占有中国可乐型饮料市场的大部分份额，在市场占有量、品牌认知度等方面，国产饮料目前无法与两大国际可乐巨头抗衡。“汾煌可乐”作为后来者，与“健力宝”和“非常可乐”相比，影响力相对较小。“可乐”是一种感性强的饮料，已被世界大部分消费者所认可和接受，产业本身较稳定；可乐饮料是一种易耗品，形成一定的规模效益后，生产成本会越来越低，有利于扩大再生产；中国市场潜力巨大，随着人们生活水平的提高和生活方式的改变，饮料的季节影响性也越来越小。基于以上调查，经过分析，通过独具创意的策划推广，使“汾煌可乐”成为中国著名的民族品牌，从而占领中国潜力巨大的可乐市场是可行的。

汾煌公司的策划，选择了春季全国糖酒交易会作为一个最容易实现宣传推广效果的时机。已经举办过多届的全国糖酒交易会具有几大特点：

1．糖酒会堪称全国第一大会，参展企业多，营销人员多，成交量大，影响面广。

2．时间利用率高。糖酒会实际订货交易的时间只有 5 天，谁能在这么短的时间里独占鳌头，一枝独秀，谁就能争到客户，提高订货成交量。

3．各企业广告宣传投入都很大，要取得良好的宣传推广效果，必须在策划创意上别具一格，不同凡响。

针对这些特点，为了更好地利用这次会展机会，“汾煌可乐”制定了一个方案。

第一部分：设计一艘以龙船、龙旗、龙伞为特征的“亚洲第一龙船”，该船为长 35 米、高 20 米、重 7.5 吨的巨型龙船——“汾煌号”。这艘即将驶入《世界吉尼斯纪录大全》的“亚洲第一龙船”，停泊在万商云集的春季全国糖酒商品交易会会场前的成都天府广场上，船上装满“汾煌可乐”，以吸引成都市民和参加交易会的万千客商的注意力，掀起一股强烈的“汾煌旋风”。

第二部分：设计一套以“龙文化”为主题的文化节目套餐软件，内容包括展示中华龙文化为特征的金龙银龙庆盛会、中华威风大鼓壮雄风、安塞腰鼓传友情和金狮跃腾庆丰收等系列表演，希望给成都市民留下深刻印象。

第三部分：在糖酒会开幕时，举行亚洲第一龙船“汾煌号”命名仪式暨投资招商新闻发布会，宣布汾煌公司将投资 8000 万元在成都设立分厂，请四川省及成都市领导参加剪彩仪式。最后推出“汾煌可乐”、“汾煌公司”。

这一系列活动，先后吸引了 400 万人次到现场参观亚洲第一龙船，有 100 万人次观看了丰富多彩的专场中国龙文化艺术表演活动。汾煌公司在成都及西南的影响大增，取得了良好的社会效益、宣传效益和经济效益。汾煌此次活动投入资金 200 多万元，在糖酒会上所投入的广告宣传费用居第四位，但是订货量却高居第一。

此项活动结束后，汾煌公司还把“龙船”驶入在大连举行的秋季糖酒会，并转移到昆明的世界园艺博览会上继续表演，为汾煌公司赢得更大的无形资产和社会影响。

"汾煌可乐"充分利用号称天下第一大会的全国糖酒商品交易会的影响，在万商云集的成都进行公关推广活动，既推广了品牌，又促进了销售，使策划活动事半功倍，达到了预期的效果。

还利用"亚洲第一龙船"的轰动效应，吸引参展商、参观者以及成都市民的注意力，先后有百万人次参观，取得了极好的广告效果。

供分析的问题如下：

1．汾煌公司选择进军可乐市场的原因是什么？

2．汾煌公司在春季糖酒交易会上取得的成果如何？

3．请说明这个案例给你的启示是什么？

实训组织与要领

1．每个人认真阅读分析案例，并搜集有关资料。

2．每人写出分析与发言提纲。

3．在课外可以公司为单位组织讨论，或在班级组织讨论。

4．本案例分析的重点是汾煌公司充分利用春季糖酒交易会之机，在对市场作了深入了解后，运用会展营销的手段，取得巨大收获。对本案例的分析应着重于会展营销的策划，包括时间、地点、方式、营销环境等。

实训成果与考核

1．每个人的案例分析提纲可作为一次作业，按照二分规则评定成绩。

2．根据班级讨论中的表现，对发言者按照二分规则评定成绩。

训练项目 2　情景训练：会展营销策划

训练目标

1．提高学生分析与处理问题的能力。

2．培养会展营销策划能力。

实训内容与方法

1．每个学生都要搜集一个有关会展营销策划的案例。

2．每个公司将本公司成员搜集的案例分析整理，借鉴其经验与成功的做法。

3．为本公司经营产品会展做策划，由本公司成员共同商讨完成。

4．各公司将各自的会展策划在全班展示与交流。

5．全班共同进行分析评价。

实训要求与要领

1．会展营销策划的案例选择要贴近本公司产品类型。

2．做会展策划要注意会展时间、地点、参展商的选择、宣传等方面问题，要做全面考虑。

3．各模拟公司成员要注意分工明确，协调配合。

实训成果与考核

1．对所有学生所搜集的案例，按照二分规则评定成绩。

2．每个公司的策划案按照三分规则评定成绩。

训练项目 3　顶岗训练：参与策划与实施某产品展销会

训练目标

1．提高对会展营销的认识。

2．培养策划、实施展销会的能力。

3．提高对整体事件的把握能力。

实训内容与方法

根据所学知识，与合作企业联合，共同策划实施一次展销会。

1．每个人都要根据产品特点及市场的状况，策划一次会展。策划内容主要包括会展时间、地点、参展商的选择标准、场地布置等，写出提纲。

2．以模拟公司为单位，商讨策划方案，不断改进完善，形成文字稿。

3．与合作企业共同完成会展营销策划方案。

4．配合合作企业办好一次会展。

实训要求与要领

1．每个同学要认真写好会展策划提纲，要详尽、有针对性。

2．模拟公司的总体策划方案要吸取经验教训，做到与主办方的要求越接近越好。

3．配合做好会展营销的各项工作，注意观察，积累经验。

实训成果与考核

1．每个人提供一份会展策划方案，按照一分规则评定成绩。

2．对模拟公司会展策划案进行评估打分，按照二分规则评定成绩。

3．根据合作企业采用策划案的情况，按照三分规则评定成绩。

知识链接

资料 1　会展功能[①]

1．会展的概念

会展是指会议、展览、大型活动等集体性活动的简称。其概念内涵是指在一定地域空间，许多人

① baike.baidu.com/view/246991.htm

聚集在一起形成的、定期或不定期、制度或非制度的传递和交流信息的群众性社会活动，其概念的外延包括各种类型的博览会、展览展销活动、大型会议、体育竞技运动、文化活动、节庆活动等。

2．会展的功能

会展具有强大的经济功能，包括联系和交易功能、整合营销功能、调节供需功能、技术扩散功能、产业联动功能、促进经济一体化等。

资料 2　如何撰写会展策划书①

首先，需要对会展进行简单的介绍，包括名称、主办、承办、协办、特别合作单位及支持商协会、日期和地点、展览时间安排、主要活动初步安排、展示内容、现场管理服务机构及职能。

然后，介绍会展的服务项目，如服务内容和服务单位。

还有参展须知，包括：如何办理参展商证，布展及撤展规定，展位规格配备，特装布展申请，布展施工管理，展位使用及展览现场管理办法，宣传品管理规定，安全保卫规定，展馆防火安全管理规定，展馆用电安全管理规定，展品展具运输车证的管理办法。

还有设计一些登记、报名用的表格。对展厅技术数据，运费和授权律师也要体现在策划书里。

范例

2008（第十届）北京国际汽车展览会②

2008（第十届）北京国际汽车展览会（Auto China 2008）（以下简称“北京车展”）于 2008 年 4 月 22 日～28 日在北京中国国际展览中心新馆隆重举行。

本届北京车展以“梦想·和谐·新境界”为主题，旨在通过本届车展反映出当今国内外汽车工业的发展趋势和汽车界人士努力奋斗、孜孜以求的目标及本届北京车展的特色。

北京车展从 1990 年创办以来，经过十几年的发展，在中国汽车工业和汽车市场快速发展的大背景下，已经成为国际上著名的品牌展览会，是两年一次中外汽车业界和相关行业的重要展事活动。

北京车展已被社会各界和参展商普遍认为已经成为与在全球享有著名声誉的法兰克福、日内瓦、巴黎、东京、底特律等车展达到同一级别的全球 A 级车展。

2007 年中国汽车的产销量已达到 880 万辆，2008 年超越 1000 万辆，中国将成为世界第二大汽车生产国和第二大汽车市场，中国汽车市场的高速增长，引起了国际汽车跨国公司的强烈关注，国内外汽车行业的展商都以极大的热情和巨大的投入参加今年的北京车展。本届北京车展将在新近落成的中国国际展览中心新馆举办，使有十几年历史的北京车展达到了崭新的境界。本届北京车展的几大特点如下：

（1）规模巨大，场面震撼。本届车展是北京车展历史上规模最大的一次，展会总展览面积超过 18 万平方米，再次创下亚洲和国内汽车展览会的新记录。来自日本、韩国、德国、英国、法国、美国和中国等 18 个国家和地区的厂商将参加展出，其中包括 225 家海外厂商和 1800 余家国内厂商，共计 2100

① bbs.adjia.com

② www.china-autoshow.com/index.asp

余家。本届北京车展国内外乘用车、商用车、汽车零部件、汽车服务用品在同一场地同时展出，是一次真正意义上的国际汽车业盛会。

（2）本届北京车展的场馆硬件设施全面提升，达到目前的国际水平。北京车展恰逢第十届，又首次在新展馆举办，北京车展的场地硬件设施一跃达到国际水平，使有十几年历史的北京车展上升到新的境界。

新国展是国内具有现代化水平、展览面积超大的展馆之一，在国际上也处于领先地位。

新国展合理公司组织交通流线，交通导向标志明确、清晰。观众走最短的距离，展品有最快的通道。人、车、货流清晰独立、互不干扰。

新国展在建筑材料上大量使用新型环保材料。在采光、温度控制、照明、绿化等方面完全达到举办专业汽车展览会的需要。

（3）参展的乘用车品牌齐全，凸显北京车展国际化。本届车展集中展示国际及国内所有知名品牌的乘用车。既有首次在全球亮相的首发车，也有一批在亚洲和中国市场上首次发布的新车型，还有相当数量的概念车、高品质的展车群体发力本届车展。

（4）国内外展商参展阵容强大。全球所有汽车跨国公司全部报名参加了本届车展，并都将本届车展定位为最重要的全球A级车展。其中德国大众集团、奔驰，日本丰田等公司都将北京车展作为除本土车展之外的最重要的展会。

国内展商更是全力参展，集体发力，全面展示我国在自主知识品牌上的科研和创新成果。

新国展的场地使用保证了国内外汽车公司能在更大的空间展示各自的实力和水平。

（5）豪华车品牌集中展示。本届北京车展在E4号馆集中展示全球顶级的豪华车。观众能在一次国际车展上，近距离欣赏到如此众多的豪华车品牌的梦想，在北京车展上得以实现。

（6）影响广泛，社会各界高度关注。本届展会得到国际跨国汽车公司高度重视，不仅参展面积大，展品多，而且还有多家国际汽车公司的高层人士到场，并发表讲演。各公司的重量级高级管理人员也飞抵北京为本公司参展助阵。

展会期间将举办多场论坛、研讨会及技术交流会。国内外汽车企业对此次展览会非常重视，积极参与。中国汽车工业越来越成为国际汽车业的重要公司组成部分，如何“健康持续”发展汽车工业，如何“节能减排”发展汽车工业越来越成为各汽车企业首要关心的问题。所以“2008北京车展”期间，各种技术交流、产品推介、新车发布以及围绕发展战略、技术路线的讨论异常活跃。

本届车展期间，主办单位举办模特大赛、摄影大赛、车展大奖等北京车展传统的活动项目。同时还推出一系列相关活动，丰富展会内涵，突出展会的文化气息。

单元八　客户管理训练

营销工作描述

为使营销合作关系长期稳定，富有成效，企业应高度关注客户管理工作，建立客户档案，巩固、维系客户关系，开发潜在客户。

其主要工作如下：

1. 把现有客户资料录入归档，建立客户档案。
2. 掌握现有客户的发展概况。
3. 继续开发潜在客户，按照一定标准寻找潜在客户。

实训目标

1. 善于对客户进行ABC分类，找出管理重点。
2. 培养处理顾客异议的能力。
3. 培养开发客户的能力。

训练项目1　案例分析：上海大众公司客户开发维护与管理①

训练目标

1. 结合上海大众的实践，深刻理解客户开发与维护的重要性。
2. 培养学生善于利用各种资源开发客户的能力。

案例与问题

2005年伊始，位于北京马家楼的众义达汇诚汽车销售服务公司的展销厅每天都会收到10个左右由上海大众汽车公司客户开发中心发来的潜在客户信息。这里的销售人员在看到信息的当天便会打电话给这些潜在客户，并记录下他们的购车意向——何时购车、喜欢什么颜色与型号、是否参加过试驾等，再将这些信息反馈给上海大众。接下来，他们还要负责跟进潜在客户，必须按照一定的时间周期打电话，直到促成销售或客户最终放弃购买上海大众的汽车。这一销售方式成了销售员从展厅参观、电话咨询挖掘潜在购车客户的重要补充途径。

众义达汇诚与上海大众在共同挖掘、促成潜在客户实现交易的合作中，得到了实惠。这要归功于上海大众新建成的客户开发中心和CRM平台。

2004年10月18日，上海大众在上海徐家汇商务区为客户开发中心举行了隆重的揭幕仪式。从此，上海大众的客户开发中心取代了以前的呼叫中心。

同大多数汽车厂商一样，上海大众早在2001年就建立了全国统一的销售咨询热线800电话。一直以来，这个呼叫中心只是回答消费者的产品咨询电话，并对一些用户进行电话回访，以被动答疑解难为主。上海大众渐渐发现很多客户会来电咨询购车事宜，有的还表达出了立即购车的意向。由于上海大众没有要求呼叫中心的坐席员记录这些重要信息，更谈不上根据这些信息进行客户跟踪，造成很多潜在客户流失。

2004年，国内汽车行业陷入窘境，“众多汽车品牌价格跳水，但车市依然低迷，消

① news.chinacars.com/kuaixun/kuaixun/169264.shtml

费者还是持币待购，而厂商和经销商是该降的都降了、该送的都送了，却还是把握不住消费者的钱包。”恰逢此时，上海大众的市场占有率节节下滑。而上海通用的业绩却在节节攀升。即使与北京现代、广州本田等市场新秀相比，上海大众的优势也不再明显。

上海大众意识到，国内汽车行业已从产品导向转变为客户导向，尽快健全“面向客户”的营销网络成了其当务之急。“呼叫中心不能仅停留在咨询和售后服务环节上，应该利用这个平台挖掘潜在客户，其价值才会进一步显现出来。”上海大众汽车公司市场部关系营销高级经理刘磊表示。上海大众从 CRM 中“掘金”的念头由此产生。

于是，上海大众本着最大限度地挖掘潜在用户和服务现有用户的宗旨，将 800 呼叫中心升级为客户开发中心。现在，其客户开发中心设有 70 个人工坐席，月呼入和呼出设计处理能力超过 10 万通，是目前中国汽车行业规模最大、设施较先进的客户关系管理平台。

上汽大众客户开发中心的两大基本任务是开发新客户和维系老客户。开发新客户是其最重要的职责，这一点从它的名字上就可知晓。如今，上海大众对客户开发中心的考核指标已经甩掉了“客户、员工满意度”等纯粹服务类指标，取而代之的是“销售量”——服务专员通过 800 电话收集到的潜在客户最终成交的销售量。这一硬性的指标使得客户开发中心有了前所未有的压力，他们为了提高销售量，必须正确记录客户信息记录，并对其购买意向进行准确判断，否则会给经销商发去大量无效信息，遭到直接负责跟踪客户的经销商的反感。长此以往，经销商会对由客户开发中心发去的客户信息失去信任，客户开发中心的潜在客户成交率必然降低。

在销售压力下，客户开发中心全方位培训服务专员，让他们在尽可能准确记录客户信息之外，还必须熟练掌握整车性能、汽车零部件、客户购买心理、呼叫中心 IT 系统等。此外，上海大众还制定了十分细致的潜在客户管理规范，按照潜在客户的预期购买时间细分客户：如果客户需要较长时间考虑才会买车，系统会自动将该客户信息发到直邮中心，由直邮中心先把资料寄给这些客户，之后客户开发中心会阶段性地与客户保持联系；如果客户打算近期购买汽车，系统才会将其信息发给客户所在地的经销商。“这样做可以尽可能确保给经销商的潜在用户信息是有效的。如果过早将他们的信息发给经销商，经销商可能没有时间和耐心持续跟踪客户，很容易丢失潜在客户。”

在上海大众的 CRM 平台上，整合进来的直邮中心对维系老客户、跟踪较长时间后购车的潜在用户起到了积极的作用。按照它们的规范要求，直邮中心在接到客户开发中心发送资料的信息后，必须在两天之内将相关资料寄出。2004 年，上海大众给潜在用户寄出了 27 万册直邮资料，给现有用户邮寄的资料为 100 万份。很多客户就是通过阅读这些直邮资料对上海大众产生了信任感。上海大众甚至将直邮资料也作了分类，按照预计客户购车时间的远近，会分别将企业介绍、汽车产品综合介绍、试乘试驾手册寄给他们。

上海大众非常希望看到越来越多的潜在客户变成其汽车的真正拥有者，要完成这一转变，对客户的跟踪就必须从上海大众转移到其遍布全国各地的 500 多家经销商。这个过程仅有客户开发中心远远不够，上海大众需要的是一个包括DMS（经销商管理系统）在内的更为完整的CRM平台。

如今，上海大众客户开发中心通过DMS系统，每天都会把潜在用户信息发送给相应的经销商，让它们与客户进一步建立联系，完成“最后冲刺”。经销商们在接收到上海大众传来的客户信息后，大多由销售经理或指定人员分配给销售员，逐一跟踪。上海大众的DMS系统于2002年开发完毕。目前，它已成为上海大众总部和分销中心管理经销商的基础系统，经销商的进销存等信息会实时通过系统记录下来，总部和分销中心可以实时查看这些数据，并且根据数据分析，及时制定和改变市场策略。

“上海大众的DMS系统，不仅拉动了销售量，还是增强内部管理水平的好平台。”销售商道出了这几年与上海大众合作的体会。

经销商对DMS系统的认可直接反映在客户开发中心实现的销售收入上。据了解，客户开发中心现阶段提供的潜在客户所产生的销售利润已与其成本持平。

不过，上海大众并不满意现在的CRM“掘金”成绩。他们认为，包括客户开发中心、DMS、直邮中心在内的CRM平台只是基本成型，要发挥其价值，必须让经销商们很好地“用起来”。上海大众华北销售服务中心副总经理范力就经常看到“经销商仅是给潜在用户打一个电话，不会很认真地对待这些客户信息。虽然我们每个分销中心都会派代表不定期地到经销商展厅或通过DMS系统查看他们跟进潜在客户的情况，并且制定了与返利挂钩的奖惩措施，但仍有相当多经销商的跟进状况不令人满意。”

为此，上海大众在全国12个分销中心配有专人，负责监督经销商跟踪潜在客户的情况，以确保它们认真对待潜在客户信息，并最终促成销售。如果发现经销商没有按照要求完成客户跟进，上海大众会电话询问，并在对经销商的每月考核中进行处罚。

要将上海大众500多家经销商的管理水平都提升到同一水平仅靠监督是无法完成的，这需要一个长期过程。上海大众会推出一套给经销商自己使用的管理系统——经销商客户关系管理系统。它将作为DMS系统的一个功能模块免费提供给每个经销商使用，以帮助他们提升管理水平。这个系统给经销商提供了很多自主功能，包括管理潜在用户信息。

上海大众所面临提升经销商管理水平的问题是所有汽车整车厂的共同难题。“车必须依靠经销商销售，因此经销商的管理水平直接影响到汽车的销量。”为了让经销商与整车厂共同成长，包括上海大众、上海通用、一汽大众在内的几大汽车公司都在今年针对经销商，开始推广管理信息系统。一汽大众要求经销商支付系统的一半费用，其目的是希望经销商能更重视这套系统——“毕竟自己花钱了”。一汽大众在推广系统时，还跟经销商签订协议，经销商可以不必提供潜在客户的信息，只需提供潜在客户对颜色、车型等喜好信息。

挖掘潜在客户仅是从上海大众从CRM掘金的一部分。众所周知，汽车产业70%的利润来自汽车售后服务市场。CRM能否全面支撑客户用车的整个生命周期才是上海大众该开始考虑的更为精明的掘金术。

从相关人士对汽车价值链的分析可以看出，汽车的保养、维修、保险、租赁等方面的利润比新车销售利润要高出很多。作为中国最早的轿车生产企业，上海大众目前拥有300万老客户，这是上海大众的最大财富。如何通过老客户的维修、保养、置换汽车赢得更多利润是上海大众必须尽早解决的问题。

供分析的问题如下：

1．上海大众建立的CRM平台对经销商的意义有哪些？

2．上海大众的CRM和DMS系统对迎接市场挑战有什么作用？

3．请说明这个案例给你的启示是什么？

实训组织与要领

1．每个人认真阅读分析案例，并搜集有关资料，每人写出分析提纲。

2．以模拟公司或班级为单位组织讨论。

3．本案例分析的重点是把握客户开发与维护的重要性，可以从北京的一个经销店获益于上海大众的CRM和DMS系统来进行分析，同时要认识到激烈的市场竞争促使企业建立客户关系管理平台，为其在激烈竞争中赢得优势建立牢固基础，也应从这个角度分析。

实训成果与考核

1．每个人的案例分析提纲可作为一次作业，按照二分规则评定成绩。

2．根据班级讨论中的表现，对发言者按照二分规则评定成绩。

训练项目2　情景训练：客户数据库的建立与使用训练

训练目标

1．加深对客户关系管理的感性认识。

2．培养建立客户档案的能力。

3．培养对客户分类的能力。

实训内容与方法

根据所学知识与协助合作企业对现有客户资料进行计算机录入，掌握顾客的资料。

1．以公司为单位设计客户资料表，表中不仅要反映顾客的基本情况，还要包括经营状况和变动趋势。

2．选择一些有代表性的典型客户资料，包括企业规模的大小、月销售业绩的多少、地域分布上的广泛性等。

3．各公司把相关数据录入到微机中，根据80∶20法则进行分类。

4．各公司选出一位代表展示本公司收集整理的客户资料，分析其特点，进行交流。

实训要求与要领

1．各公司同学要认真完成客户资料表的设计，主要内容包括经营者的概况、金融状况、付款情况、财务状况及其他状况等。

2．了解熟悉 80 ∶ 20 法则，并以此作为顾客分类的标准，把顾客分为 A、B、C 三大类，A 类顾客主要是累计销售额的累计比例达到 70%，B 类顾客主要是累计销售额的累计比例达到 70%～95%的，剩余的就是 C 类顾客。

3．清楚对不同类别的顾客要进行不同的管理。

4．做好全班的客户资料表格的设计，力争做到完整、合理，达成共识。

实训成果与考核

1．每人提供一份设计的客户资料表，按照二分规则评定成绩。

2．对各公司的客户资料表进行评估打分，按照三分规则评定成绩。

训练项目 3　角色扮演：处理卷烟零售户的异议

训练目标

1．进一步认识处理顾客异议的重要性。

2．培养处理顾客异议的能力。

实训内容与方法

情景：一位卷烟批发商遇到的一位客户，即不是钉子户，也不是刁难户，而是特殊的、冲动的客户。一天，他同往常一样送完货回到公司后，在忙碌地整理工作日记及其他台账，突然手机响了。于是，他一边做记录、一边下意识地拿起手机问道："喂，你好！你哪位？"可是对方的回话让他一时惊呆了，"你是送货的吗？"他说"是"，"你怎么给我送假烟，你们公司的口号是讲诚信，背后却掺杂假烟，你是看我好欺负是不是？今天你不给我说清楚，我对你不客气，我要投诉……"对方大声嚷道。天啊！那简直就是"晴天的响雷"，他对这突如其来的"雷击"有点不知所措了。他怎么会去送假烟，对方肯定是又中了调包计了，于是他连忙在对方回话中挤出空间，问起姓名，得知是客户李某后，便迅速放下手中的台账，飞快地奔赴"打雷"地点。

如果你是这位批发商，该如何处理这个异议？

方式如下：

1．由三位及三位以上的同学分别扮演批发商、零售商、围观群众。

2．扮演批发商的同学要了解事情的缘由，提出解决意见和方法；扮演零售商、围观群众的同学要提出充分的证据说明是假烟。

3．双方进行现场沟通与争辩，尤其是批发商处理的方式和方法对问题的解决很重要。

4．其他同学作为观察者，现场记录双方的沟通与争辩过程，并进行评价与打分。

5．上述角色，既可是一家公司的，然后，各公司轮换；也可以是来自不同的公司，不再轮换表演。

实训要求与要领

1．扮演者要进入角色，从该角色设定的身份与思维做出相应的反应。

2．批发商的扮演者要按照自己或本公司议定的处理异议方式，提出解决方案，要有所见地。

3．零售商也要拿出证据，拒理力争。

4．观察者要高度认真负责，做好记录。评价要客观、公正。

实训成果与考核

1．批发商扮演者要写出对所扮演角色的认识以及对零售商的各种理由的应对措施或态度的提纲，按照二分规则评定成绩。

2．零售商扮演者要写出对所扮演角色的把握和与批发商的措辞以及应对措施的提纲，按照二分规则评定成绩。

3．观察者对扮演者的表现进行评分，依据表现按照二分规则评定成绩。

训练项目 4　情景训练：拜访零售商

训练目标

1．培养观察能力。

2．提高交际与沟通能力。

实训内容与方法

1．以模拟公司为单位，设定与一个零售商店或工业采购部门的买主会谈。

2．通过会谈了解购买本企业产品的次数，影响购买决策的因素以及选择特定供应渠道的原因。

3．在拜访过程中，认真记录，要善于利用理论知识，完成从理论到实践的升华。

4．各公司可在全班表演拜访过程。由其他同学观察与评价。

实训要求与要领

1．拜访前，要列出涉及到客户关系管理的相关细节。

2．注意把握与零售商会谈气氛。

3．在会谈中，要利用较好的沟通技巧，获得客户管理资料。

4．根据会谈情况，形成客户档案资料。

实训成果与考核

1．对每位学生所准备的有关资料，按照二分规则评定成绩。

2．根据各公司的表演及最终形成的客户档案，对各模拟公司按照三分规则评定成绩。

资源库

知识链接

资料　客户关系管理[①]

1．客户关系含义

（1）客户关系的内涵。客户关系是指企业及其相关人员与客户发生的互动关系，以及为建立、维护和发展良好关系所做的努力。

（2）客户关系的内容要素。主要包括业务关系、信托关系、利益关系和情感关系等四个方面。

（3）客户关系的建立与维护。建立和维护客户关系，主要做好四项工作：一是了解客户的需求和期望；二是建立与客户的紧密关系；三是改变客户的角色，建立伙伴关系；四是客户关系的维护。

2．客户关系管理

（1）客户关系管理的概念。一般认为，客户关系管理是以客户需求为中心来组织推动整个企业的经营。其主要功能是记录客户与企业的交往与贸易，并将有可能改变客户购买行为的信息加以整理和分析，同时进行商业情报分析，了解竞争对手、市场和行业动态，英文简称CRM。

（2）CRM软件的典型功能。CRM软件的典型功能包括：客户管理、联系人管理、时间管理、潜在客户管理、销售管理、电话销售、营销管理、电话营销、客户服务、呼叫中心、合作伙伴关系管理、电子商务等。

（3）成功实现CRM的关键点：① 高层领导的支持。② 要专注于流程。③ 选择合适的技术。④ 组织良好的团队。⑤ 分部实现。

范例

A企业关于“通用耗材”大客户的开发（摘要）[②]

国内某通用耗材厂家A主要以生产兼容墨水为主（主要给行业内的兼容厂家提供墨水），在去年开始进入兼容墨盒、硒鼓、色带领域，这些产品大多以OEM为主。在国内有22名销售经理（其实是光杆司令），只有一个销售部门，并没有市场部，后设立大客户部。大客户的开发流程如下：

1．市场分析

首先对国内通用耗材状况进行透彻分析，知道A品牌通用耗材市场竞争对手，利用市场缝隙抓住A品牌进入通用耗材市场的机会。分析影响消费者购买通用耗材的关键因素，包括产品质量及销售员推荐。

2．A品牌大客户的定义

行业内竞争没有任何秩序，渠道主要为电脑批发城、文具批发城，新兴渠道的建设大家都还处在探索阶段，于是A公司开始给他们公司的大客户进行定义。从渠道来分，渠道分销商是一块，像众多

① 梁敬贤．2006．推销理论与技巧．北京：机械工业出版社

② www.emkt.com.cn/article/191/19180-2.html

的生产同行和国内大的代理商；同时最重要的是我们对终端的把握，而且一定是能够大量销售我们产品的客户，从发展趋势可以看出，终端的办公文具销售商将会变成通用耗材主要的销售渠道。

3．大客户价值分析

经过A公司的调查发现这些大客户的情况都不一样。A公司从当中挑出了最符合他们的几个客户出来（主要是文具行业的）开发。

4．开始接触并建立档案

Y客户：拥有相当具有耗材销售力的办公纸张分销网络；此网络每年的销售额高达8亿元以上，单一品牌的销量在全国排名第一，“QJ”的品牌在国内办公用品行业已经具有相当大的品牌价值；现在国内已经有20余家店面，主要分布在江苏和浙江，其负责人说在一年内将增加到150家以上。拥有系统的经营运作团队，拥有高效、强大、低成本的物流配送体系，拥有国内办公行业最强大的运作资金，另终端的控制和办公用品领域的全面化（和纸张紧密关联的产品）是该公司必须发展的方向之一。

策略：通过Y公司的纸张网络、目录手册等渠道销售；原产品客户数据库销售；通过他们培训支持来提高整体销售能力；通过Y公司的网站来进行大客户拓展。我们公司之间的产品关系就像食用油和食用盐的关系密不可分，没有菜（复印、打印机）它们永远都成不了主角，市场竞争运作发展的结果定是“上下游”企业、“产品兄弟”的强强联合，A公司和Y公司也是一样的关系。

W客户现状：（略）。

对W客户的策略：（略）。

5．艰难的公关过程

Y客户的公关过程：

10月8日，和一名采购负责人洽谈，主要传递信息：A公司的一些基本情况，办公用品公司（加盟连锁）经营耗材的机会与挑战；A公司的实力和对经销商的支持。

10月19日，利用幻灯片向客户展示了作为我国的大型办公用品连锁企业应该如何经营耗材，是否有机会做通用耗材，A公司会如何帮助其把通用耗材做大（Y公司共有4人参与谈判，包括采购负责人和营运处长，A公司二人）。

10月26日，A公司大客户经理用一周的时间在浙江和江苏对Y公司的现有加盟店进行调查和分析，希望能找出Y公司的需求。

10月30日，在Y公司会议室演示了A公司大客户经理对Y公司各加盟企业的调查结果和分析，尤其是存在的经营管理上的问题，以及下一步A公司的策略，并寄A公司的样品进行试用（Y公司共有6人参与，包括采购负责人、加盟连锁负责人、营运处长，A公司就大客户经理一人），得到很多的赞同。

11月3日，建立良好的私人关系。

11月4日，Y公司产品测试员反映，我们的产品还是不错的，比竞争对手要好，并等待其内部讨论。

11月10日，设计一份Y公司加盟商的门店调查表（目的是看各加盟商是否有信心经营通用耗材和如何经营好）。

11月20日，建立较好的私人关系（客户提出我们的质量不是很好）。

11 月 25 日，建立密切的私人关系，并确定了合同的内容，并讨论宣传单的印刷问题，客户还反应 A 公司不是最终生产商，没有绝对的竞争优势，而且其公司内部对色带的引进更感兴趣（公关从这里开始发生转变）。

12 月 8 日，原采购负责人被降职（此前没有任何预兆），于是让原采购负责人帮我们约新任经理在本月 9 日见面；会谈目的：确定合同内容，确定第一批销售的店面，确定初步的推广方案，知道他们是如何要求我们公司在耗材类别上对其的协助，下一步要催促其把单页的宣传单印出来，还要进一步让其引见更上一级的领导给 A 公司大客户经理认识，并把确认后的合同和 A 公司做的推广方案发给他，让他在内部帮我们推进；后经原采购人员解释经过对 A 公司的考察，发现 A 公司在管理和营销工作上具备了实力，但是在生产上有待加强，他们考虑在广东的某公司进行考察回来后再和 A 公司洽谈。

12 月 10 日，A 公司写了一封《至 Y 公司全体员工》的一封信，目的是要让 Y 公司全体员工都知道我们公司所做的努力（关键是引起高层的重视）。

12 月 15 日，信件最终还是没有发给 Y 公司，Y 公司员工赶去广东考察。

1 月，Y 公司已经在销售“QJ”牌的色带了，但并没有 OEM 墨盒和墨水（我们以失败而告终）。

未来半年（至今）这个项目该公司一直没有上。

W 客户公关过程：（略）

我们可以看到大客户的开发和维护与普通客户的开发是截然不同的，我们建议每一个大客户都应该按一个细分市场来操作，每一个大客户就是一个项目，而我们作为大客户经理，我们其实就是客户的顾问，我们自身在专业上具有的优势应该化为客户的优势，当客户在销售碰到困难时你要能够帮其解决销售的问题，这就是我们大客户经理的价值，也是客户选择我们的最重要的标准之一。

我们最终的目的是如何把大客户从产品合作升级到战略合作。随着市场经济的发展，大客户的开发与管理慢慢的会由原来的“客户关系管理”转变到“客户价值管理”——“是指客户为企业带来的利润，客户在你这里采购（经销）所花的钱占其总采购（经销）的比例是多少？客户和你合作时间有多长？”，买方和卖方会更加紧密地协同合作，以便使整个供应链条得到更好的提升。

业务工具

个人或家庭客户资料卡[①]

客户姓名		性别		住址	
学历		年龄		婚否	
性格特征		工作单位及职业		年均收入	
购买商品			购买日期		
付款方式					
联系方式					

① 周琼，吴再芳．2005．商务谈判与推销技术．北京：机械工业出版社

公司客户资料卡①

公司名称		营业地址	
企业性质			
联系电话		经营规模	
销售金额			
订购商品			
交易日期			
付款方式			
收款日期			
营业状况			
信用等级			
备注			

填卡人：　　　　　　　　填卡日期：

客户评估表②

客户编号：08	客户名称：***				时间：2004、12
业绩评估	销售目标	实际销量	完成率	满分	得分
	500	400	80%	50	40
合作态度	□优　■良　□中　□差			20	15
信用评估	期限内未还款次数：3	标准次数：1		20	10
信息提供	■优　□良　□中　□差			10	10
达标分数	80			75	
综合评估	□优　■良　□中　□差				
奖励方案	□不奖励　□奖金　■培训　□提供设备　□提高信用额度				

单元九　发货、收款与售后服务训练

营销工作描述

发货、收款是推销工作的最后环节，也是许多企业考核推销人员销售业绩的主要依据。具体实务如下：

1. 按订单要求准确无误地发货。
2. 根据合同规定，在期限内收回货款。
3. “真正的销售始于售后”，要做好售后服务，以赢得更多客户的青睐。

---

① 周琼，吴再芳．2005．商务谈判与推销技术．北京：机械工业出版社

② 周琼，吴再芳．2005．商务谈判与推销技术．北京：机械工业出版社

1. 掌握发货、收款多环节的要领。
2. 善于利用讨债技巧收回货款。
3. 培养售后服务的意识与技能。

训练项目1 案例分析：客户信用风险的防范[①]

训练目标

1. 结合实际，认识信用风险在推销中的重要性。
2. 学会避免信用风险的发生。

案例与问题

1996年12月，小李正担任润滑油公司营业部经理。一天，N市的徐老板打电话，说机油已经销完，因自己有事无法脱身，希望公司能尽快送一车货去，货到马上付款。徐老板与公司的业务往来已经有一年多时间，每次都是带现款来公司直接提货，信用度按以往的表现称得上“AAA级”，可以说是一位久经考验的“革命战士”，所以老总没有犹豫，就把“押运”的任务交给了小李，小李刚好也想借此机会拜访这位徐老板，同时也想考察一下N市的风土人情，于是便爽快答应了。

2小时左右，火车便抵达目的地。一下车，小李和徐老板寒暄几句后便切入主题：“这是您要的机油品种和数量，请您过目，货款您使用现金还是用汇票？”徐老板回答说：“别急，难得来的贵客，先吃饭，休息休息再说。”当时正是中午一点多，肚子也真有点饿了，小李就没再坚持。吃完饭，小李有急事要赶回公司办理，希望徐老板把货款结了。看似老实憨厚的徐老板急忙骑着摩托车去信用社取钱，小李也就利用这个时间考察市场。没想到小李逛了近2小时回来，徐老板还没回来，又过了1个多小时，老徐总算“现形”了，一脸的沮丧，满嘴的对不起，说在信用社当储蓄员的妹妹为了完成年终的揽储任务，硬是不让他提前支取……小李的心凉了半截，意识到老徐在玩“把戏”。

后来的事实证明，徐老板是早有预谋的。原来润滑油公司以前将J省总经销权授予S市一家汽配公司，徐老板又被这家汽配公司授权为N市的总经销。由于总公司在策划中提出自己来做市场的构想，就借机解除了与S市汽配公司的总销售协议，徐老板知道这个消息后，担心自己在N市的总经销地位不保，而他又非常看好这个产品的市场前景，才精心设计了这样一个圈套，而小李所在公司对此毫无察觉。当小李所在公司想利用两家经销商共同把N市市场做大时，徐老板就开始摊牌了，因3万多元的货款还在他手上，总公司不敢发作，主动权完全掌握在对方手中，最后被迫与徐老板签订了一个“不平等条约”。

① 安贺新．2006．推销与谈判技巧．北京：中国人民大学出版社

供分析的问题如下：

1．总公司相信徐老板的理由充分吗？

2．如果你是小李遇到这种情况，当时要如何处理才能想办法要回货款？

3．请说明这个案例给你的启示是什么？

实训组织与要领

1．每个人认真阅读分析案例，并搜集有关资料。写出分析提纲。

2．以模拟公司为单位或以班级为单位组织讨论。

3．本案例分析的重点是对于常顾客应如何进行信用评价，可以从小李临时接受任务角度进行分析；也可以从徐老板早有预谋以保自己市级总经销的位子等方面进行分析。

实训成果与考核

1．每个人的案例分析提纲可作为一次作业，按照二分规则评定成绩。

2．根据班级讨论中的表现，对发言者按照二分规则评定成绩。

训练项目 2　角色扮演：讨债

训练目标

1．进一步认知讨债的过程与情景。

2．培养选择与运用合适的策略进行讨债的能力。

实训内容与方法

情景：山西省太原市某外贸公司有 24 万元债权在湖南岳阳市某机电厂，虽屡经催讨，但毫无结果。外贸公司聘请的讨债代理人仇律师经实地调查和多方了解后发现该机电厂确实经营状况较差，资金周转困难，短期内偿清债务实在很难。但是，仇律师发现机电厂也有不少欠款被人拖欠，难以收回，这也是该厂资金周转困难的重要原因之一。尤其是湖南某市一家化工厂拖欠机电厂债务最多，达 80 多万元，几乎占机电厂全部债权的一半。但该化工厂一是靠拖，二是靠自己与本地政府的良好关系，向法院施压，拒不执行法院要求其偿债的要求。机电厂虽几经努力仍无法收回欠款。

方式如下：

1．每家公司由三位同学分别扮演机电公司代表、化工厂代表和代表外贸公司的律师，由律师对三方利益进行调解。

2．调节过程中，律师可提出不同方案，三方依据情况进行变化。

3．其他同学（或公司）作为观察者，现场记录双方的沟通与争辩过程，并进行评价与打分。

4．上述四位角色，既可是一家公司的，然后各公司轮换；也可以是来自不同的公司，不再轮换表演。

实训要求与要领

1．扮演者要进入角色，从各方设定的利益角度做出相应的反应，特别是化工厂当然不愿意付款，各方要进行激烈的争辩与交锋。

2．律师的扮演者要按照中间人的身份，提出解决方案，要有所见地。各方可以提出不同方案，特别是有说服别人的能力。

3．观察者要高度认真负责，做好记录，评价要客观公正。

4．由轮值主持公司主持整个过程。

实训成果与考核

1．扮演者要写出对所扮演角色的认识以及对各种处理方案的应对措施或态度的提纲，按照二分规则评定成绩。

2．律师扮演者要写出对所扮演角色的把握和对债务纠纷的处理方案以及应对措施的提纲，按照二分规则评定成绩。

3．观察者对扮演者的表现进行评分，依据表现状况按照三分规则评定成绩。

训练项目 3　情景剧：售后服务中的矛盾

训练目标

1．培养学生重视售后服务的意识。

2．培养分析、归纳与讲演的能力。

3．善于利用各种沟通方式与客户打交道。

实训内容与方法

1．以公司为单位，选择感兴趣的企业作有关售后服务问题调研。

2．每个人都要搜集一个有关售后服务方面的案例，并写一份针对该案例的应对或解决冲突的建议书。

3．以公司为单位组织讨论，并综合大家的案例与建议，编成一个情景剧。

4．各公司表演情景剧，并提出两个及以上的解决方案或决策。

5．其他同学要进行观察记录，并进行点评。

实训要求与要领

1．各公司所选案例与剧本，必须包含在售后服务过程中的冲突，由学生研究解决的余地。

2．每个同学要认真写好售后服务建议书，主要内容包括服务的态度、沟通说服的技巧、售后服务的响应时间、售后服务的技术水平等。

3．情景剧的内容与调研企业（及建议书内容）可以一致也可以不一致，如不一致则要分开进行。

实训成果与考核

1．每个人提供的售后服务建议书，作为一次作业，按照二分规则评定成绩 。

2．对各公司的演示进行评估打分，按照三分规则评定成绩。

训练项目 4：顶岗训练：××品牌售后服务中心

训练目标

1．加深对售后服务的认识。

2．提高售后服务技巧。

实训内容和方法

与合作企业共同组织安排，进入其产品售后服务中心进行顶岗训练。

1．熟悉企业产品的售后服务规范。

2．采用恰当的沟通方式与客户打交道。

3．对客户提出的售后服务要求，要有圆满的解答。

实训要求与要领

1．建议以模拟公司为单位，进行实训。

2．每个人都要收集售后服务章程，写出相关文案。

3．在模拟公司内部先进行演练，对各成员的文案进行整合，形成公司的材料。

4．解决方案经合作企业有关人员批准，在其指导下实施。

实训成果与考核

1．每个人搜集相关资料，做好岗位记录，可作为一次作业，按照二分规则评定成绩。

2．根据各模拟公司成员在岗位上的表现，按照三分规则评定成绩。

资源库

知识链接

资料 1　客户信用限度和风险控制[①]

所谓信用限度，就是企业赋予客户的一种商业信用，指允许客户在一定时期内可以有一定数额的欠款。

---

① 安贺新．2006．推销与谈判技巧．北京：中国人民大学出版社

信用标准是指客户获得企业商业信用所应具备的最低条件。如果客户达不到信用标准，就不能享受企业的信用优惠或只能享受较低的信用优惠。

1．影响信用标准的因素

（1）同行业竞争对手的情况。

（2）企业承担风险的能力。

（3）客户的资信程度。通常，用"5C"进行衡量。"5C"包括信用品质（character）、偿付能力（capacity）、资本（capital）、抵押（collateral）和条件（conditions）。

2．信用标准的确立

（1）设定信用等级的评价标准。具体指标包括流动比率、资产负债率、应收账款周转率、总资产报酬率、赊购付款履约情况等。

（2）计算有关客户的指标值，并与所设定的信用等级标准进行比较。

（3）确定各有关客户的信用等级。

3．避免信用风险的发生

赊销是企业产品销售的风险源，它可能会悄无声息地侵蚀企业利润，最终将企业拖垮。所以，企业必须密切关注信用销售与回款的各个环节，避免陷入追讨债款的困境。

避免债务发生的行为准则：回款工作开始于销售之前、债务发生后要立即要账、经常要账、要账方法要因客户而异。

资料 2　讨债方法与手段①

1．讨债方法

（1）企业自行追账。

（2）委托专业收账机构追账。

（3）仲裁。

（4）诉讼。

2．讨债手段

（1）利用行政干预手段协助讨债。

（2）利用金融机构的监督职能帮助讨债。

（3）以中断合作关系的手段帮助讨债。

（4）运用经抗衡手段帮助讨债。

（5）通过对债务人进行"输血"扶持的手段帮助讨债。

3．讨债技巧

（1）制定讨债策略。

（2）选择讨债场合。① 登门讨债；② 请进自家们；③ 不期而遇；④ 各种聚会；⑤ 喜庆场合。

① 安贺新．2006．推销与谈判技巧．北京：中国人民大学出版社

（3）法理情义并用。

（4）攻其薄弱环节。

（5）出其不意，以快制胜。

（6）见风使舵，保本舍末。

范例

海尔：服务持续创新，赢得用户真心①

2003年，海尔入选世界品牌实验室的“世界最具影响力的100个品牌”，刷新了中国本土品牌的历史。在这一历史性成就的背后，海尔服务功不可没。由中国质量协会、中国消费者协会、清华大学中国企业研究中心联合进行的2003年中国耐用消费品调查中，海尔集团八大类产品服务满意度排名第一，综合满意度排名第一，获得了消费者的最高评价。

海尔集团首席执行官张瑞敏说：“品牌是根植于用户心中的丰碑。”赢得用户的心是一个艰难的过程。自从1994年海尔推出“星级服务”以来，海尔集团在10年的创新发展中，用户满意度逐年提升，品牌内涵日益丰富。

海尔认为，只有通过持续性推出亲情化的、能够满足用户潜在需求的服务新举措，才能拉开与竞争对手的距离，形成差异化的服务，提升海尔服务形象，最终创造用户感动，实现与用户的零距离。在这种理念的指导下，海尔星级服务的每次升级和创新都走在了同行业的前列。

“先设计后安装”、“五个一服务”、“星级服务一条龙”、“一站式统检服务”、“全程管家365”、“神秘顾客”……从1994年推出“无搬动服务”后，海尔星级服务内容不断创新提升。

家电产品只有适时地进行适当的保养，才能延长其使用寿命、节能降耗，并保障日常生活中家电的安全与正常运行。2003年，海尔为此推出“全程管家365”服务，海尔在全国的2万名工程师整装待发，消费者只需拨打海尔24小时服务热线，即可预约海尔“全程管家”为消费者提供的先设计后安装、保养、清洗、维护家电的全方位服务。

过去，人们认为，空调安装产生灰尘是必然的，但海尔从让用户满意出发，发明了“无尘安装”方法。以往空调在安装打眼时，由于没有很好的防范措施，打孔的电钻经常会弄得尘土飞扬，沙粒到处乱溅，这既不利于安全，又影响了居室的清洁卫生。海尔集团经过广泛研究和论证，首先采用无尘安装新工艺，将打孔时造成的灰尘吸进专用的吸尘罩内，操作现场不会出现尘土，对用户家不会产生任何影响。并能保持安装现场的洁净和卫生。“无尘安装”带动了家电服务业的发展水平，拉动了服务业的又一次升级。

针对海尔家电产品门类多的情况，海尔推出“一站式服务”：经过专业化、规范化严格培训且考核合格的海尔服务工程师在为用户提供基本的服务同时，还将对用户家中所有海尔家电进行“一站式”通检及维护、保养、清洗服务。另外，还会根据用户的个性化需求提供诸如安全配电、线路检查、定

① www.haier.com/chinese/service

向排水、管路维修等即时服务。

在对服务的认识上，海尔认为，为用户解决问题的服务，只是补偿式服务，而用户真正需要的是“增值”服务。现在，依托海尔电话中心的“电话专卖店”越来越受到用户的喜爱，销售额连创新高。如果用户有任何海尔家电的购买使用需求，海尔新推出的电话专卖店就能让您享受到“只要一个电话，满意家电送到家”的超值服务。

另外，为了进一步提高用户需求的响应速度，为用户提供随叫随到的服务，海尔集团顾客服务系统实现信息化，且信息流程再次提速，实现了与全国5000多家专业服务商的联网，实现网上派工，电话中心接到用户信息后，利用自动派工系统在5分钟之内将信息同步传送到离用户距离最近的专业服务商，专业服务商根据用户的需求，提供随叫随到的服务。

为了真实掌握终端的服务质量，发现服务中存在的问题，了解用户的需要，从2003年10月开始，海尔集团在全国各地招聘了上千名神秘顾客，主动捕捉服务终端缺陷，全方位、多角度的挑服务上的“刺”，找自己的问题，揭自己的“短”，以推进服务系统的完善及服务人员意识的提升。

在市场竞争日益激烈的今天，要始终抓住用户的心，就必须解放思想，不断创新，敢于否定自我，海尔集团恰恰做到了这一点，也正是因为做到这些，海尔的服务才得到了消费者的最高评价。

业务工具

信用标准表①

指　标	信用标准	
	信用好	信用坏
流动比率	2.5∶1	1.6∶1
资产负债率	0.5∶1	0.9∶1
应收账款周转率/次	14	9
总资产报酬率	35%	20%
赊购付款履约情况	及时	拖欠

某客户信用状况调查表②

指　标	指标值	拒付风险系数
流动比率	2.6∶1	0
资产负债率	0.5∶1	0
应收账款周转率/次	10	10
总资产报酬率	35%	0
赊购付款履约情况	及时	0
累计拒付风险系数		10

① 王国梁．2004．推销与谈判技巧．北京：机械工业出版社

② 王国梁．2004．推销与谈判技巧．北京：机械工业出版社

投诉表格[①]

接待者		投诉日期		装运日期	
客户编号			发票号		
客户姓名			电子信箱		
地址					
电话号码		传真号码		邮政编码	
推销人员			客户经理		
投诉细节					
第一次改进					
第二次改进					
改进人员					
投诉结果		时间		审核	

售后服务登记表[②]

推销人员：				
日期：				
问题	优秀	良好	一般	差
（1）了解公司向目标客户和目前客户提供的所有服务				
（2）了解公司的服务领域				
（3）知道什么服务是应由推销人员日常执行的以及如何执行				
（4）知道在必要时怎样和公司内部人员联系服务支持				
（5）了解服务政策				
（6）了解服务程序				
（7）知道运用恰当的方法获得机会，服务于正在进行或未来的交易				
需要加强的主要优势：				
需要克服的弱点：				
如何行动：				

单元十　效益分析与绩效考核训练

效益是企业营销追求的基本目标，营销员不但善于把更多的产品销售出去，而且要会算账，要把提高营销效益作为成功营销的核心标准。营销绩效是营销工作，特别是营销员评价的核心指标。必须重视对企业、部门和营销员绩效的科学考核与评级。效益分析与绩效考核的主要流程为：

1. 注重效益目标，在每笔生意中进行准确的核算。
2. 做好企业、部门与推销员营销效益分析，并进行客观评价。

---

① 张迺英．2003．推销与谈判．上海：同济大学出版社

② 张迺英．2003．推销与谈判．上海：同济大学出版社

3. 设计推销员绩效考核方案并实施考核。

4. 绩效考核后的反馈，评价结果的运用，总结与提高。

实训目标

1. 训练学生营销核算与效益分析的能力。

2. 培养推销员绩效考核评价的能力。

训练项目1　情景训练：营销效益核算

训练目标

1. 了解营销活动中营销效益核算的基本方法。

2. 培养分析营销效益，提高推销水平的能力。

实训内容与方法

1. 以模拟公司营销部为单位，训练营销业务效益核算方法。可从合作企业或其他企业取得某笔营销业务的实际数据，在教师指导下，对该笔业务进行细致核算，重点是学会核算方法，掌握要领。

2. 搜集合作企业或其他企业营销部某月份的有关数据，进行效益计算与分析，并提出简单的分析报告，包括提高效益的改进意见。

3. 以班级为单位进行交流与研讨，可现场质疑、评价。

实训要求与要领

1. 要取得合作企业的支持与配合，搜集到真实、有用的资料。如取得实际资料特别困难时，也可由教师设定一些条件或数据。

2. 每个同学要认真进行效益测算及分析，要注意测算所用信息的典型性与方法的科学性。

实训成果与考核

1. 对各公司成员的营销效益计算的资料，按照一分规则评分。

2. 对每个人提供的效益分析与改进建议报告，按照二分规则予以评定成绩。

3. 对各个公司及成员在交流与评价中的表现评估打分，按照二分规则予以评定成绩。

训练项目2　案例分析：推销绩效考评的必要性①

训练目标

1. 提高对营销绩效考核必要性的认识。

---

① 秦志华. 2006. 人力资源管理. 北京：中国人民大学出版社

2．加深对营销绩效考评的感性认识。

案例与问题

某计算机销售中心销售主管老古，是一个在年终绩效考评中让经理头疼的人物，这源于老古对公司绩效考评的认识上。

近年来，由于业务和利润的快速增长，公司决定改进考评办法，让每位基层主管先对员工的工作进行评价，然后再上报，目的在于加强基层主管对于考评工作的参与程度，使考评结果公正，促进被考评者努力适应公司发展的需要。

基层主管必须对下属在工作知识、业务技能、业绩量、工作时间、奉献程度这几方面的内容进行评估，排定绩效等级，等级从1（表现甚差）到5（表现杰出）。这就要在日常工作中建立相应的员工考评档案资料，以便年度考评有据可查，对于所评定的等级拿出充分理由。

作为一名销售主管，老古一直没有对下属做过日常评定，而且从不对员工的工作行为做详细记录，在他看来，这些事应该由人事部门做。老古的部门这次年考评，只有两个人得到5分，可是没有人抱怨过绩效评定。

但是，对于老古本人的评估则需要由人事部门负责。老古是一个有经验的销售主管，工作上有很多创新，一些做法为公司创造了明显的效益。遗憾的是，这些都没有被记录下来。因为老古觉得，如果自己下属的绩效好，自己的绩效评估自然差不了。他认为过多的记录浪费时间，影响业务工作。这一点使人事部门很为难：给老古一个低的评价似乎不合实际，给他一个较高的评价又无据可查。

这给主管人事的经理出了一道难题。你会如何解决呢？

供分析的问题如下：

1．老古的日常做法合适吗？为什么？

2．老古给出下属的年终考评结果合理吗？

3．经理对老古的考评结果合理吗？

4．推销绩效考评有必要吗？

实训组织与要领

1．每个人认真阅读分析案例，并搜集有关资料，并写出分析提纲。

2．在课外可以公司为单位组织讨论或者在课内以班级为单位组织讨论。

3．本案例分析的重点是分析绩效考评的必要性，可以从公司的规定与老古的做法对比来进行分析；也可以从横向角度，包括与其他企业的对比等方面进行分析。

实训成果与考核

1．每个人的案例分析提纲可作为一次作业，按照二分规则评定成绩。

2．根据班级讨论中的表现评定成绩，对发言者按照二分规则评定成绩。

训练项目3 情景训练：营销绩效考核

训练目标

1．加深学生对营销绩效考核的认识。

2．培养营销绩效考核的能力。

实训内容与方法

1．以模拟公司营销部为单位，搜集合作企业或其他企业有关营销业绩考核的资料与信息。

2．以这些资料信息为基础，为合作企业或资料来源企业设计营销绩效考核方案。每个人都要提出考核的核心指标与制定方案的建议，在此基础上，公司制定考核方案。

3．以这些企业的营销部门或营销员为对象，按照所拟定的营销绩效考核方案的指标与方法进行模拟评价。

4．召开交流与研讨会，对营销绩效考核方案与模拟考核结果进行交流与评价。要邀请企业有关人员参加评价。

实训要求与要领

1．每位同学要深入了解企业的实际情况，所搜集的资料要完善、实用。既要包括营销业绩有关的各种原始资料，又要包括营销业绩考核的相关资料。

2．要参照企业的实际经验与所学知识，制定较为完善可行的企业营销绩效考核方案。要明确考核主体；要选择合理的考核指标，特别是把握核心指标；要制定科学的考核方法，及组织实施方式。

3．要认真进行模拟考核，验证考核方案的合理性与可行性。

实训成果与考核

1．对每个人搜集到的资料与关于考核方案的建议，按照二分规则评定成绩。

2．对各公司的考核方案以及模拟考核效果，按照三分规则评定成绩。

训练项目4 顶岗训练：营销效益分析与绩效考核

训练目标

1．培养营销效益分析的实际能力。

2．加深对营销绩效考核核心指标与方法的认识。

实训内容与方法

1．根据所学知识与对实际营销人员调查访问所获得的信息资料，深入合作企业或其他企业，对营销部及其推销人员的效益与绩效进行实地分析与考核。

2．最好结合合作企业实际需要，统一安排考核工作，学生全过程参与。

3．每个人做好参与考核的工作记录，并写出工作体会。

实训要求与要领

1．每个同学要认真做好调查，细致研究营销人员（或小组）每月的销售业绩、在公司内的排名、奖金等详细资料。同时还要研究企业正在实施的考核方案的合理性与可行性。

2．要以企业员工的高度负责感参与企业的考核，严格遵守考核要求与纪律，做好保密等工作。

3．参与过程中要虚心好学，特别注意主动配合企业考核人员的工作。

实训成果与考核

1．每个人的工作记录与体会，按照二分规则予以评定成绩。

2．对每个人在参与考核工作中的表现，由企业和教师共同评估，按照三分规则评定成绩。

资源库

知识链接

资料 1　推销效益分析①

1．推销效益的含义

推销效益包括经济效益和社会效益。推销的经济效益是指推销员在推销工作中的投入与所取得的成果的比较。

推销员的投入主要包括三方面：时间投入、脑力投入和金钱投入。

推销员的产出主要体现在两个方面：一是销售额和销售利润的增加量；二是市场范围的扩大和潜在客户数量的增加等。

2．推销效益分析的含义

推销效益分析就是以年度为统计和分析的时间期限，运用各类指标进行全面综合的分析。

资料 2　推销员的绩效考核②

1．考核的内容

对推销员进行考核的内容，包括业绩、工作态度、学习热情、市场发展情况、客户关系等。其中业绩是最主要的考核项目。① 推销成果的考核。包括推销员个人的推销额、销售量、回款率、毛利、

① 梁敬贤．2006．推销理论与技巧．北京：机械工业出版社

② 梁敬贤．2006．推销理论与技巧．北京：机械工业出版社

新客户开拓数、拜访客户次数、市场占有率等。② 客户关系的考核。包括现有客户数、解决客户问题能力、支持客户能力、管理客户能力及管理状况等。③ 工作知识及能力的考核。包括企业知识、产品知识、对市场的了解、对客户情况的掌握、对竞争者情况的掌握、推销技巧及管理知识等。④ 企业内部关系的考核。包括对工作环境的了解、对公司的忠诚度、与同事良好相处、协调共事的能力、与主管及同事良好沟通的能力等。

2．收集考核资料

考核时对推销员的资料收集必须全面、充分。资料的主要来源有推销员销售活动计划报告、企业销售记录、客户意见、内部职工意见、推销总结报告等。

3．考核指标

（1）定量考核指标。定量考核指标有投入型、产出型、投入-产出型三种指标。

（2）定性考核指标，有如下方面：① 推销技巧。② 与客户的关系。③ 自我管理能力。④ 产品及营销方面的知识。⑤ 合作精神与工作态度。

4．考核方法

（1）横向比较法。

（2）纵向比较法。

（3）尺度考核法。

范例

××公司销售人员考核政策[①]

为充分发挥销售人员工作积极性，增强责任心，进一步做好“顺达”产品的营销工作，本着销售人员工作实绩与其经济收入挂钩的原则，制定销售人员考核政策如下：

1．基本要求

销售人员应树立高度责任感，遵守公司制定的销售管理制度，本着对公司负责、对自己负责的态度，努力拓展市场，积极做好售前售后服务工作。

2．任务指标、结算价格

（1）自 2005 年 1 月 1 日起至 2005 年 12 月 31 日止，应完成销售任务指标为×万元人民币（以公司回收资金为准）。

（2）考核结算价格：以公司价格表下浮一定幅度为结算价格（下浮点由公司据市场情况另定）。

3．销售待遇、奖罚政策

（1）基本待遇：月工资×元，提供相应福利待遇；销售员三个月内销售量未达到×万元（以回收资金为准），公司可停发销售员工资及福利待遇。

（2）销售员实行销售考核后，其奖金、车旅费、运费等据其销售价格考核结算，高出销售价格的

① www.bokee.net/bloggermodule/blog_viewblog.do?id=50849

部分，由销售员个人所得，但销售员应承担按销售额计 10%的各项税金。并在考核结算时，提供考核结算额 50%的有效票据。

（3）奖息与罚息：自公司发货之日起，销售员应于 30 日内向公司返回货款。如销售员提前返回货款，公司按提前天数，每日予以 2.0 元/万元奖励；销售员未按时返回货款，每逾期一日须向公司支付滞纳金 2.0 元/万元（滞纳金每月从销售员考核中扣除，如当月无考核奖时，销售员可向公司借款支付）。

发货时间超过公司规定的结算周期，销售员累计未回收货款超过 6 万元时，公司可酌情停止再次供货。

（4）运费补贴：发货地距公司 100 公里以内的（上海销售部以本部仓库所在地为准），运输费用由公司补贴 0.3%；距公司 100 公里以外的，每超 100 公里增补 0.2%；距公司 1500 公里以外的公司不再增加补贴。

双壁波纹管、HDPE 缠绕管运费补贴：100 公里以内，按销售额的 1%补贴；超出 100 公里至 500 公里部分，每 10 公里按销售额的 0.08%补贴；超出 500 公里部分，每 10 公里按销售额的 0.05%补贴，超出 1000 公里的部分不再补贴。

运输补贴在该笔业务资金未收回前不得提取。若发现销售员为增加运输补贴，而将发货地点弄虚作假，公司将取消此笔业务的运输补贴及考核奖。

（5）销售员在考核期内超额完成销售指标时，公司按其超额部分（以公司回收资金为准）按以下条款给予奖励：① 超额 50 万元以内的，按超额数 0.5%给予奖励。② 超额 100 万元以内的，50 万元按 0.5%；超过 50 万元的部分按 1.0%给予奖励。③ 超额 100 万元以上的，100 万元以内按上述办法给予奖励；超过 100 万元的部分按 1.5%给予奖励，超出以上销售量的部分，奖励幅度不再增加。

销售员若在考核期内没有完成销售指标，按差额部分的 0.5%进行扣罚（均以公司回收资金为准）。

销售员在销售活动中，如遇市场竞争和价格等因素影响，自身无力承接或继续进行的业务，并有意转交公司进行的，经公司同意并签订销售合同后，列为“公司”业务，销售员按销售额的 1.2%提取，作为劳务费及出差补贴（以回收资金为准，奖罚息按本合同第三条第 3 款执行）。本类业务的销售额不计入销售任务指标，公司不另承担销售员出差费用及其他费用。

4．其他政策

（1）销售员必须严格按《销售管理制度》规定的要求展开销售工作，积极配合、支持《销售管理制度》的执行。

（2）《对账单》为公司的债权凭证，公司作为债权人必须确保持有《对账单》，销售员必须无条件、及时、准确地向公司提供《对账单》，并由公司保管。

（3）风险抵押：销售员应向公司交纳风险抵押金×元（经公司认可的销售员私有财产也可作为风险抵押金）；或自寻有履行风险抵押责任能力的人提供经济担保。

（4）除上述担保措施外，公司从销售员每月销售考核中暂留 20%纳入其抵押担保，包括年终超额提成奖的 20%。

（5）销售员发货时必须详细、真实地填写《订货清单》，否则，公司可拒绝发货。销售员在销售活动中，不得谋取公司其他销售员与客户正在接洽的业务和公司的“上门”业务，否则，销售员所成交的业务不列入其销售指标和销售奖励。

（6）产品发运时，销售员应在场验数。发货后如仍发现漏发、错发情况，应自发货之日起 10 日内向公司反映，经核查属实后予以纠正，所发生费用公司、销售员双方各承担 50%。超过 10 天后未向公司反映情况的，公司概不负此责任。

（7）销售员承接业务后，应认真做好订货、送货和结款事宜。如销售员回收货款发生困难，需公司派人参与催款，不论讨款成功否，催款过程中产生的费用由销售员承担。

（8）销售员不得经销其他同类产品，亦不得以公司名义从事非公司产品有关的经销活动，否则，由此产生的一切后果均由销售员承担。

（9）考核期满时，销售员应收回在外全部货款，如不能收回，在外货款必须由销售员负责偿还（考核期满起至 30 日内归还公司）。

本考核政策自 2005 年 1 月 1 日起执行。

范例

××公司推销人员业绩的尺度考核比较表①

评价因素	推销员甲	推销员乙	推销员丙
因素一：销售量			
①权数	0.5	0.5	0.5
②目标	300 000	200 000	400 000
③完成	270 000	160 000	360 000
④效率（③/②）	0.90	0.80	0.90
⑤成绩水平（权数*效率）	4.50	4.00	4.50
因素二：订单平均量			
①权数	0.3	0.3	0.3
②目标	500	400	300
③完成	400	300	270
④效率（③/②）	0.80	0.75	0.90
⑤成绩水平（权数*效率）	2.40	2.25	2.70
因素三：每周平均访问次数			
①权数	0.2	0.2	0.2
②目标	30	25	40
③完成	20	22	36
④效率（③/②）	0.66	0.88	0.90
⑤成绩水平（权数*效率）	1.32	1.76	1.80
成绩合计	8.22	8.01	9.00
综合效率	82.2%	80.1%	90.0%

① 周琼，吴再芳．2005．商务谈判与推销技术．北京：机械工业出版社

××公司推销人员业绩的历史比较[1]

这是比较一个业务员现在和过去的成绩。

1997～2000年某销售员销售业绩

余额单位：元

年　份	1977	1998	1999	2000
产品A销售额	251 300	253 200	270 000	263 100
产品B销售额	423 200	439 200	553 900	561 900
全年销售额	674 500	692 400	823 900	825 000
占产品A销售额的百分比	95.6%	92.0%	88.0%	84.7%
占产品B销售额的百分比	120.4%	122.3%	134.9%	130.8%
产品A总利润	50 260	50 640	54 000	52 620
产品B总利润	42 320	43 920	55 390	56 190
总利润	92 580	93 560	109 390	108 810
销售费用	10 200	11 100	11 600	13 200
销售费用占年销售额比例%	1.5	1.6	1.4	1.6
访问次数	1 675	1 700	1 680	1 660
每次访问成本	6.09	6.53	6.90	7.95
平均客户数	320	324	328	334
新客户数	13	14	15	20
失去客户数	8	10	11	14
每个客户平均销售额	2 108	2 137	2 512	2 470
每个客户平均利润	289	292	334	326

业务工具

销售员业绩评估表[2]

姓 名		评估周期：年月日至月日
销售业绩	●总销售额　●完成率 ●总回款额　●回款率 ●销售额净增量　●回款额净增量 ●新增客户数　●失去客户数 ●执行销售制度　□差　□较差　□一般　□较好　□好　□很好	
销售区域情况	A地区 ●销售额　元　●回款额　元 ●客户数　是否为总经销　□是　□否	
	B地区 ●销售额　元　●回款额　元 ●客户数　是否为总经销　□是　□否	

① www.emkt.com.cn/cgi-bin/article.cgi?ID=5423&page=7

② www.bokee.net/bloggermodule/blog_viewblog.do?id=50848

续表

<table>
<tr><td>姓 名</td><td></td><td colspan="4">评估周期：年月日至月日</td></tr>
<tr><td rowspan="2">销售区域情况</td><td colspan="5">C 地区
●销售额 元 ●回款额 元
●客户数 是否为总经销 □是 □否</td></tr>
<tr><td colspan="5">D 地区
●销售额 元 ●回款额 元
●客户数 是否为总经销 □是 □否</td></tr>
<tr><td rowspan="2">评估意见</td><td colspan="5">●业绩总评： □很好 □好 □较好 □一般 □较差 □差
●区域评估： 对□A 地区 □B 地区 □C 地区 □D 地区 由公司另行安排
●总经销资格：□保留 □取消 □酌情确定 （ 地区 地区 地区 地区）
●处理意见： □额外奖励 □支持 □帮助 □调整 □编外 □辞退
●其他意见：</td></tr>
<tr><td colspan="2">财务部：</td><td>销售部：</td><td>经监部：</td><td>总经理：</td></tr>
</table>

模块三　商场销售

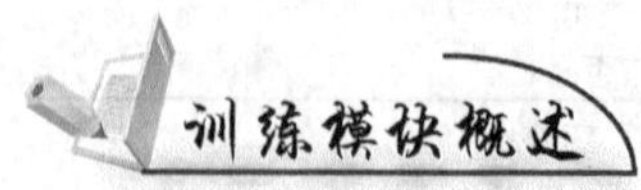

训练模块概述

商场作为销售终端，既承担着满足消费需求、实现商品价值的作用，也肩负着向制造商反馈市场需求信息的任务。同时，商场作为社会服务场所，它还具有传播精神文明、促进社会和谐的重要功能。

商场销售是一项系统性、科学性和艺术性很强的工作，它主要包括商圈调查、商场的形象设计与商品陈列、商品采购与库存管理、柜台销售与服务提供、商品盘点与防损，以及成本核算与绩效考核等内容。

1．选择一家有代表性的商场，如百货商店、大型超市、连锁便利店，作为本模块的训练基地。

2．本模块训练建议为 50 学时，实际操作时可酌情增减。

3．除本模块提供的训练项目外，还可结合实际增添一些其他必要的训练项目。

训练流程与能力培养架构

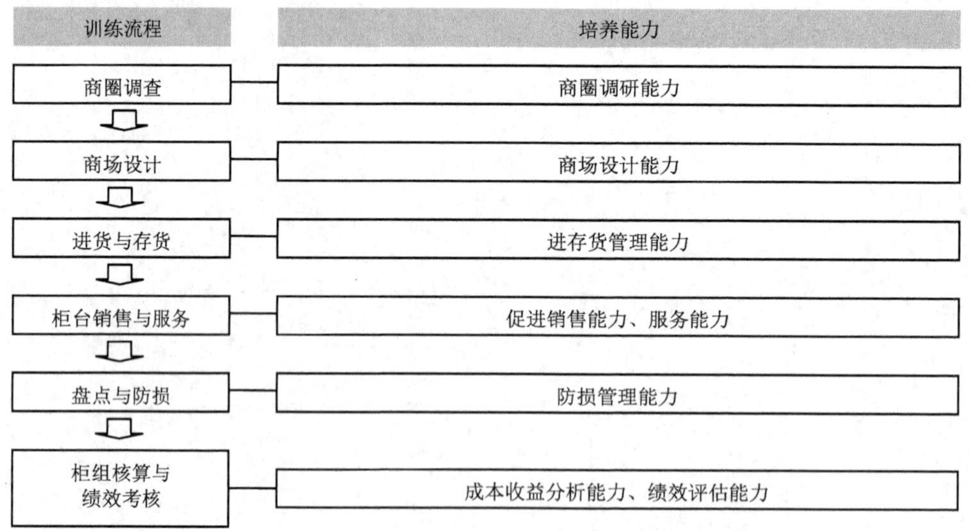

训练基地与组织

1．实行校企合作，商学结合，选择一家或几家商场、超市或连锁店，签订合作培训的协议，建立校外实训基地，组织实施顶岗训练。并聘请实训指导教师进校指导综合实训。

2．创造条件，建立校内实训基地，组建独资或与企业联办的商场、超市或连锁店，在教师和企业营销人员的共同指导下，进行岗位训练。

3．建设仿真营销模拟实训室，在校内实施各种营销模拟训练。

4．将模拟公司调整为模拟商场卖区，原总经理为卖区长。校内实训均以卖区为单位进行；到企业实训，均以销售团队（或企业的经营部门）为单位进行。

5．科学选择经销产品类别，实现实训系列化。首先选择一个本模拟卖区经营商品（最好是大类），然后，所有单元（包括单元内）一贯到底地使用这一商品进行训练。具体要求：

（1）训练中提出可选择几种商品进行系列实训（原则上中间不能改变），选择的原则：业务典型性、资料好搜集、便于寻找合作单位的。

（2）选中的商品在本书中一律称本公司（卖区）经营商品（具体项目训练时也可从该范围内选取具体品种）。

（3）商品选择要在教师指导下进行，教师要充分考虑是否适合后续实训。

单元一　商圈调查训练

营销工作描述

当正在选择开店地址的投资者筹划从众多的城市街区中选择一个最合适的开业地点时，当已经开业的店主希望弄清自己的商场覆盖多大范围、这一区域消费者的购买力强弱、和竞争者的关系如何、会不会有新的竞争者加入等问题时，进行商圈调查是必不可少的。商圈调查就是经营者对商圈的构成情况、特点、范围以及影响商圈规模变化的因素进行实地调查和分析，为选择地址、制定和调整经营方针和策略提供可靠的依据。对于新开店来说，商圈调查是其应对市场竞争要做的第一项工作。可以说，店铺是否能够生存、是否盈利，与商圈调查工作的质量密不可分。

商圈调查的业务流程为：

1．拟订商圈调查方案。

2．设计商圈调查问卷。

3. 组织实施商圈调查。

4. 收集相关数据和资料。

5. 整理、分析商圈调查资料。

6. 撰写商圈调查报告。

实训目标

1. 培养设计商圈调查方案与调查问卷的能力。

2. 培养运用各种调查方法搜集相关资料的能力。

3. 培养对所搜集的资料进行分析并撰写调查报告的能力。

训练项目1　案例分析：家乐福的商圈调查

训练目标

1. 掌握商圈调查的方法。

2. 能灵活运用所学知识进行实地调查。

案例与问题

零售店经营的“箴言”：“location，location，location.”（店址，店址还是店址。）选址不是万能的，但没有仔细的选址是万万不能的。

流传在零售店选址经营业的这句箴言一定程度上反映了店址对一个零售店经营状况的重大影响力。对零售店而言，零售店地理位置是形成零售企业市场竞争能力的一个重要因素，零售店地理位置的优劣也往往影响到客流量的高低、商品销售量额的多少。不管是经营小规模的零售店，还是经营大规模的连锁超市，零售店选址都是零售店经营的第一步。如何跨出第一步，首先要学习身边那些成功零售店的选址经验。

洋品牌“家乐福”自1985年进入中国以来，短时间内便在北京、上海和深圳三地开设了卖场，到2002年底，已经在15个城市里发展了27个卖场，转眼在中国各个消费中心城市随处可见“家乐福”（Carrefour）的标志。“Carrefour”的法文意思就是“十字路口”，恰恰是这个“十字路口”，体现了家乐福的选址策略和标准——所有的店都开在了路口，巨大的“家乐福”招牌很远就可以看得一清二楚。如此投资巨大的零售店，当然不会是随心所欲的想出点子，其背后有精密和复杂的计算，有巨大的工作量和精辟的理论依据。这些都是我们学习的重点。

家乐福运用了经典的零售学理论，遵循了零售店选址的三个原则：

第一，零售店的商圈考察。

商圈的人口消费能力。由于目前中国没有成熟的GIS人口地理系统可以利用，所以店家不得不借助市场调研公司的力量收集这方面的数据，也可以利用本公司专业部门和内部选址人员到市场中收集数据，计算相间的人口规模和特征，计算不同区域内人口的数量、密度、年龄分布、文化水平、职业分布、人均可支配收入等指标。家乐福的做法还会更细致一些，依据这些小区的远近程度和居民可支配收入，在划定重要的销售区域和普通的销售区域。

第二，商圈分析，研究这片区域的城市交通和周边的商圈竞争情况。

如果未来店址的周围有许多公交车，或是道路宽畅，交通方便，那么销售辐射的半径就可以大为放大。例如家乐福上海古北店周围的公交线路就不多，家乐福就租用公交车定点在一些小区间穿行，方便这些离的较远的小区居民上门一次性购齐一周的生活用品。

未来潜在销售区域会受到很多竞争对手的挤压，所以贾科夫也将未来所有的竞争对手计算进去。传统的商圈分析中，需要计算所有竞争对手的销售情况、产品线组成和单位面积销售额的情况，然后将这些估计的数字从总的区域中减去，未来的销售力就产生了。但是这样做并没有考虑到不同对手的竞争实力，所以有些零售店在开业前索性把零售店的优缺点摸个透彻，发现他们的不足之处，比如环境是否清洁、哪类产品的价格比较高，生鲜产品的新鲜程度如何等，然后依据这种精确制导的调研结果对其进行具有杀伤力的打击。

第三，运用合适的选址策略，制定制胜的选址策略。

选择零售店位置时，既要进行定性分析，又要进行定量测算，是一件复杂而又好费精力的事情，要做好选址工作，需要制定多种有效策略。家乐福在中国的选址中，绝大部分采用了地理位置细分策略：地理位置细分策略是指对气候、地势、用地形势及道路关联程度等地理条件进行细微分析后，对零售店位置做出选择的策略。

供分析的问题如下：

1．家乐福是如何确定商圈范围的？

2．家乐福在商圈调查上采取了什么方法？

3．这个案例给你的启示是什么？

实训组织与要领

1．认真阅读分析案例，并收集有关资料。

2．写出发言提纲。

3．以班级为单位组织讨论。

4．分析重点是商圈调查的内容与方法。家乐福在商圈调查中收集了哪些相关数据？是如何处理和运用这些数据的？

实训成果与考核

1．每人的发言提纲作为一次作业，按照二分规则评定成绩。

2．根据在班级讨论中的表现，按照二分规则评定成绩。

训练项目 2　商圈调查方案设计

训练目标

1．加深对商圈调查目的的认识。

2．培养商圈调查方案设计的能力。

实训内容与方法

1．以模拟商场卖区为单位，分别为百货、服装和家电等商品卖区拟定商圈调查方案，最好结合合作企业的实际需要安排调研。

2．商圈调查方案内容包括调查的目的、调查对象、调查单位、调查内容、选择调查方式和方法、安排调查进度等。

3．各卖场协作，为模拟商场设计总体商圈调查方案。

4．进行方案的优化与细节设计。

5．进行交流与评价。

实训要求与要领

1．每个同学都要参与，讨论过程要全面、深入。

2．要根据模拟商场各卖区的实际，运用所学知识来拟定调查方案。

3．调查方案要科学、完善，有可操作性。

实训成果与考核

1．提前二周布置，每人提交一份有关模拟商场卖区商圈调查的设计方案，作为一次作业，按照二分规则评定成绩。

2．根据学生在交流会上的表现，对发言者按照二分规则评定成绩。

训练项目 3　商圈调查问卷设计

训练目标

1．强化全面把握商圈调查内容的能力。

2．培养商圈调查问卷设计的能力。

实训内容与方法

可继续进行上一项目。

1．以模拟卖场为单位，研讨问卷设计的目标、内容与方法。

2．为模拟商场各卖区设计商圈调查问卷。

3．同学们设计的问卷，要在全班范围交流、评价。

实训要求与要领

1．要从所确定的商圈调查的目的出发，认真确定调查的具体内容。

2．设计的问卷在内容结构上要符合逻辑，并且要有可实施性。

3．注意结合问卷调查设计的一般原则与特殊技巧。

实训成果与考核

1．提前一周布置，每人提交一份模拟商场卖区商圈调查问卷设计方案，按照二分规则评定成绩。每个模拟卖区还要整合成一个设计方案。

2．依据对问卷的交流评价，对于发言者按照二分规则评定成绩。

训练项目4　商圈调查的组织与实施

训练目标

1．学会运用各种调查方法进行实地商圈调查。

2．提高商圈调查活动的组织协调水平。

实训内容与方法

1．根据设计好的模拟商场卖区商圈调查方案与问卷组织调查。

2．以卖区为单位组织实施调查活动，重点进行问卷调查。

3．各卖区长负责组织安排和监督区内成员的调查活动，每位成员调查10份问卷，由卖区长检查验收合格与否。

4．以适当的形式组织对调查成果的交流与评价。

实训要求与要领

1．一个卖区的同学自由结合形成若干小组，如小组过多或过少再由卖区长做适当调整。

2．建议可根据行政区域图来划分各小组的调查范围。

3．要建立一个统一的标准来评判问卷是否合格。

实训成果与考核

1．教师提前讲解调查的要求和布置调查的区域范围，每人按规定数量提交商圈调查的问卷，并作为一次作业，按照二分规则评定成绩。

2．严格评价调查问卷，如合格计入成绩，如不合格，责令其重新调查，评定成绩扣减一半。

训练项目 5　撰写商圈调查报告

训练目标

1．学会撰写简单而规范的商圈调查报告。

2．掌握商圈调查报告撰写的基本技巧。

实训内容与方法

1．根据前期回收的商圈调查问卷，对其进行全面、深入的分析。

2．按照有关规范与结构，撰写商圈调查报告。

实训要求与要领

1．要根据商圈调查的目标与任务，运用统计分析等方法，对问卷进行认真的分析，作出可观、有价值的结论。

2．可应用 SPSS 统计软件对问卷中的具体数据进行量化分析。

3．报告内容要图文并茂，有说服力。

实训成果与考核

1．每人根据上次回收的问卷，经过数据分析和资料整理后形成并提交一份模拟商场卖区商圈调查报告，按照二分规则评定成绩。

2．根据在全班交流会上的表现，对发言者按照二分规则评定成绩。

资源库

知识链接

资料 1　商圈调查内容简要①

商圈调查的主要内容

项　目	人　口	收　入	消　费	环　境	商　店
具体内容	人口数量 年龄分布 就业状况 教育程度 流动人口数 常住人口数 人口结构 ……	年平均收入 高收入数据 低收入数据 纳税数据 储蓄数据 收入增长趋势 ……	购买力 人文特征 消费习惯 购买因素 消费结构 ……	交通状况 商圈规划 商贸状况 住房状况 ……	大型超市 百货商店 便利店 专卖店 折扣店 ……

① MBA 智库百科网（wiki.mbalib.com）

资料 2　商圈调查流程[1]

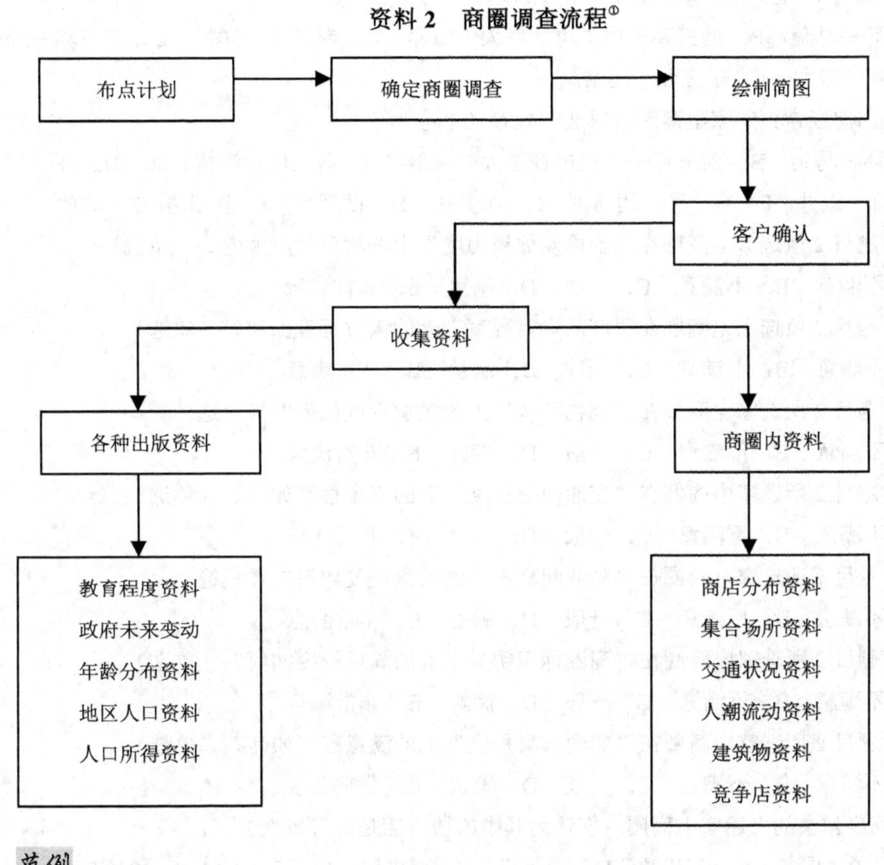

范例

2008 北京家电商圈调查问卷[2]

近几年，北京家电卖区发展迅速、竞争加剧，形成规模扩张、不断整合的局面。在家电连锁巨头的推动下，北京家电市场在门店布局、区域竞争、相关商业的聚集等诸多方面显现出明显的特征，也逐渐影响着居民的购买习惯，促进了北京家电商圈的形成。为更深入研究北京家电商圈的发展现状、分布特征、聚集程度和消费者特征，以协助商家科学决策，指导居民家电消费，中国房地产协会、国务院发展研究中心企业研究所、清华大学房地产研究所、中国指数研究院、家天下联合搜房网、新京报、京华时报、中国新闻网等媒体进行此次北京家电商圈研究。

本次调查问卷将在 3 月 18 日截止，在 3 月 18 日之前参与回答调查问卷的网友，请务必完整填写您的真实联系方式，我们将在 3 月 19 日进行随机抽取，将有神秘大奖送出。

---

① MBA 智库百科网（wiki.mbalib.com）

② 家天下网（www.jiatx.com/zt/200802/jddc.html）

（1）您听说过下列哪几个家电商圈？（多选）

A．北三环—马甸 B．西三环—中央电视塔大中电器 C．南三环—洋桥 D．南三环—刘家窑 E．东三环—双井 F．东三环—团结湖

（2）请选出您经常去的家电商圈，只选一处？（单选）

A．北三环—马甸 B．西三环—中央电视塔大中电器 C．南三环—洋桥 D．南三环—刘家窑 E．东三环—双井 F．东三环—团结湖 G．中关村 H．西坝河 J．朝阳路 Z．其他

（3）您对题目2所选家电商圈在“价格及促销力度”上的满意程度如何？（单选）

A．非常不满意 B．不满意 C．一般 D．满意 E．非常满意

（4）您对题目2所选家电商圈在“产品丰富程度”上的满意程度如何？（单选）

A．非常不满意 B．不满意 C．一般 D．满意 E．非常满意

（5）您对题目2所选家电商圈在“购物环境”上的满意程度如何？（单选）

A．非常不满意 B．不满意 C．一般 D．满意 E．非常满意

（6）您对题目2所选家电商圈在“交通便捷程度”上的满意程度如何？（单选）

A．非常不满意 B．不满意 C．一般 D．满意 E．非常满意

（7）您对题目2所选家电商圈在“商业配套”上的满意程度如何？（单选）

A．非常不满意 B．不满意 C．一般 D．满意 E．非常满意

（8）您对题目2所选家电商圈在“商圈标识明显”上的满意程度如何？（单选）

A．非常不满意 B．不满意 C．一般 D．满意 E．非常满意

（9）您对题目2所选家电商圈在“店面聚集程度”上的满意程度如何？（单选）

A．非常不满意 B．不满意 C．一般 D．满意 E．非常满意

（10）在您经常去的上述家电商圈，您认为其中的核心店是？（单选）

A．大中 B．国美 C．家乐福 D．沃尔玛 E．百安居 F．苏宁 G．中复电讯 H．迪信通 J．中关村 Z．宏图三胞百脑汇 L．其他

（11）您对题目10所选核心店在“产品价格”上的满意程度如何？（单选）

A．非常不满意 B．不满意 C．一般 D．满意 E．非常满意

（12）您对题目10所选核心店在“销售服务”上的满意程度如何？（单选）

A．非常不满意 B．不满意 C．一般 D．满意 E．非常满意

（13）您对题目10所选核心店在“产品种类”上的满意程度如何？（单选）

A．非常不满意 B．不满意 C．一般 D．满意 E．非常满意

（14）您对题目10所选核心店在“诚信”上的满意程度如何？（单选）

A．非常不满意 B．不满意 C．一般 D．满意 非常满意

（15）您对题目10所选核心店在“购物环境”上的满意程度如何？（单选）

A．非常不满意 B．不满意 C．一般 D．满意 E．非常满意

（16）您对题目10所选核心店在“销售人员专业水平”上的满意程度如何？（单选）

A．非常不满意 B．不满意 C．一般 D．满意 E．非常满意

（17）从以下备选店中，请选出您购买传统家电产品时，经常去哪几家店？（多选）

A. 大中　B. 国美　C. 家乐福　D. 沃尔玛　E. 百安居　F. 苏宁　G. 中复电讯

H. 迪信通　J. 中关村　Z. 宏图三胞百脑汇　L. 其他

（18）从以下备选店中，请选出您购买数码、电脑类家电产品时，经常去哪几家店？（多选）

A. 大中　B. 国美　C. 家乐福　D. 沃尔玛　E. 百安居　F. 苏宁　G. 中复电讯

H. 迪信通　J. 中关村　Z. 宏图三胞百脑汇　L. 其他

联系方式（请务必填写有效的联系方式）：

您目前居住地点：

手机号码（固定电话）：

单元二　商场设计训练

营销工作描述

商场设计是在通过商圈调查充分了解消费者需求的前提下，将商场经营理念与精神文化，运用整体视觉设计，传达给商场周围的关系团体、商场内部员工和社会大众，使其对商场产生一致的认同感和价值观。它是塑造商场形象特色、增强消费者对商场的记忆力和注意力，进而提高店铺业绩的一种重要经营手段。商场设计工作应遵循以下程序：

1. 了解顾客的购买方式和社会公众的心理需求。
2. 理解商场的经营理念和形象定位。
3. 初步进行商场外观和内部环境设计。
4. 接受消费者及社会公众的检验。
5. 持续改进设计，使其适应消费者及社会公众的变化。

实训目标

1. 能够根据消费者光顾商场的模式设计卖区布局。
2. 能熟练掌握商品陈列的一般方法和技巧。
3. 基本掌握商场外观设计的要求。

训练项目 1　案例分析：芝加哥耐克城的设计①

训练目标

1. 体会商场设计的精髓。

① hi.baidu.com/hydecong/blog

2．熟悉展示商场设计特色的各种元素。

案例与问题

芝加哥耐克城（Nike Town Chicago，NTC）是耐克公司广告语“Just Do It”的体现。NTC是美国各地其他耐克城的一个代表，反映了商店场景的设计在塑造商店气氛方面所起的作用，为顾客提供了与品牌之间的最佳沟通方式，使耐克品牌更富生命力。

NTC有何特别之处吗？它同其他零售环境有何不同吗？NTC陈列展示耐克所有产品，商场里每个设计环节都在刺激顾客购买欲望，引起顾客对耐克品牌的好感。但是，这里的商品价格相当高，比其他店里同样花色的商品要高出很多，这是由于有设计的费用。NTC的店面设计在于塑造品牌，而不是必须卖出商品，特别是它不同其他耐克店和耐克经销商竞争。

当消费者进入NTC时，他们会吃惊地发现大量的陈列商品。一楼给人一种身在户外的感受，让人觉得像是走在小镇的购物区内，街上鹅卵石铺路。名人的塑像和画框中的照片、大型鱼缸、反射水和水下景物的水池、摆放商品的柜子以及各种各样的纪念品纷纷映入眼帘。穿过前厅，迎面是耐克体育明星的签名照片和一排展示的运动鞋，上面的横幅上写着“没有终点线”。店堂的照片、著名运动员的塑像、篮球及各种运动的背景声，这一切使人感到回荡着的“触摸辉煌”的主题。

在二楼，迈克尔·乔丹的巨幅照片让消费者感到了自己身材的矮小，因为乔丹好像“飞人”的姿态正腾空入云。二楼还有半个篮球场地，可以听到芝加哥公牛队的入场音乐。虽然二楼也有其他运动（如健身运动、网球和高尔夫球）、展品甚至与之相伴的背景声音等，但最突出的还是篮球、迈克尔·乔丹和其他超级明星，游人甚至可以像查尔斯·巴克利和朋尼·哈得威那样把手放到篮筐中。

在三楼消费者可以俯瞰店堂，能看到充气的乔丹帐篷——“飞人”的圣坛，而儿童帐篷也在三楼，另外还有展品展现耐克品牌的历史。门把手和栏杆设计均采用了耐克那鲜明跳动的标志，NTC通过这些细节以及乔丹的巨幅照片使耐克品牌得以具体体现，顾客通过亲历商场布景而产生了自己与品牌之间的关系。

供分析的问题如下：

1．芝加哥耐克城的设计有何特点？

2．结合自己的体会，谈谈与芝加哥耐克城相比，中国体育用品专卖店的设计应如何改进？

3．请说明这个案例给你的启示是什么？

实训要求与要领

1．认真阅读案例，并收集相关文献。

2．每人写出发言提纲。

3．以班级为单位组织讨论。

4．分析重点是把握店面设计的精髓，即如何在店面设计中融入体验营销理念，突显本店特色，使顾客身临其境。

实训成果与考核

1．每个人的发言提纲可作为一次作业，按照二分规则评定成绩。

2．教师就学生在讨论中的表现，按照二分规则评定成绩。

训练项目 2　商场设计参观与诊断

训练目标

1．强化以专业角度审视商场店面设计的意识。

2．学会用专业眼光评价商场内外环境。

实训内容与方法

1．以模拟商场卖区为单位，到合作企业或其他企业营业现场，对商场设计装潢与商品摆放进行参观与诊断。

2．各模拟卖区重点考察各自模拟商品的卖区设计。

3．参观时画出模拟商场各卖区的平面草图，并对重要信息随时记录。

4．以卖区为单位组织观后感的交流与探讨，并写出简要的分析诊断报告。

实训要求与要领

1．如果模拟商场卖区规模很大，可缩小参观范围，如选择其中的一个品种或品牌。

2．参观前作好明确分工，以保证人人各有侧重。

3．参观时要注意随时记录，特别是绘制平面图的工作量较大，可多人配合，特别要标注商品区的陈列位置，注意门窗、橱窗、通道和楼梯等的位置。

4．以卖区为单位介绍观后感时，尽量配合幻灯片，各卖区成员要根据自己被分配的参观任务参与发言，发言中要特别突出本卖区认为参观对象需提升和改进之处。

实训成果与考核

1．提前收集拟考察商场资料，各卖区提交一份有关企业定位与形象的简要资料，作为一次作业，按照一分规则评定成绩。

2．各卖区在参观结束后提交书面报告，报告内容要丰富、准确，作为一次作业，按照二分规则评定成绩。

训练项目3　商场设计方案展览

训练目标

1．提高商场建筑造型与门面设计风格与所经营的商品和谐度的审美能力。

2．把握商场平面设计的基本要领。

3．价值商场店面的布局、色彩、照明和音乐运用的能力。

实训内容与方法

1．假设模拟商场拟在市内某一位置新开一家店铺，现要求以模拟卖场为单位对新开店进行整体设计，并说明设计思路和理由。

2．由组织者提供或由学生设定商店（或商场）的商品结构、目标顾客等信息。

3．绘制商店的选址图、平面图和店面布局和商品的陈列图，并配以必要的文字说明。

4．由班级组织各模拟卖区商场设计方案展览，并进行交流评价。

实训要求与要领

1．论证设计理由要充分、恰当。

2．绘图要清晰、易懂，可附加文字，最好利用计算机三维绘图软件绘图，这样可使作品锦上添花。

3．从选址图、平面图、店面布局和商品陈列图等方面对方案加以综合评比。

4．邀请合作企业的相关人员担任指导教师，具体实施指导与帮助。

实训成果与考核

1．每个模拟卖区提交自己的设计方案。每个学生都要承担其中一部分设计图，并按照二分规则评定成绩。

2．各卖区设计方案的评比可采取合作企业指导教师评价、学生集体评价、教师评价相结合方式，按照三分规则评定成绩。

训练项目4　校内实训基地训练：商品陈列训练

训练目标

1．培养商品陈列的设计能力。

2．训练商品陈列的实际技能。

实训形式与要求

组织全班学生到校内实训基地进行现场实际训练，主要解决以下问题：

1．要求：每个模拟卖区选择一组货架或柜台、一类商品进行现场的商品陈列，采取某一种商品陈列的方法，说明这种陈列方法的陈列效果。

2．训练项目。

（1）超市货架的商品陈列。例如，饮料类商品、化妆品类商品、食品类商品的陈列。

陈列要求如下：① 选择适当的陈列方式。② 商品的陈列组合能够充分体现商品外包装的造型特点。③ 商品色彩搭配协调。④ 商品陈列位置合理，便于参观选购。⑤ 排面量适当，利于销售。⑥ 价格填写正确、清晰，货架对位。

（2）利用展台进行商品陈列。例如，电器类商品，皮具类商品的陈列。

陈列要求如下：① 商品台面数量适当，有系列性。② 展示主题突出，重点明确。③ 商品的排列组合的大小、形状、色彩搭配协调。④ 其他陈列用具、价格牌、POP 广告运用适当。

（3）进行果疏类商品陈列。

陈列要求如下：① 陈列技巧运用得当，有利于销售。② 陈列形态与方式准确，符合商品的特性。③ 商品的排列（组合）具有一定的装饰性。④ 商品陈列说明正确，与陈列一致。

（4）促销商品的陈列。

陈列要求如下：① 根据商品的特点，选择适当的陈列方式。② 选择适当的陈列用具。③ 陈列商品突出，有吸引力。

（5）每个模拟卖区在陈列现场对商品陈列完毕，选择一名同学进行现场的陈列说明，指明采取的陈列方法是什么，这种陈列方法达到的陈列效果如何，这种陈列方法的优势和劣势等，并由全班进行评议。

成果与检测

1．对各模拟卖区的陈列评估，按照三分规则打分。

2．各模拟卖区上交实训报告，按照二分规则评分。

知识链接

资料　商场内部环境设计和商品陈列的一般要求[①]

1．商场内部环境设计

（1）店面的布局。一个好的店面布局须重点考虑：有效地放置更多的商品又让顾客不感觉拥挤；考虑货架摆放和通道富于变化，激起顾客的购物兴趣；考虑诸如补货、购物车停放、安全和特殊群体等细节。

店面布局主要有三种类型：格子式布局、岛屿式布局和自由流动性布局。

（2）色彩的运用。颜色在现代商业中起着传达信息、烘托气氛的作用。颜色具有极大的奥妙，必

① 肖怡．2003．零售学．北京：高等教育出版社

须要深刻了解不同颜色传达给人的心理感受和暗示，根据主营商品的色彩考虑商店色彩的调配，既突出商店形象，又显得商品美观。

（3）商场的照明。灯光照明是对商场的“软包装”，体现着商店的经营思想，也可以向顾客传递信息。

商店的照明一般分为三种类型：基本照明、特殊照明和装饰照明。

（4）音乐与气味。商店在选择背景音乐时，一定要结合商店的特点和顾客特征，以形成一定的店内风格；同时，还要注意音量高低的控制，既不能影响顾客用普通声音说话，又不能被店内外的噪音淹没；另外，音乐的播放也要适时有度，如果音乐给顾客的印象过于嘈杂，使顾客产生不适感和注意力被分散，甚至厌烦，将不仅达不到预期效果，而且会适得其反。

宜人的气味通常对人生理有积极的影响，污浊有异味的商店顾客不会久留，无味的商店顾客情绪疲软。商店内部如能根据所经营商品特征适宜地散发一些宜人的气味，能使顾客在购买活动中精神爽快、心情舒畅。

2．商品陈列的一般要求

（1）商品陈列的位置。

不管是商店集中陈列商品，还是各个部门自行陈列商品，被陈列的商品都应被置于商店内的明显区位上。

商店内的明显区位分布在以下位置：① 出入口迎面处及附近；② 主要通道两侧；③ 与主要通道交叉处。④ 各销售部门的明显位置等。

（2）商品陈列的技术要项商品陈列技术要项包括以下方面：① 商品陈列的高度。商品陈列的高度要和顾客展望高度相适应；② 尽可能将商品裸露陈列，使顾客看得见，摸得着；③ 陈列的商品数量要丰满；④ 陈列的商品要附有说明卡。

（3）商品陈列的装饰与衬托。商品的陈列要有一定的衬托，才能显示商品的美，为此，要做到：① 根据商品的特征选择；② 根据使用商品的对象选择。

（4）商品陈列的色彩搭配。商品陈列的色彩搭配主要是商品之间的色彩搭配，商品装饰物、衬托物的色彩搭配。前者要求不同商品邻近摆放的颜色要和谐，互相能够衬托，后者要求衬托出商品美。

范例

某商场卖区商品陈列设计①

以下是某商场卖区商品陈列设计的平面图，一楼是家电卖区（见下页图 a），主要经营各种家用电器商品；二楼是超市（见下页图 b），经营各种日用品；三楼是男装（图略），经营各种男式衣裤及鞋类，主要以各种男士品牌服装为主，各专卖店分块陈列；四楼是女装（图略），经营各种女式衣裤鞋类；五楼经营体育文化用品（图略），为吸引顾客上五楼购物，中间设置了中心休息区。

① 零售商学院（www.chinarbs.com/html/17/n-13517.html）

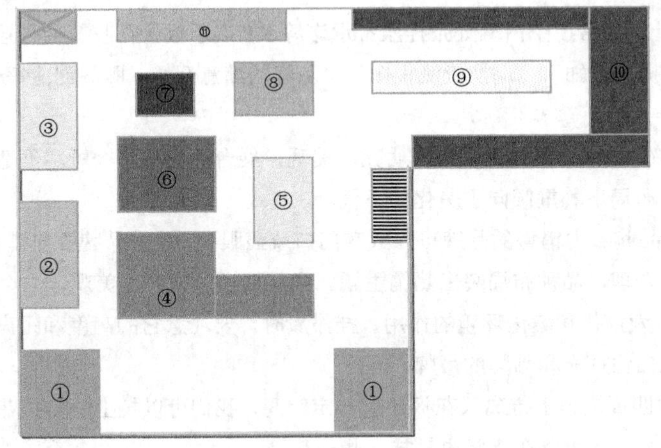

编号	商品种类
1	精品小家电
2	微波炉
3	洗衣机
4	手机专柜
5	热水器
6	电冰箱
7	录音机
8	音箱
9	影碟机
10	电视机
11	空调

图 a　一楼家电卖区陈列设计

某家电商场店堂设计指导[①]

某家电店堂布置，与企业形象定位相符，本着朴实、美观、明亮整洁、舒适的原则，具体要求如下：

（1）门店设计与家电 VI 和谐一致。主通道宽敞，不低于 2 米，次通道顺畅，不少于 1.5 米，玻璃门窗的设计要有色彩明显的差别，采用 logo，引起顾客注意，以防出现不安全隐患。

（2）开业店堂门口两侧分别摆上鲜花篮，门外的楼面由上而下为宽型、中型条幅等，开业、店庆、节庆整体氛围热烈、简朴。

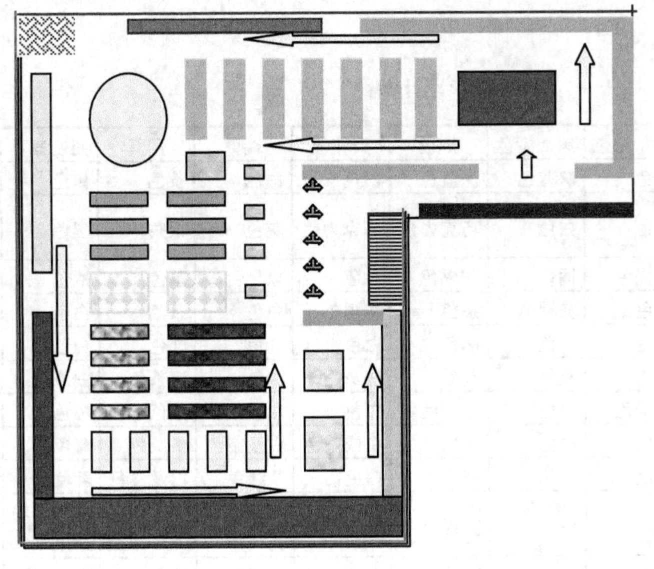

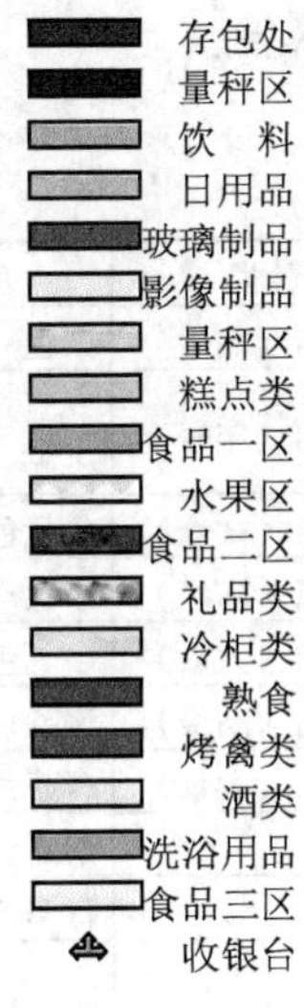

图 b　二层超市卖区陈列设计

① 中商资讯网（www.sunsin.cn/content）

（3）大门内两侧的装饰与设计，通常在空白墙处张挂服务承诺等KT展示板，在收款处张挂交款须知，在楼梯处及适当位置张挂“提货须知”、“退换货流程图”、“从您的满意开始，服务创造每一天”某家电特别承诺等。

（4）货架统一高度，门墙灯箱尺寸统一约50厘米，明亮、美观，展台的安排等令顾客舒适、合乎店堂的布局，在门店经理的大致布局下着重倾向于美化的布置。

（5）电器的陈设重讲究，促销品和着力销售的品牌可摆放在门口或显眼处，其余品牌要安排合理，经营品项块状分布清晰，品牌排列合理，品种布局突出热销主题。赠品要摆放整齐、美观。

（6）吊旗的悬挂。吊旗起着广为宣传和美化环境的作用，挂吊旗时，要注意它的高度和距离，同时要考虑其周边环境的影响，不能挡住灯光和品牌的吊牌。

（7）周边的填充。有时在店内四周展柜上方离天花板还有一定空间，我们可以拉上一排拉花或是别的装饰品，如果店堂上下空间较大，还可以在店堂内悬挂一些吊花等。

（8）POP的摆放。POP海报在商场里起到举足轻重的宣传作用，书写一定要漂亮，悬挂和摆放一定要美观，包括对海报架的摆放一定要适合环境的要求，一些不锈钢海报展板摆放一定要合乎条理。试音室内也可挂一个小型喷绘或简单的挂一个POP海报做一下介绍。

（9）指示牌的使用。指示牌的制作一定要明亮、起眼，悬挂要耀眼。

（10）堂内方柱的布置。方柱大都挂一些电器的喷绘，有的还可做成镶玻璃型的喷绘。灯光明亮，烘托出高雅的气氛。

（11）有些户外广告可卖给厂家，每年收取广告费，由某企业广宣或办公室办理。广告发布申请，并由广告公司制作。

业务工具

店铺色彩设计参照[①]

营业种类	主色	第1副色	第2副色	地板	天花板	墙壁	用具	照明器具	目的
女士服装店（高级）	茶色	白色	深蓝色	深蓝色	白色	白色	茶色	黑色	欧式风格
女士服装店（年轻）	灰色	银色	白色	巧克力色	巧克力色	灰色	银茶色	黑色	冷淡的现代风格
女士服装店（大众）	象牙色	灰褐色	橘色	灰褐色	白色	象牙色	茶色	橘色	亲近感
女士饰品店（高级）	茶色	白色	灰褐色	茶色	灰褐色	白色	茶色	白色	流行感
女士饰品店（大众）	牛乳色	橘色	白色	橘色	白色	乳色	乳色	白色	快乐感
男士服装店（高级）	深茶色	白色	灰色	灰色	深灰色	白色	深茶色	白或黑	绅士风格
男士服装店（大众）	深蓝色	茶绿色	白色	深蓝色	白色	白或茶色	茶色	黑色	亲近感
鞋店	茶绿色	红色	白色	红色	白或茶色	白及茶色	茶绿色	黄色	华丽感
药店	青草色	白色	橘色	青草色	白色	茶绿色	白及橘色	乳色	健康性
化妆品店	淡紫色	茶色	白色	灰褐色	淡紫色	白或淡紫色	茶色	白色、粉红色	纤细感
文具店	深蓝色	茶色	白色	深蓝色	白色	白或蓝色	茶色	白色	丰富感

① 肖怡．2003．零售学．北京：高等教育出版社

续表

营业种类	主色	第1副色	第2副色	地板	天花板	墙壁	用具	照明器具	目的
钟表眼镜店	深蓝色	茶色	白色	深蓝色	白及蓝色	白、深蓝、黑色	白、银色	黑色	精致感
家电店	黄色	橘色	白色	黄色	白色	白、橘色	茶、银色	黄色	快乐感
运动器材店	翠绿色	乳白色	白色	翠绿色	乳白色	白或黄翠绿	白色	白色	运动感
玩具店	橘色	淡蓝色	白色	橘色	白及橘色	白、淡蓝色	白色	橘色	快乐感
超级市场	黄、橘色	乳白色	白色	黄或橘色	白色	白或翠绿色	乳白色	橘色	丰富感
便利店	橘色	翠绿色	乳白色	橘色	白色	白或翠绿色	乳白色	橘色	丰富感
面包店	黄色	茶色	白色	黄色	乳白色	白、橘色	茶色	白色	明亮感
水果店	翠绿色	黄色	橘色	翠绿色	白色	白、黄色	翠绿色	橘色	新鲜感

单元三 进货与存货训练

营销工作描述

商品采购是商场根据对市场需求的预测，科学地选择适合消费者需要的适销对路商品的经济行为。它是商场经营中必不可少的业务环节，也是商场利润的来源之一，有时还是更为重要的来源。如果采购进来的商品适销对路，商品周转自然就快，资金占压也会较少，商品销售定会充满活力。因此，可以毫不夸张地说，采购到好的商品意味着完成了销售工作的一半。

商品采购的流程是：

1. 建立采购组织。
2. 制定采购计划。
3. 确定供应商及货源。
4. 与供应商谈判、签约。
5. 商品导入作业。
6. 再订购商品。
7. 定期评估与改进。

商品存货是指商场为满足本店商品销售及不脱销而储存的待销商品。通过存货管理，商场可以确定采购哪种商品、何时购买以及购买多少。对商场来说，结构合理、数量准确的商品存货，既可以减少因积压发生的商品降价损失，也可以避免因商品脱销带来的机会损失。

存货的工作程序如下：

1. 商品入库，分为商品入库前的准备和商品入库验收两个阶段。前一阶段主要是准备货位、人力、工具和设备等，后一阶段工作内容是数量验收、质量验收和包装验收。

2. 商品保管，依次包括划分区位、货位编号、合理堆码、商品养护等具体环节。

3. 商品出库，一般按核单、记账、备货、复核、出库的流程进行。

1. 熟悉进货、存货业务各业务环节。
2. 了解选择供货商的一般常识，学会编制采购计划。
3. 基本掌握与供货商签约、谈判的技能与技巧。
4. 初步具备存货管理技能。

训练项目 1　案例分析：雀巢与家乐福的供货商管理库存系统[①]

训练目标

1．正确理解库存系统与企业经济效益的关系。
2．学会以合作形式来改善企业库存系统。

案例与问题

雀巢与家乐福在全球均为物流产业的领导厂商，在 ECR 方面的推行更是不遗余力，雀巢也积极开展与家乐福合作，建立整个计划的运作机制，总目标是要提高商品的供应率，降低顾客（家乐福）库存持有天数，缩短订货前置时间及降低双方物流作业的成本。

1．现况简介。

就雀巢与家乐福既有的关系而言，只是单纯的买卖关系，唯一特别的是家乐福对雀巢来说是一个重要顾客，所以设有专署的业务人员，买卖方式也仍是以家乐福具有十足的决定权，即由家乐福决定购买哪些产品及购买数量。在系统方面双方各自有独立的内部 ECR 系统，彼此间不兼容。在推动计划的同时，家乐福也正在进行与供货商以 EDI 联机方式的推广计划，其与雀巢的 VMI 计划也打算以 EDI 的方式进行联机。

2．VMI 供货商管理库存简介。

VMI 是 ECR 中的一项运作模式或管理策略，主要的概念是供货商依据实际销售及安全库存的需求，替零售商下订单或补货，而实际销售的需求则是供货商依据零售商提供每日的库存与销售资料合并统计等方式预估而来的，整个运作上通常是供货商具有一套管理的系统来作处理。如此做法将大幅改进供货商面对市场的响应时间，从而较早得知市场确实销售情报，降低供货商与零售商用以应付市场变化的不必要库存，进一步也

① 徐武，王瑛．2007．采购与仓储．北京：清华大学出版社

可提早引进与生产市场所需商品，降低缺货率。但在实施与运作上，却因供货商与零售商的价格对立关系及系统和运作方式的不同而很难有具体的合作运作。

3．计划介绍。

（1）计划范围。整个计划主要是在一年之内建立一套 VMI 的运作环境并且可以顺畅不断执行下去。具体而言分为系统合作模式建立阶段及实际实施与改善阶段。第一个阶段约占半年的时间，包括确立双方投入资源、建立评估指标或评量表、分析所需要的条件，确立整个运作方式及系统建设。第二阶段为后续的半年，以先导测试方式不断修正使系统与运作方式趋于稳定，并以评估指标不断进行问题寻找与改善，一直达到不需人工介入为止。

在人力投入方面，雀巢与家乐福双方分别设置有一个全职应对窗口，其他部门，如物流、业务或采购、信息等部门，则以协助的方式参与计划，并逐步转化为物流对物流、业务对采购及信息对信息的团队运作方式。在经费的投入上，家乐福方面主要是在 EDI 系统建设上的花费，也没有其他额外收入，雀巢方面除了 EDI 建设外，还引进了一套 VMI 系统。

（2）计划目标。计划目标除了建立一套可行的 VMI 运作模式及系统之外，还要依据自行制定的评量表以达到：雀巢对家乐福物流中心的产品到货率达 90%，家乐福物流中心对零售店面的产品到货率达 95%，家乐福物流中心库存持有天数下降至预设标准及家乐福对雀巢建议订货单修改率下降至 10%等具体目标。

（3）方法。在计划的实际执行上，除了有两大计划阶段外，还可细分至 5 个子计划阶段，其说明如下：

1）评估双方的运作方式与系统在合作上的可行性。合作前双方评估各自的运作能力、系统整合能力、信息实时程度及彼此配合的步调是否一致，以此来判断合作的可行性。

2）高层主管承诺与团队建设。双方在最高主管的认可下，由部门主管出面协商细节及取得内部投入的承诺，并且建立初步合作的范畴和对应的窗口，开始进行合作。

3）密切的沟通与系统的建立。双方合作人员开始进行至少每周一次的密集会议讨论具体细节，并且逐步建立合作方式与系统，包括补货依据、时间、决定方式、评量表建立、系统选择与建立等。

4）同步化系统与自动化流程。不断进行测试，使双方系统与作业方式趋于稳定，使之成为每日例行性工作，并针对特定问题做出处理。

5）持续性训练与改进。回到合作计划的本身，除了使相关作业人员熟悉作业方式和不断改进作业程序外，对库存的管理与策略也应不断思考，以求改进，且长期不断地进行下去。

在系统建立方面，针对数据传输部分，雀巢与家乐福双方都采用一家软件公司所提供的 EDI 加值网络的方式来进行传输，在雀巢的 VMI 管理系统部分，则是采取外购产品的方式来建立。雀巢先前评估过 Manugistics 和 Infule 等公司的产品，最后选用 Infule 的 EWR 产品，主要原因一是家乐福推荐，二是法国及其他国家雀巢分公司的建议，以及系统可以满足其计划需求等因素所做的决定。

整个 VMI 运作方式分为五个步骤，说明如下：

1）每日 9：30 前家乐福用 EDI 方式传送结余库存与出货资料等信息至雀巢公司。

2）9:30～10:30 雀巢公司将收到的资料合并至 EWR 的销售数据库中，并产生预估的补货需求，系统将预估的需求量写入后端的 ERP 系统中，依实际库存量计算出可行的订货量，生产所谓的建议订单。

3）10:30 前雀巢公司以 EDI 方式传送建议订单给家乐福。

4）10:30～11:30 家乐福公司在确定订单并进行必要的修改（量与品项）后回传至雀巢公司。

5）11:00～11:30 雀巢公司依照确认后的订单进行拣货与出货。

4．心得。

虽然两家公司在国际上均承诺要推动 VMI 计划，但落实在执行层面，却存在许多问题。首先是彼此的执行人员均习惯于过去的买卖关系而较难有对等及互信的态度。再者，在 VMI 计划本身，大部分的参与人员并未有完整的相关知识与实务经验，再加上彼此既有的运用方式与系统的显著差异都在增加计划执行的复杂与困难度。在漫长的发展过程中，有如团队形成之初，经历了冷漠、争吵与对立等过程，直到彼此有共同的认知与乐意分享，而计划就在这种过程中逐步展开，参与人员也从中彼此学习，并有小小的成果。然而针对未来进一步的发展计划，仍需要双方组织运作与系统的调整配合，才有可能顺利达成。

5．效益。

在成果上，除了建立一套 VMI 运作系统与方式外，在经过半年的实际上线执行 VMI 运作以来，在具体目标的达成上也已有显著的成果，雀巢对家乐福物流中心的产品到货率由原来的 80%左右提升到 95%（超越目标值），家乐福物流中心对零售店面的产品到货率也由 70%左右提升至 90%左右，且目前仍在继续改善中，库存天数由原来的 25 天左右下降至目标值以下。在订单修改率方面，也由 60%～70%的修改率下降至现在的 10%以下。除了上述的具体成果，对雀巢来说最大的收获是与家乐福合作的关系上，过去与家乐福是单纯的买卖关系，顾客要什么就给他什么，甚至是尽可能的推销商品，彼此都忽略了真正的市场需求，导致卖的好的商品常常缺货，而不畅销的商品常有很高的库存量。经过这次合作让双方更为互相了解，也愿意共同解决问题，并使原来各项问题的症结点一一浮现，有利于从根本上改进供应链的整体效率。

供分析的问题如下：

1．雀巢与家乐福的 VMI 计划是通过经营模式的改变，逐步改善库存管理与配置的效益，这对双方有何利益？

2．讨论雀巢与家乐福的合作计划对物流供应商管理有何启示？

实训组织与要领

1．每人认真阅读案例内容，最大限度地搜集与本案例相关的重要信息。

2．写出案例分析的发言纲目。

3．以班级为单位由任课教师组织讨论。

实训成果与考核

1．每个人的发言提纲作为一次作业，按照二分规则评定成绩。

2．教师根据学生在讨论中的表现进行总结，并按照二分规则评定成绩。

训练项目 2　情景训练：进货业务

训练目标

1．学会制定采购计划。

2．训练与供货商的谈判技能。

实训内容与方法

根据合作企业的信息资料，或模拟商场所设定的经营目标与条件，先建立进货（采购）组织，并制定进货计划，然后分别与供应商进行谈判。

1．以模拟卖区为单位建立采购组织。所有团队分为两大部分，一部分扮演作为进货方的模拟卖区，另一部分扮演供货方，然后可进行轮换。

2．进货组编制商品采购计划，具体包括采购何种商品，采购多少，何时采购，从哪采购等事项（为方便考核，教师可以先确定几种商品，并规定其价格幅度范围以及相应固定成本和变动成本）。

3．每组制定相应的谈判策略。要定出最优期望目标、实际需求目标、可接受目标和最低目标。

4．进行人员分工，每个人制定具体的实施计划，做好推销或谈判准备。

5．在约定时间内，双方进行洽谈。各出一名主谈人，双方的全体人员到场观察，并参与研究与分析。

6．在第一轮谈判结束后，各组再进行研究，修改策略，确定最后方案与对策。

7．再按“5”的方式，进行最后谈判，确定交易价格与数量。

8．交易双方签订合同。

9．各组分别计算本组的效益情况。

10．最后公布各组的采购与销售情况，做出评价。

实训要求与要领

1．各卖区都要制定好商品采购计划和谈判策略。

2．由轮值主持公司安排谈判时间与衔接。

3．教师要设定商品进价的历史数据、供货商与商场的相关成本、各商场出售该商

品的价格与数量制约条件等。

4. 由轮值主持公司按照相应的评价指标对各组的采购与销售情况做出正确的评估，并宣布成绩与名次。

5. 现实商场经营中，自营比重越来越小，而联营比重越来越大。在联营方式中，商场不再负责进货与存货业务，而是完全交给供应商，商场的主要任务是招商与同供应商的谈判，因此要强化同供应商谈判的训练。

实训成果与考核

1. 各卖区提供一份商品采购计划，每个人制订一份谈判策略，作为一次作业，按照二分规则评定成绩。

2. 根据各组的采购与销售表现，特别是效益情况，按照三分规则评定成绩。

训练项目 3　情景训练：存货业务

训练目标

1. 能根据存货管理的各种方法，如 ABC 分类管理法、经济订货批量法、订货点法等来正确制订存货方案。

2. 提高应用管理信息系统软件和计算机进行存货业务管理的能力。

实训内容与方法

1. 由学校或主讲教师提供一套关于商场进货和存货的系统软件（可以是模拟软件）。

2. 以模拟卖区为单位，实施模拟训练。

3. 每人根据存货管理的各种方法，制定相应的存货方案。

4. 每个卖区根据成员的存货方案，综合分析研究制订卖区的存货方案，并保存。

5. 根据各组的方案和系统软件的操作结果进行分析评价。

6. 最后根据步骤 5 的结果排出名次。

实训要求与要领

1. 主要应用系统软件中的进货和存货模块两方面，并计入成绩，其他模块可暂不应用，也不计入成绩。

2. 由教师和相关人员负责解决软件操作中的具体问题。

3. 如没有相应软件，可由教师自己设定相关数据，进行模拟训练。

实训成果与考核

1. 每人提供一份存货方案，作为一次作业，按照二分规则评定成绩。

2. 根据各模拟卖区效益或名次，按照三分规则评定成绩。

训练项目 4　清洁商品，整理柜台，整理货架

训练目标

1. 增加对此项工作的感性认识。

2．训练清洁、整理的实际技能。

实训形式与要求

组织学生到实训基地进行现场实际训练，主要解决以下问题：

1．要求。每个模拟卖区选择一组货架或柜台，各类商品摆放整齐、醒目、合理、充足。能正确使用清洁卫生工具整理柜台货架。

2．准备工作。柜台货架各一个，不同类别的商品若干件，其中包括包装有破损、变质、过期的商品，清洁抹布及洗涤灵、桶、清水、鸡毛掸子一个。

3．考核标准。检查柜台及货架上的商品，将破损、变质等商品拣出，及时更换或者粘贴完好；柜台及货架上的商品货签是否对位；将柜台及货架上的商品按照类别码放整齐。

注意：哪些商品需用干抹布，哪些商品需用湿抹布，哪些商品需用鸡毛掸子做清洁都按区分好。

4．每个模拟商场在整理完毕后，选择一名同学进行现场的说明，最后上交实训报告，并在全班进行交流汇报。

成果与检测

1．对各同学实际操作情况进行评估，按照二分规则打分。

2．对各模拟卖区总体表现按照二分规则评分。

训练项目5　顶岗训练：参与企业进存货业务活动

训练目标

1．加强商场进货和存货实践环节各步骤实际应用能力的锻炼。

2．加深对商场进货和存货管理的进一步了解。

3．正确运用进货和存货的工具和技术。

4．提高与人沟通能力。

实训内容与方法

根据所学的关于商场进货、存货方面的知识，到合作企业参与实践。

1．由学校与合作企业共同安排，让学生到合作企业的相应卖区参与进存货实践，并请主管进货与存货的人员进行指导。

2．以模拟卖区为团队，实施顶岗训练。

3．参与卖区进存货实践后，每位同学都要写一份顶岗实践总结。

4．以班级为单位组织交流，每位同学都要介绍自己的实践心得，然后全班同学共同分析讨论。

实训要求与要领

1．到商场实践的同学必须按照商场的规定参与进货和存货实践。

2．参与实践的同学必须态度认真，真正做到理论联系实际。

3．团队成员在参与业务实践的过程中，认真观察、分析卖区进存货的各个环节，不明白之处及时向卖区相关人员请教。

实训成果与考核

1．实践结束后，每位同学都要写一份顶岗实践总结，作为一次作业，按照二分规则评定成绩。

2．由企业指导教师，根据学生的顶岗表现，按照三分规则评定成绩。

知识链接

资料1　商场的进货管理[①]

商场的进货管理包括订货、进货、验收、退换货、调拨等业务。

1．订货业务

订货业务是指在所确定的厂商及商品范围内，依据订货计划而进行的叫货、点菜或叫添货的活动。进行订货业务应注意：① 订货要有计划，要注意适时与适量，各类别商品的订货周期、最小订货量等都必须有事前计划。这样，既能提高工作效率，又能确保货源供应正常。② 订货方式要规范化。订货方式可采用人工、电话、传真、电子订货系统（EOS）等多种形式，发展趋势是采用EOS订货系统。

2．进货业务

进货是根据订货作业，由厂商或配送中心来“配送”商品。进货业务应注意以下事项：① 进货要遵守时间。进货时间的确定应考虑厂商作业时间、交通状况、营业需要及内部员工出勤时间。② 验收单、发票需齐备。③ 商品整理分类要清楚，在指定区域进行验收。④ 先退货再进货，以免退调商品占用店内仓位。⑤ 验收后有些商品直接进入卖区，有些商品则进内仓或进行再加工。⑥ 要拒收变质、过保质期或已接近保质期的商品。

3．退换货业务

退换货是商场根据检查、验收的结果，对不符合进货标准和要求的商品采取退货或换货行动的业务活动。退换货业务可与进货业务相配合，利用进货回程顺便将换货带回。退换货业务应注意以下事项：① 确认厂家，即先查明待退换商品所属的厂家或送货单位。② 填写退货申请单，注明其数量、品名及退货原因。③ 退换商品应注意保存。④ 及时联络各厂商办理退换货。⑤ 退货时应确认扣款方式、时间及金额。

资料2　有效控制存货的方法[②]

1．有效控制存货的策略

（1）确定存货处理政策。当存货产生的时候，应有明确的存货处理政策，告诉店员多久之内，要

---

① 财务顾问网（www.cwgw.com/hangye/moban）

② 张艳玲．2009．商场销售实务．北京：科学出版社

用什么方法、通过什么渠道把存货处理完毕。

（2）找出造成存货增加的原因并加以预防及改善。较常用且简便的方法为“鱼骨图”或称“要因分析图”，它能帮助我们像抽丝剥茧一样把造成存货增加的原因找出来。

（3）加强商品的规划能力。明确商品在市场上的定位，对目标市场的需要有充分的认知及数据的支持，才能规划出满足市场需要的商品。

（4）提升销售能力，销售能力的提升有赖于不断地学习与训练。

（5）存货分类管理。存货分类管理做得愈好，对存货的出清消化愈有帮助。如按品质可分为可售品、瑕疵品、报废品;按销售记录可分为畅销品、滞销品、一般商品等。

2．有效控制存货的方法

（1）合理的正常库存控制。假定店铺每日正常出库量为120件，即日最低安全库存量为160件，如果店铺经验是每6天向供货商订一次货，而路途运输时间是7天，那么合理的正常库存控制数应该是：120×（6+7）+160=1720（件），公式是：日销量平均数×（订单间隔天数+运输途中天数）+日最低安全库存量=合理的正常库存控制数。

根据这个合理的正常库存控制数，双方就能做到心中有底，但是这仅仅是一个标准的参考数，具体情况还应考虑以下几个变数。如遇“十一”等长假，必须考虑节假日促销情况，情况好的话可能是正常的日销量的2～3倍。所以节前要做好充分的库存准备。而若在某一时间段厂家有订货优惠政策时，一般可考虑多订一点货，虽然超出了正常的库存数，但属力所能及的范围可以多订，同时要留有余地，不能贪多，以免因政策或市场有变动造成积压。

（2）ABC分类库存管理法。在众多的库存商品中，不是每一个商品的比重和管理方法都相同的，根据20/80管理法则，一般规律是：仅占销量的20%的商品，却占了销售利润的80%，我们把这类商品命名为A类商品；占销量的40%～60%的商品，销售利润占15%，我们把这类商品命名为B类商品；而占销量的30%～40%的商品，销售利润却只占5%，我们把这类商品命名为C类商品。

虽然不同的行业，不同的市场情况并不一定像上述的比例，但是我们依然可以参考这种方法将商品进行ABC分类库存管理，在进货资金的倾斜上，在库存商品的数量上，在库存商品的摆放上，A类商品应摆放在进出最方便的地方等。

范例

某商场采购合同概要[①]

（1）贸易条件。① 供货商应对他所提供的商品保质的同时，提供市场上最优惠的价格。② 供货商送货时应按我方要求提供相应版权证明。③ 供货商应遵守合同规定的运货期。如果延误，我方将每天以货物的5%课以罚金。④ 我方应按合同规定给供货商结款。如果不能按时结款，我方愿意支付每天贷款总额的 0.5%的罚金。⑤ 协商的进货价应该是固定的，对于新价格，应在我方同意后一个月生效。⑥ 每次到货都必须附有发票，否则拒绝收货。发票必须详细注明进价（不含税）、增值税以及进价（含税）。⑦ 英文翻译将作为双方对于合同有争议时的参考。⑧ 如果有争议时，将交“工商局”仲裁。

① 肖怡．2003．零售学．北京：高等教育出版社

备注：每月货款总额的3%扣作退佣金。

（2）本商场将供货商分为工商、代理、批发、贸易四大类。在合同中记录下供货商的交货天数、库存天数和生产或进口天数。

（3）列明供货商供应的货物：可以退换、最小订货量、运费是否包括和列明报价、是否含税。例如，双方协议：仅在进货时，如发现破损或质量问题，可以退还，其他情况皆不退换。

（4）要求供货商明确服务与否：带衣架（服装）、打标签、维修/安装、特别包装。本商场将记录供货商每年的营业额、增长率、付款条件和赞助金。

（5）付款条件。① 到货天数。② 月结天数。

（6）本商场与供货商共同举办的促销活动：次数/每年（另议次数）、每年天数、折扣多少、免费商品数量、赠品价值数额。

（7）本商场收供货商：700元/每促销台，400元/排面赞助金，海报赞助金另议。

（8）本商场特别年节收供货商：元旦、春节、劳动节、国庆节1000元赞助费。其他赞助有：新品上架费2000元/每个商品。新供货商费（略）元/每年，开业赞助费10000元现金或实物，每年店庆赞助金3000元。

业务工具

订货单

供货方编号		供货方名称		传真\电话	
物资名称	数量	单位	规格	质量标准	到货日期
填单人:		传真/电话:		酒店章:	

询价单

采购计划单工作号	询价单工作号			申请采购商品的序号	
供应厂商	电话	厂商报价			
		出厂价	批发价	零售价	备注
	平均价				
询价的采购员			询价采购员员工号	询价日期	年 月 日

单元四　柜台销售与服务训练

营销工作描述

柜台销售与服务是商场销售人员将购进的商品，在营业现场以面对面的方式转移到消费者手中的过程，它是商场竞争的核心和焦点。一家商场销售人员的销售技能与服务质量的高低，直接关系到它面对的消费者是否满意、企业自身能否盈利和盈利多少。

一个完整的柜台销售与服务过程可分解为下列环节：

1. 接近顾客。
2. 了解、确认顾客的需要。
3. 介绍商品。
4. 顾客接待与沟通。
5. 处理顾客的异议。
6. 抓住顾客的购买信号，及时成交。
7. 建议顾客购买其他商品。
8. 搞好售后服务。

实训目标

1. 了解销售员应具备的知识。
2. 规范仪容仪表，强化语言表达。
3. 能做到迅速发觉顾客需求，并能与顾客进行有效沟通。
4. 学会选择接近顾客的时机，知道如何接待顾客。
5. 养成正确处理顾客异议的态度和方法。
6. 识别顾客成交时的语言、动作、表情等符号，基本掌握成交技巧。
7. 掌握售后服务的基本知识与技能。

训练项目 1　案例分析：发觉顾客的需求①

训练目标

1. 认知顾客的需求。
2. 能快速、准确地发觉顾客的需求。
3. 学会与顾客沟通、了解顾客的真正需求。

① 根据中国营销咨询网（www.51cmc.com）相关资料修改而成

案例与问题

比尔来到麦克所在的西装专卖店。

麦克："先生您好，请问您怎么称呼？"

比尔："比尔"。

麦克："你好，比尔，我是麦克，有什么能为你服务的？"

比尔："我想看看西装。"

麦克："你穿多大码的西装？"麦克打量着比尔的身材。……"请问你所穿的西装通常都是在哪儿买的?"

借此，麦克了解，他的竞争对手是谁。

比尔："近几年来，我所穿西服都是在梅尔兄弟公司买的。"

麦克："梅尔兄弟公司的信誉不错。"

麦克从不在顾客面前批评竞争对手，他总是说竞争对手的好话或是保持沉默。

比尔："我很喜欢这家公司。但是，麦克，正像你说的，我实在很难抽出时间挑选适合我穿的衣服。"

麦克："其实，许多人都有这种烦恼。要挑选一个自己喜欢、适合自己身材的衣服比较难。再说，到处逛商店去挑选衣服也是件累人的事。本公司有 4000 多种布料和式样供你选择。"

麦克强调，卖成衣不如订做得好。

麦克："你穿的衣服都是以什么价钱买的？"

麦克觉得现在该是提价钱的时候了。

比尔："一般都是 400 元左右。你卖的西服多少钱?"

麦克："从 375 到 800 元都有。这其中有你所希望的价位，而我们也是具有良好服务的厂商。"

比尔："当然，我最喜欢具有良好服务的厂商，但现在这种有良好服务的厂商越来越少了。我有一件海蓝色西装，是几年前买的，我很喜欢，但现在搁在家里一直没有穿。因为近几年我的体重逐年减轻，这套西装穿起来就有点肥。我想把这套西装修改得小一点。"

麦克觉得比尔的想法逐渐和自己的想法一致。麦克记住了比尔的话，比尔有一套海蓝色的西装需要修改。

麦克："比尔，我希望你给我业务上的支持。我将提供你需要的一切服务。我希望在生意上跟你保持长久的往来，永远替你服务。"

麦克不再犹豫，直截了当地向比尔表示，希望比尔"买他的东西"，并强调能提供良好的服务。

比尔："麦克，什么时候让我看看样品？"（比尔看了看手腕上的表，向麦克暗示他的时间有限。）

比尔想看麦克的样品，麦克虽然准备了很多样品放在包里，但他还不打算拿出来，他想做进一步的询问，希望了解比尔的真正需要。在了解比尔的真正需求以后，才是拿出样品的最佳时机。

麦克："你对衣服是否还有其他的偏爱?"

麦克想知道比尔对衣服的质量和价格的看法。

比尔："我的西装都是梅尔兄弟公司的，我也希望拥有其他品牌的西服。"

麦克："梅尔的衣服不错。比尔，以你目前的商业地位来说，海蓝色西装很适合你穿。你有几套海蓝色的西装？"

由于比尔没有主动说出他所拥有的西装，麦克只好逐一询问比尔的每一套西装。麦克想了解比尔的真正需求。

比尔："只有一套，就是先前向你提过的那一套。"

麦克："比尔，你还有其他西装吗?

比尔："我有一套灰色西装，很少穿。其他就没有了。"

麦克："我现在拿出一些样品给你看。如果你想到还有没提到的请立即告诉我"。麦克边说边打开公文包，拿出一些样品放在桌上。

到目前为止，麦克一直以发问的方式寻求比尔真正的需要，同时也在发问中表现出了一切为客户着想的热忱，使比尔在不知不觉中做了很好的配合，创造了良好的谈话气氛。

供分析的问题如下：

1．麦克每问完一个问题，为何一定要等比尔的回答？

2．试分析麦克的推销与我们常见的推销有何不同？

3．请说明这个案例给你的启示是什么？

实训组织与要领

1．每个人认真阅读案例，并搜集与发觉顾客需求相关的资料。

2．每人写出发言提纲。

3．以班级或小组为单位组织讨论。

4．本案例分析的重点是如何发现顾客真正的需求，可以从"通过了解顾客需求，判定眼前的顾客是不是自己的潜在顾客、值不值得推销"的角度讨论，也可以从"问顾客许多问题，以便发觉顾客的真正需求"的角度讨论，还可以从"倾听顾客的回答，使顾客有一种被尊重的感觉，即倾听是有效沟通的重要因素"的角度讨论。

实训成果与考核

1．将每个人的发言提纲作为一次作业，按照二分规则评定成绩。

2．根据班级或各小组讨论中的表现，对发言者按照二分规则评定成绩。

训练项目 2 情景训练：做一名合格的销售员

训练目标

1．熟悉营业员的仪容仪表规范。

2．消除害怕与陌生人打交道的心理。

3．锻炼语言表达能力。

实训内容与方法

根据所学知识与对商场卖区的访问，总结卖区销售员的仪表要求与语言特点，进行模仿练习。

1．每个人都要认真研究营业员的礼仪规范，要认真学习合作企业的营业员手册。

2．每个同学都穿适合销售员要求的着装，注意言谈姿态的训练，在全班同学面前展示。

3．接待由同学扮演的模拟顾客，演练接迎→询问→推介→回答咨询→参谋与建议→促其购买→送客等系列环节。

4．要走出教室训练，每个人在 10 分钟内在大街上或在商店里与两个陌生人各交谈 4 分钟。

实训要求与要领

1．认真阅读合格销售员应具备的仪表与语言能力方面的材料。

2．认真对待这次模拟营销，着装要规范，仪表自然大方，主要包括服装、鞋子、袜子、身体、头发、眼睛、嘴唇等。

3．写好应接顾客的提纲，可以事先分组练习自我介绍。

4．上台展示的同学必须脱稿，从容应接顾客，实现自我心理突破，凡声音胆怯、举止不合宜者必须重做。

实训成果与考核

根据各个同学的着装和接待演示的表现，按照三分规则评定成绩。

训练项目 3 角色扮演：商品推介

训练目标

1．了解作为销售员应掌握的知识。

2．培养作为销售员的推销技能与技巧。

实训内容与方法

情景：实战推销技巧吸尘器——用证明来说服你的顾客。

金亮是某大型百货商场小家电组的吸尘器销售员，一天上午，一位女士来到他的柜台。金亮心想，今天运气不错，因为根据他的经验，向这样的女士推销成功率较高。

金亮：“早安，女士，我叫金亮，您是打算购买吸尘器吗？我们塞斯公司生产的吸尘器，质量优良，任您挑选。”

女士：“金先生，我忙得很呢，而且，我也不想更换新的吸尘器。”说着，就要离开柜台。

如果你是金亮，下一步该怎么做才能留住这位顾客？“事实胜于雄辩”，你如何让你的准顾客相信您说的都是事实？如何使产品展示更具说服力？

方式如下：

1．一个模拟销售团队出一名同学扮演金亮，另一个团队出一名同学扮演安女士；然后，再由其他团队轮换。

2．扮演金亮的同学尽其所能，力求使产品展示更具说服力，各团队扮演者提出不同的推销方案；扮演安女士的同学对金亮的推销方式作出回应。

3．团队的他其成员可以为其扮演者提供建议，作为后援。

4．其他团队的成员可作为观察者，现场观察双方的推销与回应，并对各团队的表现进行评价与打分。

实训要求与要领

1．金亮扮演者要从销售员的角度设计推销方案，向准顾客证实你的销售重点。各位金亮设计的推销方案应不同。

2．安女士的扮演者要演好普通消费者的角色，对金亮的推销提出各种问题，要有针对性。各位安女士的扮演者提出的问题应不同。

3．在模拟过程中角色扮演者要全身心投入，作为销售人员时在现场要做出积极反应，作为顾客或用户身份时，要敢于直言质疑，以达到模拟效果。

4．观察者要仔细观察，做好记录，记录角色扮演中的要点和需要改进的地方。评价要客观公正。

实训成果与考核

1．金亮的扮演者要写出对所扮演角色的认识、推销方案的提纲以及针对安女士可能提出问题的预先回答。按照二分规则评定成绩。

2．安女士的扮演者要写出对所扮演角色理解、对金亮的推销提出各种问题以及针对金亮推销提出的应对措施。按照二分规则评定成绩。

3．上述成绩均由观察者评定。

训练项目4　情景剧：处理顾客的异议

训练目标

1．了解顾客异议的类型。

2．端正对待顾客异议的态度。

3．学会熟练运用处理顾客异议的方法。

实训内容与方法

1．每个学生都要搜集一个有关营销人员协调控制与评价的案例。

2．每个模拟卖区将其成员搜集的案例分析整理并整合成一个典型案例。

3．将该案例编成剧本，并由本公司成员进行排练。

4．各卖区将各自的情景剧在全班演出。

5．在轮值公司主持下，全班共同进行分析评价。

实训要求与要领

1．所选取的案例，特别是剧本，必须符合下列要求：

（1）内容是关于顾客异议、顾客与营销员之间发生的矛盾或冲突时如何调节与处置的问题。

（2）应是错综复杂、是非难断、有较大的分析讨论空间的。

2．情景剧表演必须遵循三个基本步骤：

（1）顾客异议或冲突的客观表演。

（2）两种以上的对该冲突处理或解决的办法或决策。

（3）学生们对各种解决方案的分析与评价。缺步骤也要扣分。

3．选择一个有利于表演的场所。

4．通常需要较长时间的充分准备。

实训成果与考核

1．对所有学生所搜集的案例，按照二分规则评定成绩。

2. 每个卖区的剧本积二分（可由卖区长依据实际贡献分劈），被评为最佳剧本的（不超过三分之一）可积三分。

3．参加表演者，可按照二分规则评定成绩。

训练项目 5　顶岗训练：柜台销售与服务

训练目标

1．加深对商场柜台销售与服务的感性认识。

2．提高商场销售与服务各环节的应变能力。

3．进一步强化自我突破、敢于挑战的心理素质。

实训内容与方法

1．与合作企业共同安排，到企业站柜台顶岗训练。

2．每个人选定商场的一个卖区或一个卖区的商品柜组。

3．为该种商品或该品牌商品设计销售卖点，并在实际销售中观察效果。

4．每个人的柜台销售与服务时间不得少于一周。

5．体验结束，每个人写一份顶岗工作体验。以班为单位组织交流，每人介绍自己的销售心得。

实训要求与要领

1．每位同学都要参与体验，其着装和仪表必须符合商场卖区的规定和要求。

2．每位同学事先要认真搜集相关的产品资料与信息，写好销售提纲，内容包括销售的商品种类和品牌、该商品在市场中的地位、该商品的特点、目标顾客的年龄、经济收入、销售卖点、销售柜台展示等。

3．参加者必须态度认真，按照一名合格的销售人员标准要求自己，勇于自我突破，凡商场卖区认定不合格者必须重新上岗体验。

4．上岗体验成绩综合评定。

实训成果与考核

1．顶岗前，每人提交一份商品销售提纲，作为一次作业，按照二分规则评定成绩。

2．实习结束，每个人提交一份实习总结，作为一次作业，按照二分规则评定成绩。

3．同学顶岗的表现，由教师与商场卖区，按照二分规则共同评定成绩。

资源库

知识链接

资料1　如何做好柜台销售[1]

销售人员最重要的法则就是，用有说服力和感染力的语言描述你的产品。

1．FAB法则

FAB法则在销售过程中应该理解为属性、用处、利益，并且要按照这样的顺序进行。

属性（feature）：商品或服务所具备的一切属性。

用处（advantage）：商品或服务的用处和给顾客带来的帮助。

利益（benefit）：商品或服务能明显满足顾客的需求。

用FAB法则介绍商品有两个好处：一能让顾客听懂商品介绍；二能给顾客真实可靠的感觉。

2．介绍商品的原则

介绍商品时要非常简明、扼要、清晰易懂，争取一句话就能让顾客知道商品的优点。而且在柜台销售中介绍商品一定要循序渐进，要有选择性地介绍商品。比如在介绍商品时可以说“您看我认为这款机器比较适合您的家庭。”千万不要在第一次推荐时就说得非常具体，让顾客没有选择的余地。

---

① 刘涛．2003．门市销售服务技巧．北京：北京大学出版社

资料2　成功识别成交信号[①]

如何第一时间识别顾客发出成交信号，在顾客发出此类信号时能往成交的方向引导，并最终促成成交。

1．成交的语言信号

（1）提出意见，挑剔产品。俗话说“挑剔是买家”。当顾客提出异议或对产品评头论足，甚至表现出诸多不满时，有可能是产生购买的欲望，在尽可能地为自己争取利益。

（2）褒奖其他品牌。其实和上边的道理一样，顾客是在为自己争取好的谈判地位，以便在下一步的购买中得到更多的“便宜”。

（3）问有无促销或促销的截止期限。顾客总是想买到价廉物美的产品。能少掏点就少掏点，毕竟掏腰包对顾客是最痛苦的过程，能有优惠打折赠品的促销活动消费者是绝对不会放过的。

（4）问团购是否可以优惠。这也是顾客在变相地探明厂家的价格底线。

（5）声称认识厂家的某某人，是某某熟人介绍的。中国是关系社会、面子社会，人情世故还是非常重要的。

（6）打听产品保养、保修之类的售后问题。中国消费者最缺乏的就是消费的安全感，所以顾客对保修等售后问题是必问的问题之一。

（7）问与自己同行者的意见。人是需要认同和被认可的。在自己拿不定主意或主意已定时，用别人的意见佐证一下是人之常情。

（8）问送货的时间或到货的时间，特别是对一些没有库存、需要厂家定制类的、有一定生产和送货周期的产品。

（9）问付款方式。如定金还是全款，分期还是全额等。

（10）顾客直接“投降”：“你介绍的真好”，“真说不过你了”等。

2．成交的动作信号

（1）由静变动。在动作上由抄手、抱胸等静态的戒备性动作，转向“东摸摸、西看看”的动态动作。俗话说“爱不释手”。如果顾客对产品动“手”了，至少说明顾客有了购买的意向。

（2）由紧张到放松。顾客在决定购买前，心理大都比较紧张、焦虑、不安。一旦顾客确定下来，心理就如释重负，在行为动作上会表现出放松的状态。如坐着的顾客动作有原来的前倾变成后仰。

（3）看顾客的双脚。顾客的双脚可能透露顾客真实的购买意愿。当顾客说，“你不降价，不给我优惠，我真得走了啊”，上身已经有转身的意思，但双脚还死死地冲着想买的这套产品时，说明顾客还是在测商家的价格底线，这时候就要看谁撑得住了。

3．成交的表情信号

（1）目光在产品逗留的时间增长，顾客的微妙变化可以洞察先机。

---

① 韩锋．中国营销传播网．2008-07-10（www.emkt.com.cn/article/373/37382.html）

（2）顾客由咬牙沉思变成表情明朗、放松、活泼、友好。

（3）表情由冷漠、怀疑、拒绝变为热情、亲切、轻松自然。

4．成交的进程信号

（1）转变洽谈环境，主动要求进入洽谈室或在导购要求进入时，非常痛快地答应，或导购在订单上书写内容做成交付款动作时，顾客没有明显的拒绝和异议。

（2）向导购介绍自己同行的有关人员，特别是购买的决策人员。如主动向导购介绍“这是我的太太”，“这是我的领导×”等。

根据终端环境的不同，顾客的不同，销售的产品的不同，导购员介绍能力的不同，成交阶段的不同，顾客表现出来的成交信号也千差万别。总之，如何读懂顾客的“秋波”，对大多数终端导购来说，是“运用之妙，存乎一心”！

范例

××商厦营业员每日工作流程

	时间段	工作内容
开业前准备程序	8：20～8：30	（1）准时到店、凭胸卡站排进店 （2）到岗后进行安全检查，发现问题保护现场及时向有关部门报告 （3）换好规定工作装，佩带好胸卡
	8：30～8：45	准时参加商场班前会
	8：45～8：55	（1）清扫卫生，做到地洁、柜净、玻璃亮、商品无积 （2）备齐上柜商品，做到库有柜台全 （3）检查物价、价签相符对位 （4）加强陈列、突出美感 （5）抽查定量包装的计量，校对衡器 （6）备好发票，备齐售货用具；收款员备足零用钱，调好现金收讫日期
	8：55～9：00	（1）进入开业前五分钟早静止。开业第一遍铃为外升国旗，内早静止；早静止后打开二次照明灯。第二遍铃为开业铃声 （2）精神饱满，恭候顾客光临
营业中工作程序	9：00～10：00	（1）定岗定位站好，使用文明用语，欢迎顾客光临 （2）可上货、调货或对账、下账。
	10：00～12：00	（1）顾客光临柜台时，主动打招呼，热情迎接，使用迎宾用语，身随客动，业务忙时，做到接一待二照顾三，人未到话先到，不得以任何借口不接待顾客 （2）拿递商品时，要动作敏捷，轻拿轻放，要了解不同顾客习惯，做到心中有数，接受顾客的意见 （3）展示商品时，要突出主要部位和全貌，便于顾客挑选，需要调试的商品，要当面示范，使顾客了解使用方法及性能 （4）介绍商品时，要实事求是，不做虚伪宣传和误导，详细的介绍商品的产地、质量、计量、价格、规格、等级、特点、性能、用途、使用方法、保养方法及售后服务等方面的内容，要主动介绍，当好参谋，做到百问不烦，百解不厌 （5）填写有关票据、发票、售货单和结算款项时，做到字迹清楚、符合格式要求，不得涂改票据 （6）收找货款，唱收唱付，钱物要当面点清，交接清楚，不得发生结算错误和票据差错 （7）解答顾客询问时，回答要具体，介绍要详细，地点要指准，言行有礼貌

续表

	时 间 段	工 作 内 容
营业中工作程序	12：00～13：00	（1）中班营业员换饭时间为60分钟，出入时在出入登记簿上记好时间 （2）人员交接班迅速且不影响对顾客的服务 （3）两班倒交接班时，对大宗商品销售业务交接清楚，做到帐货相符，责任明确
	13：00～16：30	（1）同10：00～12：00工作程序 （2）16：00后可上货、调货或对账下账
	16：30～17：30	晚班营业员换饭时间为30分钟，出入时在出入登记簿上记好时间
	17:30～20:00（夏） 17:30～21:00（冬） 20：00～20：50	（1）同10：00～12：00工作程序 （2）柜台前无顾客，可打扫商品和柜台内地面卫生
	20：50～Z0：55	柜台前无顾客时可遮盖商品。
	20：55	打第一遍为晚送客，有顾客购买商品时，营业员要继续做好接待工作，无顾客时要立正欢送顾客，一遍铃停止后，换工作装，闭二次照明灯
闭店后清理程序	21：00	（1）接待好最后一位顾客，打票、点款、结帐、缴款 （2）检查“四防安全”，清扫地面，清除废旧包装物 （3）闭店时打第二遍铃响后，员工离岗下班

业务工具

消费者意识变化分析表[①]

○总括

消费者意识变化关键重点	公司应对关键重点

○消费者社会构造的变化

（高龄化社会、女权时代、年轻人社会、国际社会、小家庭化、个人社会）

○消费者生活意识的变化

（重视个人生活、重视个性、自我主义）

① 博学堂/中国策划网（bookwoo.com.2006-3-17）

续表

○消费者生活价值的变化 （女性重视工作、文化提升、健康导向、休闲导向、美食主义）
○公司的应对、分析

单元五　商品盘点与防损训练

营销工作描述

盘点是指定期或临时对库存商品的实际数量进行清查、清点的作业，即为了掌握货物的流动情况（入库、在库、出库的流动状况），对仓库现有物品的实际数量与保管账上记录的数量相核对，以便准确地掌握库存数量。定期、及时、准确地进行盘点，有利于控制存货，及时掌握损益情况，尽早采取防漏措施，改善经营绩效。

盘点作业流程如下：

1. 盘点基础工作。它包括盘点方法、账务处理、盘点组织、盘点配置图等内容。
2. 盘点前准备。它包括人员准备、环境整理、准备好盘点工具、通知顾客、盘点前指导等主要事项。
3. 盘点工作分派。初盘时，最好由管理该类商品的销售人员来实施盘点，然后再由后勤人员及部门主管进行交叉的复盘及抽盘工作。
4. 盘点后处理。可细分为资料整理、计算盘点结果、根据盘点结果实施奖惩措施；根据盘点结果找出问题点，并提出对策；做好盘点的账务处理等具体工作。

防损是指商场通过设立一定的职能部门（小型商场一般不设），按照科学的方法和程序，针对易发生损失的环节采取有效措施的经营行为。积极、务实地做好防损工作，有助于商场控制损耗，减少事故，降低成本，增加利润。

商场防损工作程序如下：

1. 进行全员防损教育。
2. 摸清易发生损失的环节和部位。

3. 建立防损组织与制度，落实防损责任。

4. 普及和推广防损知识、技术与技巧。

5. 总结防损实践中的成功经验与漏洞，持续改进防损工作。

实训目标

1. 了解商品盘点的目的与流程。

2. 掌握商品盘点的技术要领与科学方法。

3. 树立先进的防损理念。

4. 熟悉防损的基本知识和工作程序。

5. 培育不断探索防损关键部位及其应对的能力。

训练项目 1　案例分析：国外知名零售商防损的最佳实践①

训练目标

1．加强对防损重要性的认识。

2．了解国外先进的防损技术及经验。

3．反思我国商场防损管理中的不足及解决途径。

案例与问题

1．Best Buy——防守的角色是防损。

Best Buy 是全球最大的消费电子产品、个人电脑及娱乐软件的专业连锁零售商，在美国和加拿大有 1900 多家连锁店。2003 年，Best Buy 的营业额达 226 亿美元，列美国 500 强企业排行榜第 78 名。它的防损部副总裁 Paul Stone 有这样一段话："一个零售企业就如同一支美式足球队，需要进攻与防守的技巧和策略。对一支球队来说，没有什么比辛辛苦苦通过进攻得分，却因为防守不当而前功尽弃更令人沮丧的了。在零售世界里，这个进攻的角色就是营运和采购，而防守的角色就是防损。"

早在 1995 年，公司的损耗率就超过了 1%，这让防损部意识到仅仅是防损部单枪匹马的工作是没有用的，公司必须建立一种人人防损的文化，并且有慷慨的损耗奖励计划，将员工努力挽回损耗的一部分返还给员工做奖金。公司还建立了营运标准平台，让营运、防损、采购、库存管理等各个部门在损耗控制方面人尽其责。经过几年的努力，这家公司的损耗率在同行业中达到了较低的水平。

2．Home Depot——防损科技的使用。

Home Depot 是全球第一的家居零售商，2003 年的销售额为 648 亿美元，名列美国 500 强企业排行榜第 13 名。它的防损部副总裁 Marvin Ellison 说："在一个零售环境里，

① 臧游．广东商业网 2004-12-7（www.gdchain.com.cn）

如果防损部不考虑销售、商品和顾客服务，那它就不能发挥作用。”从 2000 年开始，Home Depot 的损耗率达到了它的历史最低，远远低于同业的平均水平。

在 2003 年，防损部最明显的投资是为所有的商场安装了 40 000 多个数字彩色摄像镜头，图像通过 DVR（sdigital video recorder）的处理，可以通过互联网远程传送。这些镜头对小偷产生了极大的威慑作用，同时加上几千个假的监控镜头球罩，使得一个人不管站在商场的任何一个地方，都会看到最少有 5 个镜头球罩对着他。

公司正在推广 RFID 标签的使用，RFID 将引起零售业防盗技术的革命，它不仅可以告诉你什么商品丢失了，还可以具体到商品的型号、规格，甚至在库存里多长时间。任何使用了 RFID 的商品如果没有付款都会报警，它的功能已远远超过了 EAS。防损部还参与了产品包装的设计，这也是商品防盗的趋势。

3．Hollywood Entertainment——从行政防损向战略防损转变。

Hollywood Entertainment 拥有 1800 多家 Hollywood Video 音像连锁超市，它的防损团队用了两年的时间完成了从行政防损向战略防损的转变。在过去，这家公司的防损部完全是行政化管理：接受案件调查，监督盘点，报告盘点结果，防损部和其他部门的关系不够密切，很少有人知道防损部具体的运作方法和工作目标。今天，防损部的高层使得整个部门更具有前瞻性和更有远见。每周的防损高层会议都会有 CFO、CIO、营运的 EVP 和采购的 SVP 参加，通过管理高层的交流，各个部门更加清楚地了解了防损部的职责与挑战，人人防损成了公司制定战略时不可缺少的一环。

防损部不断利用 IT 技术提高生产力，他们和 IT 部门合作开发了防损数据库，可以和公司系统无缝链接生成各种定制的例外报告，其中和损耗有关的报告包含了 19 项导致损耗的指标，涵盖了日常管理的各个方面。并通过一种无线“掌中宝”的手机大小的掌上终端进行无纸化办公，每一次的门店审计结果通过掌上终端发送到服务器，就会立即通过服务器发送到其他门店防损部的“掌中宝”上，极大地提高了信息传递和处理的效率。

公司防损经理的角色也从原来的处理诚信问题扩展到培训员、审计员和盘点的公证人，他们要对损耗、日常例外、异常费用和相关的培训负责。每一个季度都会有一个报告显示上述的 KPI 指标的进展和完成情况。

4．Lowe’s——防损不仅仅是防盗。

Lowe’s 是美国第二大家居连锁商场，2003 年的销售额为 312 亿美元，在全美 500 强企业中排名第 50 名。它的防损部认为公司 80%的损耗是由员工造成的，而其中的 40%归结于员工的诚信问题，而另外的 40%完全是文件的损耗造成的。于是由防损部协调成立了 Manager of Merchandise Shrink Control（MMSC）商品损耗控制小组，一个包括防损、采购、营运、盘点人员、财务、质检人员、供应商在内的团队去发现并解决作业中的损耗问题。

整箱与单只的条码问题：商品的进货与销售的条码必须一致，否则会造成库存的混乱和售价差错。还有商场订单上的商品规格要和供应商的商品规格保持一致，否则会造

成收货数量的错误。这个小组通过营运的跟进和采购的协调，在 2001 年将家具部的损耗降低了 55%。

商品包装问题：有的供应商在商品条码旁印有商品的批号，这会误导收银员，如果条码不能扫描，他就把商品的批号当成商品编码手工输入，可能卖成另一种商品导致售价出错。这个小组通过让供应商改进包装从而解决了这个问题。

订单的错误：通常情况出现重复的订单，会被发现和取消。但有时同样的商品大量订货，会产生疏忽，同一张订单会进到系统两次，而商场收货的员工发现同一个订单有两个收货收据号，而有一笔是没有供应商送货单，他们如果不负责任就会让供应商复印一份送货证明。这样虽然在财务结账时按照送货单原件不会付错款，而在商场的库存系统却虚增了一笔进货，产生了损耗。这个小组通过周期盘点发现库存短缺时，去查近期的收货记录，如果发现一张订单收了 2 次，而数量刚好是盘点短缺的数量，这个问题就解决了。

陈列样品的处理：商场里大件的陈列样品虽然是商品，但库存成本会转为陈列费用，从库存中减掉，在大盘点中不盘。由于商场中有成百上千的大件样品，又在不断变化，如果不能很好的跟踪他们是否从库存中剔除，到大盘点时就会产生很大的损耗。这个小组每周都会打印陈列商品清单，逐个核对，确保无误。

通过持续不断的努力，Lowe's 的防损部被它的 CEO 评价为是利润的改善者。

5．JCPenney——防损数据库。

JCPenney 是全美最大的百货连锁公司，拥有 1100 多家商场和超过 200 000 名雇员。它的防损部致力于建立一种系统能够在营运出现例外时自动亮红灯，而不是人为地辛苦地去寻找这些例外，这个系统就是防损数据库。

早在 1996 年，防损部就和 IT 部门一起，将 POS 的数据提取出来建立了例外报告系统，目前这些数据已扩展到退款、信用卡作废、收银机短款、销售调整、折扣、公司购物卡等方面。例如，服务台的员工在利用顾客退款时，所退金额超过小票上的总金额，而将多出的金额窃为己有，这时就会有例外报告生成，报警说有一笔退款的金额大于原小票的总金额，这样就发现了他的欺诈行为。利用数据库，防损部可以检索任何一家商场在近 90 天内发生过短款的员工，总部防损部还可以通过网络远程监控任何一笔实时交易。针对上述的指标都会统计出商场的平均水平，一旦个别员工在某方面的表现超出了平均水平，就会有例外报告生成便于让管理者评估和改进他们的表现。JCPenney 的防损数据库使得它的损耗率在同行中位于较低的水平。

像这种专门为零售商提供防损设计的软件公司比较著名的有Trax Software&Consulting、Aspect Loss revention、Datavantage。

6．Paradise Shops——让防损成为公司文化的一部分。

Paradise Shops 是机场连锁店，成立于 1960 年，今天已在美国和加拿大的 61 个机场开设了 350 家连锁商场，每年为超过 5 亿的旅客服务。在 1998 年以前，这家公司的防损工作非常薄弱，后来随着防损部副总裁 Griffin 的加盟，情况开始有了转变。Griffin

有着过去在Best Buy、Kmart的防损经验，他帮公司引进了新型的POS机，让监控系统网络化，给保险柜加装触摸屏数码锁从而让现金管理更安全等，进行了一系列技术变革。同时防损部对商场的流程做严格的审计和监督，让员工感受到他们的工作时刻受到检查，让想偷东西的人没有机会。

公司还推广损耗奖励计划，其中设立了“损耗银行”。如果员工有控制损耗的好点子，他的损耗账户将获得一定积分，如果被评为月度防损之星，将获得3500分；年度防损之星，将获得10 000分。积分最后可以换取奖金。

公司对诚信要求非常严格，对内部盗窃的态度是零容忍。

这家公司虽然是一家家族式企业，但防损已经成为其文化的一部分。

供分析的问题如下：

1．请总结国外有哪些先进的防损理念？

2．与国外相比，我国在商品防损管理中有哪些不足，案例中哪些先进的防损理念可在我国应用？为什么？

组织与要领

1．认真研读案例，并搜集有关防损文献信息。

2．每人写出发言提纲。

3．由轮值主持公司组织全班讨论。

4．本案例分析的重点是防损与企业文化的关系，高科技的运用在防损中的作用。可在通过文献研究和企业实地调研等手段获得我国商场防损实际的基础上进行比较分析。

实训成果与考核

1．每个人的发言提纲可作为一次作业，由教师按照二分规则评定成绩。

2．根据发言者的情况，按照二分规则评定成绩。

训练项目2　商品盘点作业

训练目标

1．了解商场盘点的目的、制度与组织。

2．掌握现场盘点的技术与方法。

3．学会处理盘点数据信息。

实训内容与方法

1．选择月末时间到合作企业相应卖区进行盘点作业。按模拟销售团队进行分组后，委派到各个卖区。

2．进行盘点前的准备工作：提前贴出即将盘点的告示，整理商品、环境、单据。

3．选择具体的盘点方式。

4．将盘点区域进行划分，将确定的责任区落实到人，并告知各有关人员（绘制盘点配置图）。

5．使用盘点表进行盘点。

6．将盘点后获得的资料输入计算机进行分析。

实训要求与要领

1．要认真领会卖区的盘点制度，主要内容包括确定盘点周期、盘点流程、盘点方式等。

2．各团队要绘制盘点配置图，明确各个人员的工作区域与岗位职责。

3．在盘点过程中，各团队可再进行细分，最好两人一组，一人盘点一人记录，并注意复诵以避免错误。

4．使用盘点表时要详细加以记录，避免念错、听错、写错等现象的发生。

5．要注意盘点表上数字书写的正确性及清晰性，以利于盘点后的整理工作。

6．盘点数字要可靠，严禁以次充好。

实训成果与考核

1．各团队提供一份盘点配置图及填写好的盘点表作为作业，由商场卖区方面按照二分规则评定成绩。

2．由商场卖区和教师共同就对各团队成员盘点过程中的表现进行打分，按照二分规则评定成绩。

训练项目3　商场防损管理调研

训练目标

1．了解不同业种或业态商场商品损失现状、特点、原因。

2．探究可供商场普遍应用的防损方法及策略。

实训内容与方法

1．以模拟销售团队为单位，各选择一家商场卖区（最好是合作企业）进行调研，调研内容包括该商场商品损耗控制的计划、商场防偷窃政策、退货/退款政策、购买破损折价商品政策、破损商品的处理、安全保卫、店内使用商品的管理、钥匙的管理等。

2．将资料进行整理，各团队将整理好的资料进行介绍，并将各卖区的资料进行对比，寻找各卖区在此方面的相似和不同之处。

3．总结各卖区可供商场普遍应用的防损方法及策略，最终形成调研报告。

4．在班级组织交流与评价。

实训要求与要领

1．各团队成员必须深入卖区，调研过程要细致、认真。

2．收集的数据资料需具备较高的真实性与准确性。

3．讨论时要求每组成员都能够积极发言，集思广益。

4．提交的调研报告格式规范，内容要翔实，并具有一定的应用价值。

5．争取获得合作企业的支持与指导。

实训成果与考核

1．根据各团队提交的调研分析资料与解决方案，按照二分规则评定成绩。

2．根据各卖区讨论会上的表现，按照二分规则评定成绩。

3．根据各团队成员在工作中的表现，按照二分规则由教师和合作企业主管人员共同评定成绩。

训练项目4　顶岗训练：参与防损实践

训练目标

1．理解商场防损的重要意义，树立全员防损意识。

2．熟知商场卖区的防损制度与工作流程。

3．掌握商场各卖区产生损耗的主要环节、部位及其原因。

4．学习防损技术与技巧。

实训内容与方法

根据所掌握的知识，到合作企业商场卖区进行防损见习。此项训练也可以与上一项训练结合进行。

1．以模拟销售团队为单位，深入合作企业的相关部门，如防损部，生鲜食品卖区、百货卖区等，实际参与防损工作，一般不少于三天。

2．同学在本卖区或部门的工作范围内寻找商品损耗原因，提出解决商品损耗的建议与办法，执行其建议与办法，测验其可行性和效果。

3．顶岗训练结束后，每人写一份顶岗训练体会。

实训要求与要领

1．要求每个同学能够积极与商场或卖区管理人员联系，不怕被拒绝。

2．在见习中要认真、细致，切勿急躁。

3．认真观察、寻找商品损耗的环节、部位，缜密分析、思考其产生原因，积极提出有效的解决方案。

实训成果与考核

1．由教师和所在的商场卖区或部门，根据学生的见习表现，按照二分规则评定成绩。

2．对各团队提出的商品防损解决方案及其使用效果和顶岗体会材料，按照二分规则评定成绩。

资源库

知识链接

资料 1　可能出现错误的情景[①]

(1) 盘点前没有充分准备。

(2) 盘点前库存量没有合理控制，库存庞大。

(3) 盘点货位分布图有区域遗漏。

(4) 培训不够导致员工对盘点流程不熟，尤其是让促销员参与盘点。

(5) 不参加盘点的区域没有明显的“不参加盘点”标识。

(6) 盘点前没有及时处理单据，造成初盘结果误差很大。

(7) 已经盘过的仓库没有封库，商品进出没有登记。

(8) 样品、赠品和商品没有区分，造成盘盈。

(9) 点数错误或串盘。

(10) 未将堆头下的商品开箱检查。

(11) 数据录入错误，管理人员人为干扰，篡改盘点数据。

(12) 店外的库存商品漏盘。

(13) 缺乏盘点抽查机制，影响准确率。

(14) 对所有区域缺少总控，造成某个区域漏单漏输。

资料 2　盘点方法列表

	实物和账面		区域		时间段		周期	
方法	实物	账面	全面盘点	区域盘点	营业中	营业后	定期	不定期
定义	实际清点存货数量方法	以书面记录或电脑记录进出账的流动状况而得到期末存货余额	将店内所有存货区域进行盘点	以类分区，依序盘点一定区域，如此周而复始	盘点时商店仍对外营业	商店在关门后盘点	每次盘点间隔期一致的盘点	盘点间隔期不一致的盘点
适用范围周期	商店实物盘点	由电脑部和财务部进行	一年二次	周期性	库存区盘点	销售区域盘点	全面盘点	大家电、精品等，或突发事件等

范例

××超市商品盘点操作程序[②]

1．盘点前准备工作

(1) 盘点前将有关单据按规定的程序传至财务部记账，并将腐烂、过期、缺损、滞销、换季商品

---

① 张艳玲．2009．商场销售实务．北京：科学出版社

② 中国超市策划网（www.cncsch.com/web/wenan/2007/12/cncsch_0600W079.html）

分别作报废或退货。

（2）整理盘点区域。① 仓库，将商品按一定次序分类堆放。② 排面，单品清晰，无散货。③ 端架，无其他商品堆垫。④ 促销区，无其他商品和空箱堆垫。⑤ 天花板，无吊起商品。

（3）收货部应积极配合部门尽快整理、处理商品，并在盘点当日中午12点停止收货。

2．盘点注意事项

（1）清点时按商品的摆放位置从上至下，从左至右逐一清点，复盘完毕前禁止收票。

（2）盘点小票书写应端正清晰，清点人、监盘人、复盘人分别签字确认。

（3）盘点表票回收之后任何人不得擅自修改，如确实有误需修改的，必须由财务分管会计监督重盘后可修改，并经分管会计签名确认。

（4）复盘比例。

100%：电器、烟酒、化妆品、粮油、奶粉、生鲜区。

50%：个人清洁品。

20%：其他。

复盘比例可由店长根据现场销售、库存、损耗状况随时调整。

（5）分店月盘点流程（略）。

不同报警情况的处理细则

情景1：顾客空手出超市时，引起报警 处理措施： 1．友好地留住顾客，请顾客后退 2．请顾客逐个通过安全门，确定是哪一个顾客引起报警 3．若该顾客通过安全门依然报警，则友好地提醒顾客有无在超市购物而忘记付款 4．若顾客肯定回答，请顾客到收银台付款，顾客若否定回答，请他再次通过安全门，报警后请求顾客协助找到感应标签 5．若顾客坚持否定或有异议，可以请顾客到办公室处理 注意事项： 1．安全员面带微笑，伸出一只手，呈现友好邀请客人的姿态 2．不要接触顾客身体、不能搜身、不可言辞激烈 3．不用“防盗标签”、“防盗门”字眼 4．不用任何带有“偷”的字眼
情景2：顾客带着商品出超市时，引起报警 处理措施： 1．友好地留住顾客，请顾客后退 2．请顾客逐个通过安全门，确定是哪一个顾客一起报警 3．采取“人物分离”的方法，让顾客单独将商品通过安全门，查看商品是否一起报警 4．若商品未引起报警，则按情景1处理 5．若商品引起报警，则同顾客一起查看商品中有无带感应标签的，带有感应标签的商品是否再收银小票上 6．判断商品属于已付款未消磁的，请收银员重新消磁并感谢顾客，属于未付款的，请顾客付款或到办公室处理

续表

注意事项： 1．友好地留住顾客请顾客后退 2．安全员面带微笑，伸出一只手，呈现友好邀请客人的姿态 当顾客不能拿出商品的付款证据时，安全员必须倾听顾客的解释 3．除非顾客自己承认偷窃，否则在警方未确认或证据不确凿的情况下，不能认定顾客有偷窃商品的行为
情景 3：顾客带着商品出超市时，引起报警 处理措施： 1．当某顾客引起报警，安全员已经掌握该顾客在超市的偷窃行为，安全员直接将商品连同顾客，请到办公室进行解决 2．若安全员已经掌握该顾客在超市的偷窃行为，即使出门时未引起报警，安全员可以要求顾客出示付款凭证等，查出未付款的商品，将商品连同顾客请到办公室进行解决 注意事项：不要引起冲突，特别是顾客不愿意到办公室解决时，要软中带硬，使用说服、劝服的手段

业务工具

商品盘点管理表单如下①：

盘点作业责任区域分配表

姓名	盘点类别	区域编号	盘点单编号			盘点金额
			起	讫	张数	
合计						

盘点单

部门：　　　　　　　　　　　　　　　　货架编号：

品号	品名	规格	数量	零售价	金额	复点	抽点	差异
小计								

抽点：　　　　　　　　　　　　　　　　复点：

单元六　柜组核算与绩效考核训练

柜组核算就是对本柜组商品的进、销、存等基本业务情况进行汇总的过程，其目的是为商场的经营与管理决策提供依据。柜组核算的一般流程如下：

① www.linkshop.com.cn/index.htm

1. 核算员根据理货区传递过来的业务单据，与柜组商品进、销、存日报表和柜组业务单据汇总表核对，对未达单据填制柜组未达单据调节表。

2. 将商品进、销、存日报表的销售累计数与开单销售的汇总表进行核对，无误后将商品进、销、存日报表和柜组业务单据汇总表交至本商品部核算组。

3. 商品部核算员对所选商品进行抽查时，柜组、店内库如实出具有关进、销、存单据和填写商品检查明细表。

柜组绩效考核就是依靠科学的标准、准确的统计，对柜组工作和成员的表现进行评价的行为。做好柜组绩效考核工作，有利于激励本柜组员工的工作热情，促进销售计划的完成和目标利润的实现。

柜组绩效考核工作程序是：

1. 充分掌握和理解商场总部绩效考核管理制度和原则。
2. 弄清本柜组的实际情况，了解本柜组成员的意见和建议。
3. 制定本柜组的绩效考核指标和实施办法。
4. 组织实施。
5. 及时上报考核结果。
6. 倾听员工的意见，不断总结绩效考核经验和不足。

实训目标

1. 学会整理柜组商品进、销、存日报表和汇总业务单据。
2. 基本掌握绩效考核的方法。
3. 培养努力完成绩效考核业绩指标的信心和能力。

训练项目1　案例分析：The Gap 公司的营业员绩效考核指标[①]

训练目标

1. 熟悉商场营业员的一般绩效考核指标。
2. 学习和思考如何设计商场营业员的绩效考核指标及其权重。

案例与问题

The Gap 公司的营业员绩效考核评价标准

主要因素	权　重	细化因素
销售额与客户关系	50%	（1）问候：在1～2分钟内面带微笑，态度友好地接近顾客，运用开放式问题 （2）产品知识：示范对产品资料、适合尺寸、收缩率、价格的认识，并能把这些信息传达给顾客 （3）建议购买其他产品：在试衣间和收款台、包装处走近顾客 （4）建议顾客购买并增强其决策决心：让顾客指导他们做了一次明智的选择，然后感谢他们

① 迈克尔·利维，巴顿A韦茨．2005．零售学精要．郭武文，王千红等译．北京：机械工业出版社

续表

主要因素	权重	细化因素
经营	25%	（1）商店外观：在陈列区注意展示一些细节（色彩和搭配），协调桌上摆放的商品、楼层内的陈列架、墙面，主动保持商店展示的标准 （2）预防损失：积极遵照所有的预防损失的程序行事 （3）商品控制和处置：一贯能够达到设立的有关价格变动、运输程序和存货控制的要求 （4）付款与包装程序：准确有效地遵循所有的登记政策和付款、包装程序
守纪	25%	（1）穿着代码与外观：遵守穿着代码，看起来很整洁并且经过精心修饰过，反映 the Gap 公司追随流行时尚的形象 （2）适应性：能够从一种任务转向另一任务，对工作安排的调整持开放态度，表现出主动性和对商店优先事项及需求的了解 （3）工作关系：与同事的合作，愿意接受管理部门的领导和指教以及与管理当局的交流

供分析的问题如下：

1．你认为The Gap公司的营业员绩效考核指标及其权重是否合理？为什么？

2．通过在模拟商场的见习，联系其实际谈谈你对营业员绩效考核指标的看法和建议。

组织与要领

1．仔细研读案例资料，并尽可能地收集相关信息。

2．在此基础上拟定针对本案例问题的详细发言提纲。

3．本案例的分析重点应放在The Gap公司的营业员绩效考核指标是否合理上，积极探讨和思考合理、公正的营业员绩效考核指标及其权重。

4．组织全班同学讨论。

成果与考核

1．每个同学的发言提纲可作为一次作业，按照二分规则评定成绩。

2．讨论结束后，依据发言者的表现，按照二分规则评定成绩。

训练项目2　顶岗训练：柜组核算

训练目标

1．能准确、熟练地整理柜组商品进、销、存日报表。

2．学会柜组业务单据汇总表的分析、核对。

实训内容与方法

1．在合作企业的安排下，选择临近月末或月初时段到商场卖区参加柜组核算实践。

2．以销售团队为单位，安排到不同卖区或柜组，卖区或柜组的核算员负责传帮带这些同学。

3．每个同学要熟知卖区柜组核算员的任务职责：

（1）根据理货区传递上来的业务单据，与柜组商品进、销、存日报表和柜组业务单据汇总表核对，对未达单据填制柜组未达单据调节表。

（2）做汇总账时，将商品进、销、存日报表的销售累计数与开单销售的汇总表进行核对，无误后将商品进、销、存日报表和柜组业务单据汇总表交至本卖区核算组。

（3）卖区核算员对所选商品进行抽查时，柜组、店内库应如实出具有关进、销、存单据，柜组核算员如实填写商品检查明细表。

4．见习时间为三天。

实训要求与要领

1．实践同学要认真写好柜组核算实践提纲，主要内容包括归总核算所需各种表格、柜组核算的方法等。

2．每位同学必须认真操作，凡敷衍应付者必须重新见习。

3．如发现有错误数据应及时反馈，确保柜组、卖区、总部财务三方数字吻合。

4．见习同学的表现由柜组负责人和核算员共同评定。

实训成果与考核

1．每位同学提交一份柜组核算见习体会简要报告，作为一次作业，按照二分规则评定成绩。

2．柜组核算员和卖区长联合对见习同学的表现进行考核，按照三分规则评定成绩。

训练项目 3　顶岗训练：业务控制与绩效考核

训练目标

1．了解商场业务控制与绩效考核的基本体制。

2．学习掌握绩效考核的作用与各种工具。

3．学会设计和运用绩效考核业绩指标。

实训内容与方法

1．选择月末或年末时段到合作企业参加绩效考核工作。

2．以销售团队为单位，深入各卖区或柜组，卖区长或考核员负责传帮带这些同学。

3．要弄清该商场对中基层经营部门（如业种和卖区）的业务控制方式、手段、指标是什么。

4．每个同学要明确卖区柜组绩效考核员的任务职责：

（1）负责本柜组和柜组成员的绩效考核工作的组织与实施。

（2）负责对本柜组及成员的各项工作进展情况进行跟踪和督促，并对结果进行考核。

（3）负责组织召开本柜组成员工作例会，分析工作中存在的问题，并及时向卖区考核部门汇报。

5．实习时间不少于三天。

6．每个人要写出顶岗体会，并提出改进建议。

实训要求与要领

1．每位同学预先要撰写详细的绩效考核实习提纲，主要内容包括绩效考核方法、绩效考核业务指标等。

2．实习同学必须认真对待本职工作，发现问题要及时上报有关负责人。

3．考核员要对本柜组考核结果的公正性和透明性负责。

实训成果与考核

1．训练前，每人提供一份绩效考核顶岗训练提纲，作为一次作业，按照一分规则评定成绩。

2．对每个人的顶岗体会，按照二分规则评定成绩。

3．卖区长和绩效考核员共同对实习同学的表现进行评价，按照二分规则评定成绩。

资源库

知识链接

资料　联销业务日常核算管理[①]

1．营业账目的管理

联销营业柜组核算按供应商设置账目，按商品货号分别设立账页。以进、销原始票据作为登记商品账依据。进货时登记“数量”，销售时登记“已销数量和金额”。

（1）商品到货。① 营业员按供应商提供的《商品出库单》（商品发货票），与供应商共同对商品逐笔逐品清点验收。双方确认无误后在出库单上签字、标明日期。供应商不能提供出库单的，按双方共同清点的实货情况填写《装箱单》（代验收单）一式二联，双方在装箱单上签字。商品出库单或装箱单由营业员留存一联。② 营业员按《出库单》或《装箱单》（验收无误的），逐笔登记商品账目，填写商品品名、货号、拟定零售价、商品收到日期、收到数量（在购进栏内填写）。

（2）商品销售。① 每日营业终了，营业员按当日单品的销售合计数量填写《销售日报表》一式二份（营业柜组留存一份、转交供应商一份），以此登记商品账、计算结存数量。营业柜组留存的报单在月末结账后交分公司对账员。② 营业员交接班时，要根据商品账存数量、未进账销售票据的数量，双方进行商品清点。如账货不符，要及时查找原因并向商场经理汇报情况，按规定进行处理，营业员不得采用其他任何办法擅自解决。

（3）商品返厂。与商品到货处理使用单据相同，用红字在商品账和装箱单上记录返厂商品数量。

（4）商品盘点。每月结账日，本柜组营业员对所管理的商品进行实货清点，与商品账核对无误后填写《库存盘点表》一式二份，营业组留存一份，供应商留存一份。

2．收银、付货、对账手续

（1）收款。收银员收款时将发货票内容输入 POS 机，打印出销售流水单一份（非 copy 联）。在发货票和流水单上盖章后，发货票付货联、发票联、售流水单交顾客取货。每日结账时 POS 机打印《收

① 兰贵秋，王娟．2009．营销核算与绩效评价．北京：科学出版社

款员报表》一式二份和《现金结账统计》一份，到内部银行交款。内部银行根据《收款员报表》上打出的各类款项金额收款。其核收后将其中的一份《收款员报表》盖章返回收款员。

（2）付货。营业员付货时，以发货票付货联、销售流水单作为付货凭证。营业员要仔细查看流水单上商品编码、商品名称、数量、金额是否与开据的发货票相符，货付出后将以上单据作为商品销售的依据附在《销售日报表》上。

（3）对账。① 微机室于次日九时打出《供应商销售日报表》一式二份，分公司的对账员取来后与柜组核对。无误后，柜组营业员签字确认，分公司留存一份，返分公司会计一份（当日完成）。并需在微机室打出的《部门销售统计报表》上签字。② 核对中如发现问题，要立即查找原因，填写《纠正单》经微机室审核后调整，调整后的流水返回微机室。

3．日常管理及要求

（1）营业员填写发货票时，必须项目完整、内容准确、字迹清晰。收银员必须准确地将发货票各栏内容输入 POS 机。

（2）营业员、收银员要按岗位规范工作，分公司要建立日常考核制度。定期公布差错率，以保证业务工作正常运行。

（3）公司微机室负责公司各项业务数据管理和监督，要严格审核业务数据的更改，履行变更手续。每月考核各分公司数据输入的差错率，反馈相关部门。

《纠正单》如下所示。

纠正单

分公司　　　　商场：　　　　年　月　日

柜 组	调整日期	调整前			调整后			调整原因	责任人
		商品编码	数量	金额	商品编码	数量	金额		

微机室审核人：　　　商场经理：　　　填表人：

范例

××商场终端销售员的业绩考评[①]

对终端销售员的业绩考评主要包括以下几方面的内容：了解和收集考评资料、建立绩效考核标准、选择考评方法和进行具体考评等。

（1）全面收集考核资料。进行销售员业绩考评，资料、信息收集管理是否全面、充分非常重要。所以必须有相关的管理人员进行搜集和客观的评价。资料搜集不全，往往会造成评价偏颇，使得考核不具有说服力和激励的效果。

（2）建立考核标准。评估终端营业人员的绩效一定要有一个合理的标准。制定公平、公正、合理、有效的绩效标准是不容易的。需要管理者根据过去的经验，结合销售人员的行动来制定，并在实践中不断加以调整和完善。

① 兰贵秋，王娟．2009．营销核算与绩效评价．北京：科学出版社

通常情况下终端营业人员考核指标体系都包括经营工作、服务工作、劳动纪律等几个方面。

经营工作基本上都是量化的指标，包括商品的管理情况、账表的统计情况以及利润完成情况。

服务工作中体现的是服务的态度、物价管理、物品陈列、卫生情况、柜台纪律和仪容仪表等。

劳动纪律主要考核营业人员的出勤情况，例如，迟到、早退、旷工、事假、病假等情况。

（3）业绩考评的方法。业绩考核方法的选择主要结合定性和定量两种方法，加上具体的实施方式，根据考核的内容不同有所不同。实施方式主要如下：① 查询记录法。对员工工作记录档案、文件、出勤情况等进行整理统计。迟到、早退等这样要通过平时记录得到。② 关键指标法。将关键考核指标按考核要素进行分解，按不同标准进行考核评分。例如销售利润、商品管理等。③ 工作述职法。部门考核在进行考核打分的同时采用工作报告制，对主要工作业绩进行概述。为了防止遗漏，也加上员工自己的述职报告，述职报告尽量让员工自己把能够表现自己成绩的内容都详细列明。

（4）进行具体考评。由人力资源部统一组织实施考评。

业务工具

×××商场管理人员考核表[①]

内　容	具体项目	表现情况	测　评　人			
工作态度（满分30分）	责任意识	好 8				
		良好 6				
		一般 4				
	对公司的忠诚度	好 8				
		良好 6				
		一般 4				
	进取心	好 7				
		良好 5				
		一般 3				
	纪律与出勤	好 7				
		良好 5				
		一般 3				
工作能力（满分35分）	组织能力	好 7				
		良好 5				
		一般 3				
	企划能力	好 7				
		良好 5				
		一般 3				
	执行能力	好 7				
		良好 5				
		一般 3				
	经营能力	好 7				
		良好 5				
		一般 3				
	管理能力	好 7				
		良好 5				
		一般 3				

① 兰贵秋，王娟．2009．营销核算与绩效评价．北京：科学出版社

续表

内　容	具体项目	表现情况	测　评　人			
工作业绩（满分35分）	目标达成率	好9				
		良好7				
		一般5				
	工作质量	好9				
		良好7				
		一般5				
	工作效率	好9				
		良好7				
		一般5				
	工作方法	好8				
		良好6				
		一般4				
合计得分						

在制作营销管理人员考核表的时候，表中的权重可以根据商场的具体情况加以改变。

某商场营业人员考核表①

项目＼姓名		张三	李四	王五	……
经营工作（45分）	商品管理15分				
	账表管理5分				
	销售利润25分				
服务工作（50分）	服务态度15分				
	质量物价10分				
	陈列卫生10分				
	柜台纪律10分				
	仪容仪表5分				
	其他				
劳动纪律（5分）	迟到1分				
	早退1分				
	旷工3分				
	病假				
	事假				
	其他				
扣分					
得分					
名次					

单位　　　　　　　　部门主任签字　　　　　　　　商场经理签字　　　　　　　　年　月　日

① 兰贵秋，王娟．2009．营销核算与绩效评价．北京：科学出版社

模块四　专项营销

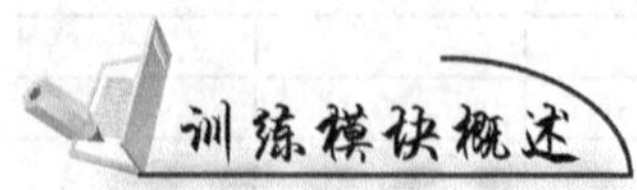

本模块是全部训练的拓展部分。学生可根据其专业的服务面向与择业需要灵活选择。通过本模块训练，学生应对某一专业营销领域有更深的研究与体验，并培养学生掌握该专业营销的特定技能。

本模块分别对房地产、汽车、药品、保险、网络等营销加以训练。

本模块侧重于各专业营销领域中的基础性训练，在运用过程中尽可能突出各专业营销领域的特色。教师在指导实施过程中，要补充设计一些更能体现各领域营销特色的项目或环节。

训练基地与组织

1．实行校企合作，商学结合，根据营销产品的类别，选择一家或几家同类产品的企业，签订合作培训协议，建立校外实训基地，组织实施顶岗训练，并聘请实训指导教师进校指导综合实训。

2．建设仿真营销模拟实训室，在校内实施各种营销模拟训练。

3．将模拟公司调整为经营该类产品的营销团队，可具体确定其组织名称。原总经理为新的营销组织主管。校内实训均以该团队为单位进行，到企业实训也以营销团队（也可调整为企业的经营部门）为单位进行。

4．注意每个单元内各训练项目的衔接性，实现实训系列化。

单元一　房地产市场营销训练

在激烈的房地产市场竞争中，开发商之间的竞争不仅仅停留在提升房子品质层面上，而且更加重视房地产的营销手段与方式。房地产企业要想保持长久的竞争优势，必须建立起房地产营销体系。

房地产营销是指在房地产开发的全部流程中，以消费者为中心，以市场为导向，以获取、保持竞争优势为目标，通过向消费者提供有效商品，满足消费者的需要，以保证企业可持续发展的全过程。

房地产市场营销的基本流程如下：

1. 用准确的市场调查来了解客户。通过对客户经济背景、家庭、文化等方面的调研，了解其对建筑规模与风格、建筑布局与结构、功能配置等方面的需求，来提供相应的产品和服务。

2. 用恰当的楼盘设计规划来瞄准客户。全方位的调查分析市场后，设计出与客户经济条件相符、客户满意的楼盘，获得客户的青睐。

3. 以营销来吸引客户。利用最优的营销组合策略（尤其是传播策略）把楼盘推向市场，吸引客户的注意力。

4. 以销售来留住客户。出色的客户服务及管理是房产销售制胜的法宝。

实训目标

1. 训练对房地产市场的调研能力，及观察消费者需求的能力。
2. 掌握房地产营销的规律与特点。
3. 把握房地产交易中的促销与交谈技巧，培养营销能力。

训练项目1　案例分析：如此看房[①]

训练目标

1. 训练房地产营销基本礼仪。
2. 培养房地产推销能力与技巧。

案例与问题

在操作某著名别墅楼盘时，在客户看房环节中：

情景一：传统的销售代表带着他们看房。

情景二：在几个户型的别墅中预先安排了三口之家、四世同堂等情景。

镜头一：

一位女士（销售代表）正领着客户在别墅中指指点点、走走停停，没完没了地说个不停，脸上泛着倦意。

客户东张西望，时而皱眉，时而点头，脸上有些茫然。

镜头二：

当客户走进别墅时，家庭中的女主人会带着客户到厨房、卧室等处给客户演示。

① wlkcgi.kmyz.edu.cn/readinfo.aspx?B1=1391

男主人也会带着客户去体验书房、小酒吧、视听房，向客户讲述自己每天怎样体味生活的。

如果客户有小孩一起来，家庭里的儿童也会带着小孩到儿童房、到天台去玩玩具、嬉戏玩耍……

如果看房的有老人，无疑，他们是潜在业主做重大购买决策时的重要影响者之一。那么好，我们也有老人陪着他们坐在老人房中谈儿女经，登上天台品茶和回忆那些逝去的年华中的喜怒哀乐。

就这样，时刻把看房的客户置身于体验之中，使原本枯燥的看房变成了一种愉悦的享受。许多潜在客户感到惊叹不已，他们可从未经历过如此的看房体验啊！

供分析的问题如下：

1．通过上述情景描述，区别两种看房方式有什么不同？

2．谈谈客户体验在市场营销中的重要性。

组织与要领

1．每人认真阅读分析案例，并写好发言提纲。

2．以模拟营销团队或班级为单位组织讨论。

3．本案例分析重点是分析两种不同的看房方式，特别是在对顾客心理体验上的影响。

实训成果与考核

1．每个人写出发言提纲，按照二分规则评定成绩。

2．根据在班级讨论中的表现，对发言者按照二分规则评定成绩。

训练项目 2　房地产市场营销调研

训练目标

1．学会编写营销调研计划，培养实际调研的能力。

2．掌握新楼购买者的心理需求与特点。

3．把握房地产营销的特点与规律。

实训内容与方法

1．以模拟营销团队为单位，开展房地产消费需求与营销特点两个方面调研，如有条件，请结合合作企业的业务需要进行。

2．各营销团队分别制定调研提纲。主要包括情况分析、确定调研目标及范围、确定调研方法、经费及时间。

3．实际调研。认真收集资料，搞好调研问卷，组织实地调查。

4．撰写调查报告。

5．以班级为单位，组织各营销团队进行消费者需求与营销特点两个方面的研讨交流，鼓励现场质询。

实训要求与要领

1．每个人认真搜集资料，并以模拟团队形式展开深入的研讨，交流看法，共享信息。

2．充分准备，人员分配要合理恰当，既要发挥个人作用，每个人都要完成调研报告的撰写，又要通力配合，共同编写好团队的调查报告。

3．以班级为单位交流与评价中，要鼓励现场质询与质疑重点是弄清房地产营销的特殊性。

实训成果与考核

1．参与调研的成员每人提交一份自己调研报告，按照二分规则评定成绩。

2．每个营销团队提交一份调研报告，按照三分规则评定成绩。

3．交流中的发言者及现场质询者，按照二分规则评定成绩。

4．为与其他项目平衡，可折算计入总分。

训练项目3 角色扮演：接待与营销

训练目标

1．训练了解客户购买需求，洞察客户心理的能力。

2．实现自我心理突破，培养陌生拜访能力。

3．培养学生接待客户及灵活应变的能力。

实训内容与方法

情景一：A 客户因同时看中几套单元，犹豫不决，不知道选哪套好，在沙盘模型前来回徘徊。

情景二：B 客户（散户）已经意识到买房需要，到现场来看房子，可只是说来看看，可能实现购买，也可能犹豫不决，空手而归。

情景三：C 客户看中房子，但认为房子价钱太高，对价格不满意，而且知道以前亲戚来买时折扣很划算，可现在售楼人员给自己的折扣看起来不那么划算。

如果你是售楼人员，将如何接待上述客户并处理好客户的问题呢？

方式如下：

1．在一个营销团队中由三位同学分别扮演售楼人员，针对客户买楼时的心理障碍，运用心理策略和说服技巧，促其购买。

2．由本团队或另一个团队的三位同学分别扮演A、B、C客户，对售楼人员的解决方式做出符合逻辑的反应。

3．双方进行现场交流与争辩，要求以一名售楼人员接待A客户，一名售楼人员接待B客户，一名售楼人员接待C客户，这种一对一方式进行。

4．其他同学作为观察者，现场记录双方沟通与争辩的过程，并进行评价与打分。

5．各团队轮流进行。

实训要求与要领

1．售楼人员扮演者要经过一定的培训，具备基本的专业知识，对客户购楼时的心理障碍灵活处理。

2．客户扮演者从客户的实际情况出发，尽量真实地反应客户的需求。

3．观察者要认真做好笔录，评价要公正。

4．由轮值主席团队的负责人主持。

实训成果与考核

1．售楼扮演者提交一份对客户现场反应的应对措施提纲，按照二分规则评定成绩。

2．客户扮演者写一份关于所扮演角色需求心理分析和对售楼人员推销的应对策略的提纲，按照二分规则评定成绩。

3．观察者对扮演者进行现场记录与评价，按照二分规则评定成绩。

训练项目4　顶岗训练：参与房地产企业营销实战

训练目标

1．掌握具体的楼盘营销方法及策略。

2．训练实战技巧。

实训内容与方法

1．以模拟团队为单位，到楼盘售楼处见习或实习一周。

2．培训完毕，每人撰写一份房地产市场营销实战记录与体会。

实训要求与要领

1．认真收集、研究房地产营销有关资料，并以理论指导营销实践。

2．新手与客户沟通时若产生摩擦，必须及时纠正自己的错误。

3．要善于向有经验的销售代表学习，更好地掌握实习要领。

实训成果与考核

1．每人提交一份实习记录与体会，按照二分规则评定成绩。

2．根据每个人位岗实践的表现，由企业指示老师，按照三分规则评定成绩。

知识链接

资料1　房地产营销调查程序与方法

1．制定房地产调研计划

（1）根据所处阶段，选择设计调查内容。要根据所处的房产营销活动的不同阶段进行，分析确定具体调查内容：销售准备阶段，要分析市场的供求状况，如竞争项目的基本信息，竞争项目的销售信息及购买者的心理需求情况等；项目定位阶段，分析先进项目具有的居住、商务、景观价值，街区价值及潜在消费者购买需求等；销售过程可就4P进行调查。

（2）要根据所选择的调查内容，确定调研目标及范围。

（3）选择调研方法。房产调查主要采用问卷调查法、实地调研法等。并设计调研表和抽样方式。

（4）确定调研人员、经费及时间。

（5）具体编制调研计划。

2．调研实施

（1）要对调研人员进行必要培训，掌握调研计划与相关方法与要求。

（2）搜集相关资料。包括原始资料和二手资料。

（3）选取合适样本。因为房地产的需求特征和竞争状况呈现很强的区域性，所以选取合适的地域非常重要。

（4）实地调查

调查人员根据调查计划，采用科学有效方式方法，到调查现场搜集资料，开展调研。

3．调研总结

（1）资料的整理与分析。

进行分类、编辑、整理资料后，对资料编号、列表，以便于查找，之后汇总统计，制成统计表、统计图。

（2）撰写调研报告

写明被调研对象的有关情况、所调研房地产问题的事实材料以及调研的结论和建议等。

资料2　购房者心理行为分析①

现代市场营销的口号是“消费者是上帝”、“消费者至上”。房地产企业营销成功与否，关键还在于它是否满足了购房者的需要。这就要求房地产商首先要对消费者的购买行为进行分析。

1．购房者心理

房地产作为一种高价消费品，销售过程复杂，买卖双方承担风险较大，所以购房者在购房时，往往出现如下心理特征：

---

① 媛媛．1999．购房者心理行为分析．中国建设信息，31

（1）求稳心理。对于大多数购房者而言，购买住房是人生中的一件大事，其价格昂贵，手续繁杂，造成购房者决策时认真思考、小心从事、多方比较。购房者通常要收集各相关信息，对可选择的房产的品牌反复评估，形成对各品牌的态度，最后才慎重做出选择。

（2）选价心理。买房时，购房者对商品房价格极为敏感，在成交前对房价总要多方比较，与开发商讨价还价。房价往往是决定购买者的首要因素。但当购房者对除价格外的其他因素都基本满意时，适当的象征性优惠，常使购房者尽快做出购买的决定。

（3）从众心理。由于社会风气、时代潮流、消费时尚等社会因素的影响，购房者通常会产生迎合某种流行风格或群体的从众心理。南京有家房地产公司采用“物以类聚，人以群分”的广告语来吸引购房者，从中可觉察出其对从众心理的利用。

（4）预期心理。消费者在进行现实购买时，不仅注意眼前的商品，还会对未来市场进行粗略的估计。当购房者发现自己所钟爱的房产所剩不多，便会十分着急，加速购买；当发现别人也在踊跃购买同一楼盘时，则其购房决定过程会大大缩短。

（5）反复心理。购房者对购买的房屋是吹毛求疵的，在与他人交流后，总能了解房产的一些不足，从而产生后悔感。这就要求在销售过程中尽量缩短顾客的决策过程，从顾客缴纳预购定金到缴纳房款签署正式合同的时间不宜太长，以免夜长梦多，出现反复。

2．购房者分类

（1）全确定型。此类购房者购买行为明确，已有明确的购买目标。这些消费者往往急需住房，又掌握一定的房地产市场信息和房地产知识，对房价也有一定的承受能力，他们会主动提出需购房产的各项要求，洽谈购买过程比较顺利和有目的性。

（2）半确定型。此类购房者购买行为不太明确，已有大致的购买目标。这些消费者往往经过一定时期的选择、比较后决定购买房产。在谈判时，他们能认真地对每一个与房地产有关的问题提问并听取介绍，不断提出自己的见解和意见；但当谈判深入时，则表现出一种随意或举棋不定的态度，而不能决定是否购买房产。这类购房者在房产销售过程中较为常见。

（3）不确定型。此类消费者购买行为不明确，没明确的购买目标。这些消费者对房地产需求意识模糊，进入房地产市场只是为了了解各种物业的基本情况，收集信息，是房地产营销的潜在目标群体。对此类消费者也应适当对待，不应消极回避。

3．影响购买行为的因素

（1）家庭经济状况。家庭经济状况直接影响到购买住房的决策。消费者的收入情况、储蓄及资产情况、借款能力、对储蓄与消费的态度都会直接或间接地影响购买行为。所以，房价往往成为购房者关心的焦点，也是阻碍房产交易的重要因素。

（2）房产所处的地段。房产所处的地段不仅与价格有关，还与距消费者上班地点远近、子女上学地点远近、交通状况、升值潜力等紧紧关联，于是有些消费者把地段作为购房的首要因素。

（3）家庭成员的意见。一般而言，在购买过程中，根据决策者在家庭中身份形成的家庭权威中心，可分为四种类型：① 自治型；② 丈夫至上型；③ 妻子至上型；④ 共同支配型。

范例

两套房子都买下[①]

一个年轻人尝试做房产业推销。一次，他跟随老板去参加一个售房会。会上，有个商人看中了两套房子，一套靠街，可以做商铺，但因环境嘈杂，不适合居住；一套靠里，适合居住，但做生意显然不可能。商人犹豫不定到底买哪一套。其他推销员要么推荐靠街的那套，要么推荐靠里的那套。唯有他一言不发。商人的目光从别人脸上移过，盯着他问："你有什么建议吗？"他说："我的建议是你把两套房子全买下来。""哦？"商人笑着问："有什么理由吗？"他说："当然有，这两套房子，对你来说，都很需要，一个是你近几年的发展寄托，一个是你以后的生活依靠，缺了哪套也不行。"商人说："我只买靠街的那套不好吗？"他说："可以，只是再等 10 年购买居住房，那时房价可能会翻了一倍不止。"商人说："那我只买居住房呢？"他说："也可以，但是，你是个聪明的商人，能甘心放弃那么好的沿街商铺吗？"商人哈哈一笑，决定同时买下两套房子。从此，他的推销才华崭露头角。后来，27 岁时他就已成为千万富翁。他就是世界推销之王汤姆·霍普金斯。

业务工具

房地产消费者购买需求调查问卷

调查时间：　　　　　　　调查人：

尊敬的先生/女士：

您好！首先感谢您在百忙之中参与我们的问卷调查。请选择您心怡的选项，谢谢合作！

（1）您目前的居住状况是：

A．单元楼　　B．自建房　　C．出租房　　D．其他

（2）您目前的家庭月总收入是：

A．1000 元以下　　B．1000～2000 元　　C．2001～3000 元　　D．3001 元以上

（3）您购房的主要目的是：

A．日常居住　　B．第二居所　　C．保值　　D．投资

（4）您购房的主要考虑：

A．价格　　B．地段　　C．房型　　D．环境

（5）您购房选择的房屋种类为：

A．多层　　B．小高层　　C．高层　　D．复式

（6）您计划购买多大面积的住房？

A．60～90 平方米　　B．90～120 平方米　　C．120～200 平方米　D．200 平方米以上

（7）您购房对日照采光的要求为：

① 薄志红．2007．两套房都买下．金融经济，21

A．明厅、明卧、明厨、明卫　　B．厅、主卧朝南　C．其他

（8）您购房希望的小区绿地覆盖率为：

A．30%左右　B．30%～40%　C．40%～45%　D．45%～50%

（9）您理想的房屋总价是：

A．15万元/套以下　B．15万～22万元/套　C．22万～30万元/套

（10）您选择的付款方式是：

A．一次付清　B．分期付款　C．银行按揭贷款

非常感谢您对我们的大力支持！如若方便，请您留下联系方式，谢谢！

姓名：　　　　职业：　　　　电话：

单元二　汽车市场营销训练

营销工作描述

随着国内汽车市场和国际汽车市场的迅速接轨，汽车企业迎来了机会的同时，也面临着挑战。企业要想在激烈的市场竞争中立于不败之地，运用科学的营销手段至关重要。

汽车营销流程具体包括：

1. 汽车市场调研。
2. 客户开发。
3. 客户接待、咨询、产品介绍、试乘试驾等。
4. 与客户协商、成交、交车。
5. 跟踪服务。

实训目标

1. 了解汽车市场营销的规律与特点。
2. 训练分析竞争对手和消费者的能力。
3. 熟悉汽车产品策略、销售渠道、促销等实务与策略。
4. 培养实际汽车营销的能力。

训练项目1 案例分析：汽车销售大王的第一单生意[①]

训练目标

1．认识汽车营销中顾客心需要的重要性。

2．训练感知并满足顾客需求的能力。

案例与问题

美国人乔伊·吉拉德被《吉尼斯世界记录大全》誉为“全世界最伟大的销售商”，他创造了12年推销13 000多辆汽车的最高纪录。作为名副其实的“汽车营销大师”他曾经一年内卖出1425辆汽车，在同行中传为美谈。在35岁以前患有严重口吃的吉拉德命运坎坷曾经先后换过40种工作。1963年，他做建筑生意，因经营不善而亏了大本结果负债累累，为了生存和养家吉拉德开始做汽车销售。

这位新手在接待第一位顾客时，使出了浑身解数磨了一个小时的嘴皮子才说服对方下决心购买一辆新款汽车。可是在拍板成交时顾客却突然提出不想买车了。下班回到家里，吉拉德一直在想这件事：显而易见，客户对这款新车喜爱有加，可为什么又临时改变了主意呢？他躺在床上辗转反侧无法入睡，最后拨通了对方的电话：“先生，晚上好!今天上午您看中了我向您推荐的那辆新车，但在要签字办手续时却走了，这是为什么呀?”，“请问，您知道现在是晚上几点钟了吗？”“对不起，我知道很晚了，我之所以如此冒昧地打电话向您请教，是因为我想了很久真的不知道自己哪里错了，您现在是不是在很用心地听我说？”“当然，可在今天上午您却不是这样，在签字之前，我很自豪地说起我儿子就要从密歇根大学毕业，他学习成绩优秀，将去当医生。而您呢，却在听另外一位推销商说笑。对我则是敷衍地点点头，随后又问我孩子的功课怎样，毕业后打算做什么。我以儿子为荣，可您对我说的话不当一回事。”吉拉德听得出来，这位顾客还憋着一肚子气。但他对此事没有一点印象，因为当时自己的的确确没有注意听对方继续说，先生，您津津有味地听别人讲笑话而对我所谈的却一点也不在乎，说实话，我不愿意从一个对自己不尊重的推销商那里买车！吉拉德这才意识到自己怠慢了顾客，第二天专程前去拜访希望能够继续做成这笔生意。可是对方摊摊手、耸耸肩说已在另一家公司买了车。“先生，那个推销商可与您完全不同。”顾客感叹道，“在我说起我儿子时，他全神贯注地听着，我心里感到很舒服”。吉拉德连声道歉态度诚恳地说：“先生我错了，希望以后您能给我机会”。三年以后这个顾客来了，除自己买了一辆车外还介绍了十多位同事前来选购，后来他又为当医生的儿子选了一辆车，就这样吉拉德接的第一笔生意，时隔三年之后才终于成交。此事令吉拉德终生难忘他从中悟出了这样一个经商的道理：推销商品之前先要把自己的人品推销出去顾客对于你推销的商品爱不释手，但是如果不喜欢你这个人也可能不买你推销的商品。

---

① 沧海桑田．2005．汽车销售大王的第一单生意．职业，9

供分析的问题如下：

1．吉拉德为什么会失去这笔生意？

2．这个案例对你有什么启示？

组织与要领

1．每人认真阅读分析案例，并写好发言提纲。

2．以模拟公司或班级为单位组织讨论。

3．本案例分析重点是要掌握顾客需要与心理在汽车营销中的重要作用。

实训成果与考核

1．每个人的案例分析与发言提纲，按照二分规则评定成绩。

2．根据班级讨论中的表现，对发言者按照二分规则评定成绩。

训练项目2　汽车市场营销调研

训练目标

1．训练对竞争市场分析以及对市场环境进行调研的能力。

2．了解汽车市场消费者的心理需求及汽车营销的特殊性。

实训内容与方法

1．以营销团队为单位，开展汽车消费需求与营销特点两个方面研讨。

2．各营销团队分别制定调研提纲。主要包括初步分析情况、制定调研方案和调研程序、拟订调研题目和制定调查表格。

3．实际调研。设计好调研问卷，组织实地调查，认真收集资料，。

4．每位成员要撰写调查报告。

5．以班级为单位组织各营销团队进行消费者需求与营销特点两个方面的研讨与交流。鼓励现场质询与质疑。

实训要求与要领

1．建议在课程开始时就安排实地调研，以获得充分的时间准备。

2．最好结合合作企业的实际业务需要，与合作企业共同进行调研。也可单独进行调研。

3．每个营销团队做好人员分配，调研人员要认真调研。

4．收集归纳资料，写好调研报告。

实训成果与考核

1．每人提交一份调查资料，按照二分规则评定成绩。

2．交流中的发言者及现场质询者，按照二分规则评定成绩。

训练项目3　角色扮演：接待与营销

训练目标

1．了解不同客户的购买心理，掌握其购买动机。

2．训练汽车营销要领，学会接待客户，培养与客户沟通的技巧。

实训内容与方法

情景一：一位年轻女士，在机关工作，喜欢追求时尚，购买车型主要是以新颖、漂亮为主，早已关注一款车型，现前来购买，但商家正好缺货，无奈只得去看替代品。

情景二：一位中年男士对于眼前令人眼花缭乱的车辆忧心忡忡，不知所措，即使看中一辆适合自己的也迟迟不敢决定，生怕在众多的车辆中选错目标。

情景三：一位中老年客户想买一款经济实惠型车辆，认为银行贷款或分期付款的方式不是很好，但自己的经济确实又不太宽裕。

如果你是销售人员，怎样说服客户达成购车行为呢?

方式如下：

1．由三位同学分别扮演销售人员，准确把握不同客户买车时的心理需要，以达成交易。

2．同时，由三位同学分别扮演三位客户，对销售人员的解决方式做出反应。

3．双方进行现场交流与争辩，三名销售人员分别与三位客户打交道。

4．其他同学作为观察者，现场记录双方沟通与争辩的过程，并进行评价与打分。

5．三名销售人员与三位客户既可以是同一团队的，也可以是不同团队的。

6．一个阶段完成之后再轮换进行。

实训要求与要领

1．销售人员的扮演者要经过一定的培训，具备基本的专业知识，抓住不同客户的购车心理，销售技巧得当。

2．客户扮演者从客户的实际情况出发，切实体现客户购车心情。

3．观察者要认真做好笔录，评价要公正。

4．轮值主席团队主持整个过程。

实训成果与考核

1．售车扮演者提交一份应对客户买车态度来进行有针对性推介的提纲，按照二分规则评分。

2．客户扮演者写一份所扮演角色购车心理分析与应对推销的提纲，按照二分规则评分。

3．观察者对扮演者进行现场评分，按照二分规则评分。

训练项目 4　顶岗训练：参与汽车营销实战

训练目标

1．掌握汽车销售技巧及全方位的客户服务手段。

2．学会处理顾客异议的技巧。

实训内容与方法

1．以营销团队为单位，参与合作企业的汽车营销活动，如到合作企业的汽车展示厅见习或是实习一周。

2．顶岗训练完毕，每人撰写一份汽车市场营销顶岗训练实录与体会。

实训要求与要领

1．要注意仪表，讲究礼仪。

2．现场销售要表现出充满自信，善于引导客户，把客户的思维引导到你要表达的内容上。

3．结合自己熟悉的车型进行现场销售，要善于聆听客户的心声，甚至批评，解决不了的问题要及时向别人询问。

实训成果与考核

1．每人提交一份顶岗训练报告，按照二分规则评定成绩。

2．对每个人在顶岗训练中的表现，由企业指导与估价，按照三分规则评定成绩。

资源库

知识链接

资料 1　汽车市场调查程序与方法

按照调研内容包括汽车营销环境调研、营销组合策略调研（如调查价格走势、产品开发与技术发展趋势等）、竞争对手调研、用户购车心理与购买行为调研。

若按照产品是否进入市场，汽车营销调研可分为产品进入市场前调研、产品进入市场后调研。

汽车市场调研基本程序如下：

1．制定调研计划

（1）分析汽车市场初步情况，明确调研目标。由于汽车属高档消费品或生产用设备，必须根据本企业的目标市场，搜集有关情况，确定调研目标及调研范围。

（2）制定调研方案和调研程序。根据调研的总体目标进行目标分解，做好系统设计，制定调研方案，确立调研方法与形式，并制定工作计划和阶段目标。

（3）拟订调研题目，制定调查表格。

2．实施调查

（1）搜集并整理、分析资料。对调查得到的资料及被调查者回函分门别类地统计分析和编辑整理，审查资料的真实性与准确性。

（2）进行实际调查。事先对有关工作人员进行培训，除掌握基本调研方法、要求外，要特别注意汽车市场特殊性。要深入实际，获取真实、有价值的信息。

3．撰写调研报告

调研报告基本内容包括开展调研的目的、被调研对象的基本情况、所调研问题的事实材料、调研分析过程的说明及调研的结论和建议等。

资料 2 购车者分析①

购车作为一项大宗消费，不同的消费者消费观念和消费动机是不一样的。

1．消费者的类型

购车消费者类型的划分可以有很多种方式。

按经济状况划分，年收入在 5 万～8 万元的消费者多属于经济型消费者，这类消费者易受他人影响，有一定的购车欲望，但其经济状况决定其只会购买 1 部车，并使用很长时间。年收入在 10 万元左右的消费者往往属于实用型消费者，其购车作为代步工具，比较注重汽车的实用性，个人需求是购车的原动力。这类消费者一生中会购买 3～4 部车。年收入在 15 万元以上的消费者属于富裕型消费者，其购车往往出于显示身份和地位的需要，多选购高档车型，同时此类消费者也会购买多部车。

按消费者性格划分，经济型消费者属于典型的粘液型消费者，其购车时比较慎重，容易受到周围环境的影响，相对保守，决定前往往要经过长时间的考虑。实用型消费者属于多血型消费者，其购车带有目的性，有效率，自主性较强，能够根据实际情况变化做出相应的调整。富裕型消费者多属于胆汁型消费者，其购车时比较果断，往往不考虑价格，甚至是价格越高越好，购车首要考虑的因素一般先是品牌，然后是性能。从专业水平的角度看，经济型和富裕型消费者大多属于业余消费者，易受销售人员的影响，而实用型消费者大多属于专业消费者，对于所购车的性能比较了解，具有一定维护保养能力。

2．购车者的消费动机

消费动机是消费者购买并消费商品时最直接的原因和动力。现实生活中，各人的需求、价值观、爱好和性格各不相同，其购买商品或消费时的动机也呈现出多样化。在购车消费过程中，常见的消费动机大致体现为以下几种：

（1）求实动机。消费者购车时注重汽车的使用价值，包括车的质量、性能和容积以及配套的售后服务质量等，而不太注重汽车的外形和品牌。存在求实动机的一般是实用型消费者，他们可能一生中

① 张振涛．2007．浅析购车消费心理问题．商场现代化，14

购买多部车，最初可能从微型轿车或微型客车起步；随着工作需要或是社会地位的改变，会购买中高档轿车；当工作压力减小，开始追求生活享受时，其可能从舒适的角度出发购买新车。

（2）求廉动机。消费者购车时注重汽车的价格，对于汽车降价敏感，而经销商提供的折扣和让利优惠对于持此动机的消费者有很大吸引力。求廉动机是消费者购买商品或消费时最主要的动机之一。目前，轿车市场上各个层次的产品都很丰富，消费者有较大的选择余地，在产品性能没有太大差别的情况下，消费者在购车问题上求廉心理占据主导地位。

（3）求名动机。消费者购车注重的是汽车品牌。此类消费者购车的目的多是为了炫耀自己的财富以及满足优越感的心理需要，其所购车型以高档名牌轿车为主。品牌是第一位的，但价格因素也不可忽视，部分消费者同样希望以所购车的高价格来达到求名的效果。

（4）求新动机。消费者购车时注重车的外形和内部装饰是否时尚和符合潮流，强调款式的新颖、格调的独特，因此外形独特富有个性的车型、改装车以及时尚的跑车都是持求新动机消费者关注的对象，此类消费者以年轻人以及收入较高的消费者为主。

（5）求同步动机。消费者购车注重的是别人的看法，购车目的是为了与周围保持一致，此类消费者容易受他人影响，即便是短时期内不需要购车，其也会努力想办法购买并力图与他人看齐。

3．影响购车消费的其他因素

消费动机仅是消费的最初阶段，最终购车消费决策还受到外部环境的影响。其影响因素主要分为两类：产品因素和社会性因素。产品因素包括车的性能、品牌、售后服务等；社会性因素包括家庭消费心理的影响以及政策法规的影响。

（1）车的性能。一般来说，车的性能包括车的长宽高比例、车重、内部空间的容积、内部设施、发动机功率和排量、油耗、最高时速、转弯半径和安全性能等。当前消费者购车的趋势是既考虑油耗又看重动力。往往大排量大功率的发动机动力性能好，但油耗就相对多一些，因此消费者实际上关注的是如何协调油耗和动力性的比例问题。目前油价的频繁上升已经使得一些人做出放弃买车计划或者改买较小排量车的打算，尤其是对于经济型轿车的潜在购买者，这一影响更为突出。此外，车的内部配置、外形和容积大小对于不同年龄和不同职业的消费者有不同的影响。时尚小巧的外形能够吸引年轻人的注意，而家庭型购车倾向于内部容积较大的车型。

（2）车的品牌和售后服务。品牌形象能够影响消费者的认知和决策，并在一定程度上对于消费者的购买行为起导向作用。对于购车者来说，一方面车的品牌是显示车主身份和地位的方式之一；另一方面，品牌在一定程度上反映了车的售后服务水平，历史久的品牌往往意味着拥有完善的售后服务网络。购车过程不仅仅是购买产品的过程，同时也是消费车辆的售后服务的过程。

（3）家庭消费心理。家庭是社会的基本单位，也是消费的基本单位。中国消费者大多受家庭观念影响较深，收入是以家庭为中心相对统一来支配的，因此购车在很多情况下是以家庭为中心的购买模式，而购车消费主要受到以下因素的影响：① 家庭人口。第五次人口普查结果显示，中国家庭每户平均人口为3.44人；另据一些小抽样显示，城镇家庭每户人口为3人的占51%，超过3人的占34%。家庭人口对于车型的选择具有重要影响。人口越多，往往对于车型的内部空间的要求越大。② 接受相关教育程度。相关教育程度越高，对于信息的搜集的主动性越强，对于新概念的理解能力也越强。购车过程也是一个学习过程，消费者为了选购合适的车型会主动了解相关专业知识。接受相关教育程度越高，消费者的搜集和理解信息的能力越强，越不容易受到周围环境的影响。③ 家庭收入。家庭收入水平的高低直接决定了购车档次的高低。家庭收入越高，购买力越强，购车前的积蓄和准备时间越短，消费需要很快可以转变为购买行为。家庭收入低，则从产生购车动机到付诸实施需要经历长时间的准备，同时任何意外事件的发生都可能对购车动机产生重要影响，如生病或人身伤害事件的发生。④ 家庭生命周期。菲利普·科特勒将家庭生命周期分为 9 个阶段，其中购车消费集中在单身、新婚和满巢这 3 个阶段。单身阶段基本没有经济负担，购车为了生活和工作；新婚阶段经济相对较前一阶段好一些，会购买大宗耐用品，包括汽车；满巢阶段时家庭构成多为年长夫妇和尚未完全独立的子女，往往家中每个人都有收入，没有住房压力，该阶段是经济状况最好的阶段，也是大多数家庭购车的阶段。

（4）政策法规。国家政策法规的变动对消费者购车也有重要影响。例如，2004 年颁布的《汽车贷款管理办法》有利于规范汽车贷款市场，使消费者正常的信贷行为得到法律的保障。2006 年国家发改委等六部门联合下发的《关于鼓励发展节能环保型小排量汽车的意见》要求各地取消对小排量汽车在行驶路线等方面的限制措施。该措施的出台也使许多出于经济考虑的消费者的购车目光转向小排量汽车市场。

范例

汽车展示厅工作规范①

（1）同事之间不可闲聊、谈笑或交头接耳，切忌不可谈论私事或批评顾客等。

（2）即使是重要事务待办，亦不可全部离岗。用餐、上洗手间及办外务应尽量利用较不忙时，彼此轮流。要离开自己的岗位时，应向其他人交代清楚后离开。

（3）在工作上，有时有的人会很忙，有的人却很闲，这时闲着的人应尽量设法帮助忙不过来的人。

（4）对于客户的姓名、所在地、所购买的车型种类等应特别留心注意，应适时推荐合适的车辆给顾客。

（5）注意到有不清洁的地方，应随手将之打扫干净，不要让纸屑、灰尘到处堆积。

（6）要随时保持桌上清洁、室内清洁及电灯的开关等事项，不可让室内有尘埃、地板肮脏，器具及设备也必须随时整理。

（7）在客人有紧急事件，同时也不妨碍业务的情况下，可将电话借给客户使用，这时仍不要忘记以亲切的态度来接待。

（8）如客户委托保管携带物品，除了危险物品及价值昂贵的贵重物品外，应乐意接受。

（9）客户停放在厅前的自行车、轿车上如放有物品，服务人员应在人多时帮忙留意看守或督促客人留心，以免遭窃、遗失或拿错。

---

① 刘同福．2003．汽车销售经理实务手册．广州：南方日报出版社

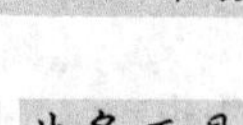

业务工具

汽车竞争者综合调查表[①]

名称			
位置			
规模			
人数			
竞争车型	价格	配置	有无赠送
市场促销			
广告			
优势			
综合评价			

单元三 药品市场营销训练

营销工作描述

药品营销是药品企业将其生产的药品，通过适当的交易，引导并满足消费者需求和欲望的活动。医药企业的市场营销是很重要的，营销做好了，一个新企业会迅猛发展；反之，即使是有悠久历史的老企业也难免止步不前。

药品市场营销过程分解为以下步骤：

1. 药品消费者需求研究。
2. 药品研发。
3. 市场试验。
4. 通过适当的价格和渠道等策略向目标消费者销售药品。
5. 药品市场营销控制与管理。

实训目标

1. 了解营销学和药学的基本理论知识。
2. 了解医药市场营销的发展趋势。
3. 掌握消费者的购买需求与特点。
4. 能够运用市场营销知识分析和解决药品营销的实际问题。

① 刘同福. 2003. 汽车营销策划实用手册. 广州：南方日报出版社

训练项目1 案例分析：亏本买卖赚大钱[①]

训练目标

1. 掌握药品市场营销创新理念。
2. 了解药品购买者满意的含义和意义。

案例与问题

一般说来，商人从不做亏本买卖，然而美国的百万富翁库勒却是从做亏本买卖开始起步的。库勒的父亲有一家名叫古德的制药厂，虽然苦心经营，但在激烈的市场竞争中却打不开局面。一天，父亲自觉年事已高，就把制药厂全部交给了库勒，希望这个从小就聪明伶俐的儿子能让药厂起死回生。

库勒在大学里学的是商业贸易，因此，他想从产品的销售上打开一个缺口，开辟出一片新的天地来。他利用好几天的时间到处乱转，发现在美国的药品市场上普遍存在着这么一种推销方式：许多制药厂都把药品包成小包，免费送到医生那里。医生在给病人看完病后，就把这些免费药品卖给病人，在收到疗效后医生再给病人开出这种药的处方。古德制药厂当然也是这么做的。可是，由于送的厂家太多，医生收到后顺手一扔，根本就不把它当一回事儿，也不可能记住药品和厂家的名字。

“怎样才能让医生记住厂家和药品的名字呢？”冥思苦想了几天后，一个奇异的想法出现在了他的脑海之中：“我不能跟在别人的后面亦步亦趋。要打破常规干出别人不敢想、不敢干的事，才能引起医生对我的产品的注意！”回到工厂后，他就让包装人员把送给医生们的小包药品一律都换成大包，大得足以让那些医生们注意和惊讶。对于他一反常规的决定，销售人员都感到不可理解。这个刚刚上任的小孩子厂长怎么了？这不是明摆着干亏本买卖吗？用不了多长时间，工厂非倒闭不可！可面对部下的反对意见，库勒丝毫也没有动摇。

销售人员扛着大药包，汗流浃背地一趟趟往医生那里跑。一开始，他们还真的有点儿不好意思，觉得自己不就是一个大傻瓜嘛！可是，在所有的医生那里他们都看到了一种惊奇的目光。

在这段时间里，工厂账面上的钱哗哗地往外流，就是见不到经济效益。除了库勒一人外，全厂所有人都在心里说：“这个败家子，还不如他的老父亲，用不了多长时间，他不把工厂卖了才怪呢!”就在大家愁眉不展的时候，邮递员给工厂送来了第一批订单。订货数目让大家都吃了一惊。还没等大家回过神来，订单接二连三地送上门来。

当然，库勒没有放松对产品品质的严格要求。他又一步步地扩大了生产的规模。经过十多年的努力，古德制药公司发展成了著名的“美国化学联合公司”，库勒也从名不

---

① 赵梓竹．2004．亏本买卖赚大钱．职业圈•好财路，4

见经传的年轻人成了家喻户晓的大富翁。

供分析的问题如下：

1．库勒是怎样使药厂起死回生的？

2．认识理念创新在药品营销中的重要性，试举出其他营销新理念及其在药品营销中的应用事例。

组织与要领

1．每人认真阅读分析案例，并写好发言提纲。

2．以模拟公司为单位组织讨论，也可以班级为单位班级讨论。

3．抓住案例要点，能够举一反三，触类旁通。

实训成果与考核

1．每个人的案例分析与发言提纲作为一次作业，按照二分规则评定成绩。

2．根据班级讨论中的表现，对发言者按照二分规则评定成绩。

训练项目2　药品市场营销调研

训练目标

1．熟悉药品市场营销调研的步骤与方法。

2．学会药品市场营销调研的组织实施。

3．能够撰写调研报告。

实训内容与方法

创造条件，争取配合合作企业的实际业务需要组织市场调研，与企业共同或独立进行调查，尽可能得到企业的指导与支持。

1．制定调研提纲。首先，确定药品营销调研的目的，即要解决的问题。其次，可根据不同的药品营销调研目的，确定不同的药品调研对象。例如，调研各专科医院的药品细分情况（如儿童的专科医院、妇女的专科医院等）。再次，确定调研方法，例如采用普遍调查法、典型调查法、抽样调查法等。

2．实际调研阶段。分配好药品营销调查的项目领导人及其他具体负责的人员，进行实地调查；调查人员既要遵守营销调研的基本规则，也要从实际情况出发灵活应变。

3．撰写调研报告。对实地调查获取的大量信息资料进行分类、归纳、总结和分析，最后形成规范的调查报告。

4．每个人提交一份调研报告。

5．在班级组织交流与评价。

实训要求与要领

1．每个人认真做好调研前的各项准备工作。

2．以营销团队为单位组织展开调研，并进行深放的研究。

3．识别、收集、整理和分析调研信息要系统和客观。

实训成果与考核

1．参与调研的成员每人提交一份调研报告，按照二分规则评定成绩。

2．交流中的发言者、质疑者，按照二分规则评定成绩。

训练项目3　角色扮演：药品推销

训练目标

1．掌握影响药品消费者购买的要素。

2．熟悉药品消费者购买决策模式。

3．把握药品消费者行为变化规律。

4．提高药品营销中的基本技术与应变能力。

实训内容与方法

场景一：某药店经营的A品牌维生素卖的比较好，因为消费者偏爱这一品牌；而B厂家生产的同类产品比A厂家的质量要好，仅仅是消费者不愿意尝试这个品牌，所以药店不愿意进B厂家的产品。如果你是B厂家的销售人员，你将如何扭转这种不利局面呢？

场景二：C药品推销员向某医院推销一种特效药，经过几次努力仍未成功。后经调查得知，该医院领导在D药品（与C属同类药品）公司拥有股资，认为购买了C药品，D药品就会失去一部分市场。如果你是C药品的销售人员，你会如何让该医院选择你的药品呢？

方式如下：

1．由两位同学（要分属于两个团队的成员）分别扮演B厂家的药品销售人员与药店经理，表演推销洽谈过程。

2．同时，由两位同学（要分属于两公司成员）C药品推销员与医院领导，表演推销洽谈过程。

3．双方进行现场交流与争辩。

4．其他同学作为观察者，现场记录双方沟通与争辩的过程，并进行评价与打分。

5．可进行轮换。

实训要求与要领

1．售药人员扮演者要经过一点简单的培训，具备基本的专业知识，能对消费者购药时的心理障碍灵活处理。

2．顾客扮演者从消费者的实际情况出发，尽量真实地反应消费者需求。

3．观察者要认真做好笔录，评价要公正。

实训成果与考核

1．推销员扮演者提交一份对用户需求分析与应对现场反应的措施提纲，按照二分规则评定成绩。

2．用户扮演者写一份对所扮演角色需求分析和拒绝推销的提纲，按照二分规则评定成绩。

3．观察者对扮演者进行现场评分，按照二分规则评定成绩。

训练项目4　顶岗训练：参与药品营销实践

训练目标

1．实地揣摩与掌握药品销售的技巧。

2．学会总结成功经验与失败教训。

实训内容与方法

1．以模拟营销团队为单位，到药店或药厂实习或见习一周。

2．实习完毕，每人写一份药品营销实践记录与体会报告。

实训要求与要领

1．充分了解药品知识，能较为熟练地对药品加以表述。

2．能很好地区分不同厂家相同或相似的药品及其优缺点，便于向消费者介绍。

3．要注意药品销售过程中的技巧，沟通方式要得当。

4．严格遵循实习场所规章制度，避免发生冲突。

实训成果与考核

1．每人提交一份实习报告，按照二分规则评定成绩。

2．对每人在顶岗训练中的表现，由企业指导老师，按照三分规则评定成绩。

资源库

知识链接

资料　不破不立，药品营销新理念[①]

要想打破传统思维中的条框束缚，其实只需要我们习惯于换个角度看问题，反向看问题或是跳出

① 周云霞．2008-6-14．不破不立，药品营销新理念（www.39.net，健康网社区）

已有的结论看问题，比如，患者一定是药品消费者吗？没有病或疾病不发作就不会买药吗？药品终端为什么不能是在消费者的家里？消费者能不能成为产品推广商呢？具有补血功能的产品一定是卖给贫血患者吗，如此等等。如果你习惯于反思这些营销基础问题，你可能会对自己的营销模式有了新的理解。

1．打破产品定位和功能局限

当产品同质化程度很高时，与其对一个四分五裂的市场蛋糕继续切分，倒不如换一个好一点的或是干脆做一个新的，我们称之为产品边缘定位或定位出位。

有人说产品功效是特定的，怎么能说改就改呢？事实上，即便产品功效是死的（有时也不一定），但对于不同人群也能解决不同问题。比如一个补肾活血、疏经止痛的药品可以面对补肾、壮阳、活血止痛、骨外伤和骨关节等多个市场，如果因为习惯只考虑了某个功能市场而浪费了其他市场机会是非常可惜的。“木蝎胶囊”就是抓住了市场机会，没有在传统的补肾市场上纠缠，选择了骨关节病市场，并进一步提出了“体内洗骨”的通俗概念而获得了巨大成功。

2．打破单一渠道印象

传统药品销售讲究单兵作战，并且注重专业渠道与终端效率，这些企业研究的是单一渠道的覆盖范围和推广人员的能力，却很少研究消费者究竟是通过哪些渠道接受产品的，而这一点恰恰是制定渠道策略的核心。互联网、电视购物、仓储超市、美容院、休闲会所、私人健康顾问这些新渠道都已经对传统终端产生了巨大冲击，就连最传统的医院在形式上也有了诸多变形，如专科医院、连锁专科门诊、医师巡诊俱乐部等，这些会纳入你的销售渠道范围吗？

3．打破目标消费者的限定

补肾产品一定是卖给男人的吗？答案是否定的。最近就有一种女士补肾产品在四川横空出世，还取得了很好的招商业绩。如果进一步想，补肾产品还能卖给儿童吗？答案是能、一定能，在儿童遗尿和多动症的治疗中就可以使用。

4．打破销售模式界限

有一种流行说法，做专业药品营销的人不如做保健品营销的人思维活跃。这种看法对不对先放在一边，但现实中确实有一种现象，一些不被专业人士看好或做了很久推广也不见起色的药品，被一帮看似没有章法的保健品营销人又是打广告、又是搞会议，演绎得轰轰烈烈，并且有很多人获得了成功。这种例子身边随处可见，什么美乐托宁（脑白金）、哈慈消食片、溶栓胶囊、活胃素等。对于这些营销推广模式，我们为什么不能去借鉴一些呢？

任何事情仅靠推理和归纳是不能得到真实的答案的。作为药品营销人，在掌握了必要的营销知识和经验后，相信能够帮助我们在经营中少走弯路，但是我们还要记住，对于变化的世界，没有什么是不变的真理，只有不断打破我们脑海里的旧框框，才能为我们未来的成功找到胜利之门。

范例

利用螨虫[①]

九鑫集团在推广新肤螨灵霜时，提出了螨虫的概念，并广泛列举螨虫传染的多种途径，如夫妻传

① 于斐．2007．利用螨虫．医药世界，5

染、父母传染、母子传染等。广告一出，立刻引起市场反响。为进一步增强可信度，在促销现场，公司又增加了仪器检测手段，显微镜下，果然可见让人心悸的螨虫蠕动。螨虫跟人体表面其他细菌一样，并非什么新发现。但把产品和消除螨虫结合起来，就适应了消费者健康的需要。适应市场需求，就是产品成功营销的基础。

“贴肚脐，治痔疮”①

荣昌制药研发的突出方便的肛泰，采用透皮吸引技术，贴肚脐治疗痔疮，避免了栓剂、膏剂肛门直接给药的弊端，一天贴一片，24小时持续有效，不需忍痛回家用药。方便好用，成了荣昌肛泰的最大卖点，简简单单六个字：“贴肚脐，治痔疮”，几乎给痔疮药品市场带来革命性的变化。药品成功营销，需要关注三点：感知需求必须准确、满足需求必须快速、保持持续不断的创新能力。肛泰抓住了患者方便、快捷、有效的用药需求，自然取得市场成功。

单元四　保险市场营销训练

保险营销是保险公司以保险为产品、以市场为中心、以满足被保险人需求为目的，实现保险公司目标的一系列整体活动；或者说是一个险种从设计前的市场调研到最终将保险转移到消费者手中的一个动态管理过程。保险营销有利于保险公司通过对市场需求的分析，进而推出有针对性的保险产品，达到一定的市场占有率，从而提高企业的竞争力。

保险市场营销的流程如下：

1. 了解保险市场需求情况。
2. 保险新产品的构思。
3. 保险新产品的开发与设计。
4. 保险新产品的费率厘定。
5. 保险新产品的推销。
6. 保险新产品的售后服务。
7. 保险市场营销计划的控制。

1. 全面认识和了解保险的基础理论、保险基本业务以及保险市场基本运行方式。

① 于斐．2007．利用螨虫．医药世界，5

2. 熟悉保险业务的环节，基本掌握各环节涉及的相关操作性技术。

3. 能适应保险公司实际工作的要求，达到将相关保险理论与实践相结合的境界。

训练项目1　案例分析：问客户“为什么”[①]

训练目标

1. 掌握投保顾客购买行为的规律和心理特点。
2. 能够对影响投保需求的相关因素加以分析。
3. 学会成功推销自己。

案例与问题

库尔曼，29岁成为美国薪水最高的推销员之一。古人云：他山之石，可以攻玉。库尔曼是如何把保险推销给了一个又一个客户，从而把成功“推销”给了自己的呢？

库尔曼有位朋友是费城一家再生物资公司的老板。他是从库尔曼手中买下今生第一份人寿保险的。一次，他对库尔曼说：“我突然想起来，我是怎么从你那里买下今生第一份人寿保险的。你对我说的那些话，别的推销员都说过。你的高明之处在于，你不跟我争辩，只是一个劲地问我‘为什么？’你不停地问，我就不停地解释，结果把自己给卖了。不是你在向我卖保险，而是我自己主动在买。”朋友这番话提醒了库尔曼，原来，不断提问有如此重要；原来，一句“为什么”竟像一架探测仪，让你在一番寻寻觅觅之后，终于发现客户内心的需要。

有时候，即便客户自己，也不一定了解自己内心的需要。那么，作为推销员，有必要通过不断提问来帮助对方发现这种需要，如果你能帮助对方发现自己内心的需要，那么，你的推销就变得易如反掌。

斯科特先生是一家食品店的老板。库尔曼通过一番提问，向他推销了一笔特殊的寿险：6672美元。下面是两人的对话。

库尔曼：“斯科特先生，您是否可以给我一点时间，为您讲一讲人寿保险？”

斯科特：“我很忙，跟我谈寿险是浪费时间。你看，我已经63岁，儿女已经成人，即便我有什么不测，他们也有钱过舒适的生活。”

库尔曼不死心，仍然向他发问：“斯科特先生，像您这样成功的人，在事业或家庭之外，还有些别的兴趣，比如对医院、宗教、慈善事业的资助。您是否想过，您百年之后，它们就可能无法正常运转？”见斯科特没说话，库尔曼意识到自己问到了点子上，于是趁热打铁说下去：“斯科特先生，购买我们的寿险，不论您是否健在，您资助的事业都会维持下去。7年之后，假如您还在世的话，您每月将收到5000美元的支票，直到您去世。如果您用不着，您可以用来完成您的慈善事业。”

听了这番话，斯科特的眼睛变得炯炯有神，他说：“不错，我资助了3名尼加拉瓜

---

① http://edu.xy178.com/a/2006-08/18/171328u36692.html.2006-08-18

的传教士，这件事对我很重要。你刚才说如果我买了保险，那3名传教士在我死后仍能得到资助，那么，我总共要花多少钱？”库尔曼答：“6672美元。”最终，斯科特先生购买了这份寿险。

一般而言，人们买保险是为了让自己和家人的生活有保障，而库尔曼通过不断追问，终于发现了连斯科特自己也没意识到的另一种强烈的慈善事业需要。当库尔曼帮助斯科特找到了这一深藏未露的需要之后，购买寿险来满足这一需要，对斯科特而言就成了主动而非被动的事。

可见，一个“为什么”，一次提醒，对推销员来说多么重要。

供分析的问题如下：

1．库尔曼是怎样说服斯科特先生购买寿险的？

2．你认为推销保险的秘诀是什么？

组织与要领

1．每人认真阅读分析案例，并写好发言提纲。

2．以营销团队或班级为单位组织讨论。

3．本案例分析要点是要掌握推销保险的技巧，以及如何挖掘客户的潜在需求。

实训成果与考核

1．每个人的案例分析与发言提纲，按照二分规则评定成绩。

2．根据班级讨论中的表现，对发言者按照二分规则评定成绩。

训练项目2　保险市场营销调研

训练目标

1．了解保险市场需求的含义及类型。

2．熟知保险市场营销调查流程。

3．能熟练运用保险市场营销调查的技术与方法。

4．能撰写较规范的市场营销调查报告。

实训内容与方法

1．以营销团队为单位，开展保险市场调研。最好联合合作企业，将调研纳入其业务活动之中，与企业共同或独立组织实施。

2．各团队分别制定调研提纲。主要包括初步分析情况、制定调研方案和调研程序、拟订调研题目和制定调查表格。

3．认真收集、归纳和分析资料，各团队提交一份调研报告。

4．召开调研交流与评价会。各公司指派一名发言者阐述本次调研的实施过程和调研结论，其他人可以进行质询提问。

实训要求与要领

1．调研前要有充分的准备时间，认真设计调研提纲。

2．各营销团队搞好人员分配，调研人员要认真调查。

3．要认真分析保险市场需求与营销特点，注意把握其规律性。

4．尽可能取得合作企业的指导与支持。

实训成果与考核

1．每人提交一份简要的调研报告，按照二分规则评定成绩。

2．对代表发言者及现场质询者的表现，按照二分规则评定成绩。

训练项目3 角色扮演：拜访客户与沟通

训练目标

1．消除拜访客户的恐惧感。

2．掌握分析客户类型的方法。

3．学会洞察客户心理及洽谈沟通技艺。

实训内容与方法

情景一：小张是一位刚刚从事保险营销的业务人员，他应该以什么样的人作为自己的拜访对象？如果选择了客户A，如何说好开场白？

情景二：小赵在拜访客户的过程中，经常遇到这样的情况，别人一听说他是做保险的，就用各种方式拒绝他。面对客户B，小张应该怎么办？

客户分别以下列理由拒绝他：

1．保险很好，但现在还不想买。

2．保险都是骗人的，我不买，你也别干这行了。

3．现在没有钱，买不起保险。

4．已经买过保险了，我不想再买了。

5．等我想买时再找你吧。

情景三：你向一位35岁的男客户C介绍了某一保险产品，从专业的角度来看，你认为客户应该为他本人购买这款保险产品，但客户却坚持为他5岁的孩子购买这款保险产品，你如何处理这个问题呢？

方法如下：

1．由三位同学分别扮演保险销售人员，对三个情景中的问题分别进行演示和阐述。

2．同时，由三位同学分别扮演A、B、C客户，对保险业务员的解决方式做出反应。

3．双方进行现场交流与争辩。

4．其他同学作为观察者，现场记录双方沟通与争辩的过程，并进行评价与打分。

5．可轮流进行。

实训要求与要领

1．保险销售人员扮演者要经过一点培训，具备基础的专业知识，对销售过程中的问题能灵活处理。

2．客户扮演者从客户的实际情况出发，尽量真实地反映客户需求。

3．观察者要认真做好记录，评价要公正。

实训成果与考核

1．保险销售人员扮演者提交一份对客户需求分析与应对现场反应的措施提纲，按照二分规则评定成绩。

2．客户扮演者提交一份客户心理分析与应对销售人员的提纲，按照二分规则评定成绩。

训练项目 4　顶岗训练：参与保险营销实习

训练目标

1．熟悉保险实务流程，积累保险业务经验。

2．掌握保险业务员的拜访技巧。

3．熟练掌握某个保险产品的讲解方法及推销技巧。

4．培养爱岗敬业的责任心、增强团队合作的意识。

实训内容与方法

1．深入合作企业实习，参加公司组织的产品说明会或创业说明会，全面了解保险营销情况。

2．亲身实习体验 1 周，直接参与营销实践。

3．实践完毕，每人撰写一份保险营销实践记录与体会报告。

实训要求与要领

1．学生根据实习内容及具体的实习地点，在实习前编写实习大纲，重点包括实习计划设计，数据收集、分析、整理方式与方法设计；具体内容可根据实际情况进行修改。

2．实习前，教师或合作企业人员对学生进行培训、检查实习大纲，实习过程中要进行抽查。并将检查和抽查结果作为考核的内容。

3．学生在实习过程中要及时进行记录与反思，并据此书写实习报告；要善于向有经验的保险营销人员学习，更好地领会保险业务要领；遵守现场规章制度，服从现场工作人员的安排，注意实习过程中的安全。

4．掌握保险营销的基本技巧和某一保险产品的推销技术。

实训成果与考核

1．每人提交一份实习总结，按照二分规则评定成绩。

2．每人的实习表现，由企业指导老师，按照三分规则评定成绩。

知识链接

资料 保险需求的含义及影响因素①

保险需求就是指在一定的费率水平上，目标顾客愿意并有能力购买的保险商品数量表（单）。

影响保险市场需求的因素较多，主要有：

（1）风险因素。保险商品服务的具体内容是各种客观风险。风险因素存在的程度越高、范围越广，保险需求的总量也就越大；反之，保险需求量就越小。

（2）社会经济与收入水平。保险是社会生产力发展到一定阶段的产物，并且随着社会生产力的发展而发展。保险需求的收入弹性一般大于1，即收入的增长引起对保险需求更大比例的增长，但不同险种的收入弹性不同。

（3）保险商品价格。保险商品的价格是保险费率。保险需求主要取决于可支付保险费的数量。保险费率与保险需求一般成反比例关系，保险费率愈高，则保险需求量愈小；反之，则愈大。

（4）人口因素。人口因素包括人口总量和人口结构。保险业的发展与人口状况有着密切联系。人口总量与人身保险的需求成正比，在其他因素一定的条件下，人口总量越大，对保险需求的总量也就越多，反之就越少。人口结构主要包括年龄结构、职业结构、文化结构、民族结构。由于年龄风险、职业风险、文化程度和民族习惯不同，对保险商品的需求也就不同。

（5）商品经济的发展程度。商品经济的发展程度与保险需求成正比，商品经济越发达，保险需求越大；反之，则越小。

（6）强制保险的实施。强制保险是政府以法律或行政的手段强制实施的保险保障方式。凡在规定范围内的被保险人都必须投保，因此，强制保险的实施，人为地扩大了保险需求。

范例

保险营销员的经典话术②

理财渠道多了，为什么非要买保险？现在理财工具很多，作为一名保险营销员，如何说服准客户

---

① http://www1.open.edu.cn/modules/netcourse/bxxgl/public/faq/htm/10.htm

② 谢清顺．保险营销员的经典话术．中国保险报.2008-01-24

认同保险公司的产品，的确是一个新问题。大家知道，理财在社会上通常是由专门的机构团体来完成的，比如银行机构、证券机构等。很多年前，大家只熟悉银行，所以银行储蓄成为了最主要的理财渠道。近些年来，股票、期货、基金、黄金、外币、收藏等各种理财渠道纷纷出笼，开始的时候都需要大家有一个逐步认识的过程。保险也是如此，保险公司的理财型产品是什么？它是怎样运作的？它的特点是什么？需要营销员首先掌握，然后介绍给自己的准客户。

1．经典话术一

王先生：你不理财，财不理你，这个道理谁都懂。你看我这不是买了股票吗？为什么非要把钱放到你们保险公司呢？

营销员：王先生，购买保险主要的目的的确不是去直接赚钱，而是为了保障现有资产的安全。但是它也是我们理财的一个重要组成部分。您想呀，直接赚钱相当于往您资产的池子里灌资金流，而保险相当于帮助您堵住了因万一发生风险而资金流失的出口，只有这样双管齐下，您资产池子的“水”才能越积越多，理财的目的才能真正达到，您说是不是这个道理？

2．经典话术二

营销员：张阿姨，我们公司最近推出的分红型保险产品很不错。

张阿姨：我有个问题呀，人家说，要想投资赚钱，直接买股票或者基金，买保险公司的投资类产品等于绕弯子，你说他们说的有没有道理？

营销员：张阿姨，是这样的。股票是证券公司发行的，基金由基金公司发行，投资型保险产品是保险公司设计的。这三种投资渠道都是由机构运作的。股票风险最大，张阿姨您作为一个散户，又没有太多时间去关注宏观经济，投资股票我建议您还是要谨慎为好，投入资金的比例要严格控制。

张阿姨：谢谢你的提醒，股票我买的不多，主要是买基金。

营销员：这就好。基金相对风险要小一些。买基金就等于把钱交给了一个理财专家团队，让他们协助您去理财。

张阿姨：就是。那你让我买你们保险公司的分红保险是为什么？

营销员：您误会了。不是非让您买，是想向您介绍一下，好让您也有个比较。其实，保险公司经营分红产品的背后也有一个经验丰富的投资团队。在提供给保户保险保障的同时，保险公司的专家团队会将保户的这些资金本着安全第一的原则，按照国家的规定，在国家法律的保护下，通过购买基金、协议存款、中长期国家基础建设项目投资等多种方式进行投资运作，所得的收益按照合同约定再返还给保户。

张阿姨：这和买基金差不多似的。

营销员：我们卖的是保险。在争取保户资金收益最大化的同时，还自始至终发挥着保险的功能，这一点银行储蓄、股票、基金都是做不到的。所以说，我并不是让您不要买股票和基金，而是建议您要把保险和投资都兼顾起来，就像大家说的“鸡蛋不能放在一个篮子里”，理财要攻守兼备。

张阿姨：好，有道理。

3．经典话术三

赵先生：你说说，我买你的投资类保险道理在什么地方？

营销员：赵先生，我知道您已经在股票市场、基金、还有很多其他方面的投资上做了战略布局，就像足球赛即将开场，作为教练的您已经布置好了您的前锋和前场，但是，您没有考虑好后卫和守门员的人选，因为保险就相当于这些关键的防守位置，这样做的结果，如果是一场足球比赛，您输定了，如果是人生和事业，风险恐怕也非常大。您明白其中的意思了吗？

赵先生：明白了。

营销员：我们公司投资类保险恰好可以兼顾您保障和投资收益的双重需求。我建议您从攻防兼顾的角度思考您的投资理财架构，适度在保险这个防守点上加大投入，用投资类保险本身可能带给您的投资收益不断增加您的保险金额，扩充您的保障利益。

赵先生：好，我听你的。

业务工具

访问保险客户记录表

	姓名		种类		活动内容								拜访时间	促成可能	电话	地址
			初访	再访	接近面谈	赠送礼品	商品说明	送建议书	拒绝处理	促成	体验	客户服务				
今日拜访记录	1															
	2															
	3															
	4															
	5															
	6															
今日签单情况			件													
今日获准主顾名单			人													
今日获准增员名单			人													

单元五　网络营销训练

营销工作描述

随着上网人数的不断增长和互联网应用的迅速发展，网络营销已经成为以互联网为主要手段的一种新型营销手段，也与人们的日常工作和生活密不可分。作为营销人员，应该掌握基本的网络营销方法与工具，包括：

1. 在互联网上利用搜索引擎搜集营销相关信息。
2. 使用 Dreamweaver 或 Frontpage 制作简单的营销网站。
3. 通过 E-mail 方式进行网络营销。

实训目标

1. 了解网络营销在社会和企业中的地位和作用。

2. 掌握基本的网络营销方法和网络营销工具。
3. 能够从事简单的网络营销工作。

训练项目1　案例分析：沙溪国际休闲服装节[①]

训练目标

1．结合实际，理解网络营销的方法与手段。
2．感受网络营销作为一种新型营销手段，在市场营销中的重要作用。

案例与问题

客户背景简介：广东省中山市政府与中国服装协会、中国服装设计师协会联合主办的中山国际休闲服装节暨中国休闲服装博览会（ZSIC），自2000年、2001年连续举办两届之后，将于2002年10月25～28日在中国服装名镇、中国最大的休闲服装生产基地——沙溪再度举办。以“引领休闲时尚，共创发展商机”为主题的ZSIC2002，作为中国加入WTO后重要的国际休闲服装展会，以其权威性、专业性、规模性、国际性，受到国内外休闲服装界的广泛关注。ZSIC2002将为广大客商提供展示、订货、洽谈、信息交流等服务，在前两届20多个国家和港澳台地区共1600余家厂商参展的规模上，为广大客商打造更加广阔的市场。

客户需求目标：通过互联网让更多的国内外服装厂商及品牌服装经销商了解中山国际休闲服装节并参加这一盛大的展会，同时让更多的人了解中山的休闲服装产业，让沙溪和休闲服装产业通过互联网走向全国，全世界！

营销解决方案：中山在线网络营销部详细分析了组委会招商的需求，在服装节组委会招商时间短、任务重的情况下，对适合于这一招商工作的网络资源进行了细致的整理，确定了通过邀请函、搜索引擎和其他商界人气旺盛的网站全方位开展这一展会的网络营销。

具体操作如下：

1．通过电子邮件，在短时间内向全国1万多个服装企业和国外10多万个服装企业发出大规模的参展邀请信函。

2．选择了英文yahoo作为服装节组委会网站长期对外宣传的窗口，在英文yahoo里面成功地将这一网站登陆到China Guangdong Zhongshan B2B Convention and Trade Show Services这一相关的目录下面，并且使用关键字casual wear搜索出来的结果排在全球众多搜索结果当中的第二位。使用的关键字casual wear fair则在众多搜索结果当中排在第一位。

3．在国外众多知名商贸平台如Tpage、China-Exporter、Uslinkcn.com、Ecrobot，FITA、EURO PAGES、EC PLAZAEceurope.com等众多知名商业网站发布招商信息，并且不断

---

① 吕英斌，储节旺．2004．网络营销案例评析．北京：清华大学出版社，北方交通大学出版社

地发布相关的新闻，从多方面、多角度地在海外市场宣传这一盛会。

4．选择了百度竞价排名让国际休闲服装节这一盛会在互联网上快速传播。中山在线网络营销部选择了“服装”和“服装节”作为网站在百度传播的途径。

5．国内众多知名公告板如阿里巴巴等知名网站发布服装节招商信息和最新动态，并通过门户网站进行新闻发布，加大国际休闲服装节网站的知名度。

效果评估：通过英文yahoo和国外商贸平台找到服装节组委会网站的访问者，平均每天有100个左右网站中文版访问量最近已经突破320人/天。在工作全面开展后陆续收到不同地区的访客咨询。服装节的展会单是广东就有12个，在招展方面有一定冲击和有一定难度的，有相当部分广州的客户退了出来，但又有新的客户通过网站进来，目前，沙溪服装节招展形势喜人，690个展位已预订了680个。

供分析的问题如下：

1．沙溪国际休闲服装节网络营销方案中都运用了哪些网络营销方法？这些方法都分别发挥了什么作用？

2．结合案例分析网络营销的优势表现在哪里？

3．除案例中所采用的网络营销方式外，你认为还可以采用哪些方式？

4．请说明这个案例给你的启示是什么？

组织与要领

1．每人认真阅读分析案例，并写出发言提纲。

2．以营销团队或班级为单位组织讨论。

3．本案例分析的重点是对网络营销方法的选择与运用，从对网络营销优势的理解出发，结合自己的经验与思考，对网络营销的方法加以分析。

实训成果与考核

1．每个人的案例分析与发言提纲可作为一次作业，按照二分规则评定成绩。

2．根据班级讨论中的表现评定成绩，对每位发言者按照二分规则评定成绩。

训练项目2　网站营销

训练目标

1．了解网站营销的过程与方法。

2．熟悉Dreamweaver或Frontpage软件环境，并能制作一个简单的商业站点。

实训内容与方法

以个人为单位，每名学生根据要求创建一个简单的商业站点。最好能配合合作企业的业务需要，为其销售产品。

1．启动Dreamweaver或Frontpage软件。

2．新建一个站点。

3．在站点中新建一个主页，以产品名称作为主页名称，根据产品内容设计网页布局。

4．设计网页背景，在网页中插入文字、图像等内容。

5．插入一个表格，设置表格的边框、背景、格式等。

6．在主页中加入导航条，根据产品设计需要选择导航条的结构布局与内容。

7．在站点内根据导航内容，新建几个网页，对其结构与内容加以设计。

8．在表格中创建三类超链接，第一个链接到网站内的一个网页，第二个链接到外部网站，第三个与电子邮件链接。

9．调试站点，浏览网页，阅读 HTML 源代码。

10．以模拟营销团队为单位，每名学生在小组内演示自己所建网站，并陈述网站的构思、创建过程及特色之处，与其他组员进行交流；组员提出问题，演示人给予回答，其他组员根据演示人的演示与答辩给予评分。

11．必要时由班级组织各团队之间的交流。

实训要求与要领

1．教师列出若干营销商品（如手机、电脑、服装、汽车等），学生根据兴趣选择营销商品，一个团队要选择同一种商品。

2．选择一个自己熟悉的软件制作网站。

3．一个站点内的网页数量不得少于五个。

4．站点创建完成后，每组推选两个优秀网站在全班演示，并进行现场质询与评价。

实训成果与考核

1．创建的站点可作为一次作业，按照三分规则评定成绩。

2．根据站点演示与答辩情况，对演示者和质询者按照二分规则评定成绩。

训练项目 3　网络操作：E-mail 营销

训练目标

1．熟悉 E-mail 营销的方法与技巧。

2．学会利用 E-mail 和目录服务进行网络营销。

3．学会在邮件中插入文件、图像等内容。

4．学会单个发送及群发 E-mail。

实训内容与方法

接续上一个项目实施。

1．虚拟一个公司名称，每名学生作为公司的网络营销人员申请一个免费电子邮箱。

2．对产品通过邮件方式进行网络营销，书写一封邮件，在邮件中写入公司产品介绍和产品图样。

3．在邮件中粘贴三个附件，分别为Word文件、Excel文件和WinRAR压缩文件。

4．以营销团队为单位，将自己写好的邮件同时发送给本组的其他成员。

5．在收到同学发送的邮件后，回复其中的一封邮件。

6．以团队为单位，评价所收到的E-mail，对收发E-mail过程中所遇到的问题进行交流与讨论。

实训要求与要领

1．Word文件、Excel文件和WinRAR压缩文件由学生自己创建，内容自拟。

2．邮件发送给其他同学时，要求在邮件发送列表中同时列出各位同学的邮箱地址，一次性发送。

3．回复邮件时，自拟主题，并保留所收到的邮件内容。

实训成果与考核

1．邮件的发送与回复操作可作为一次作业，按照一分规则评定成绩。

2．小组讨论后总结E-mail营销的经验，作为一次作业，按照二分规则评定成绩。

训练项目4　网络操作：网站推广

训练目标

1．了解网站推广作为网络营销的一种方式，掌握网站推广的方法。

2．会在局域网或互联网上发布营销站点，随时更新网站内容。

实训内容与方法

每名学生在学校局域网内发布已经制作完成的网络营销站点。

1．在Frontpage环境中，打开需要发布的Web站点。

2．打开“文件”菜单，执行“发布站点”命令，在“指定发布站点的位置”文本框内输入Web服务器的URL。

3．确定发布网页的范围，单击“发布”。

4．在“用户名”、“口令”文本框内输入从ISP那里获得的用户名和口令，单击“确定”，即可发布站点。

5．同学之间互相访问已发布的网站。

实训要求与要领

1．局域网内的Web服务器要支持Frontpage 2000 Server Extensions。

2．由于是在局域网内发布，“用户名”、“口令”可从教师处获得。

3．涉及实际经营运作要取得合作企业的支持。

实训成果与考核

1．发布站点可作为一次作业，按照三分规则评定成绩。

2．按照二分规则，综合评价各团队及其成员的成绩。

知识链接

资料　网站推广的八种基本方法[①]

网站推广的实施是通过各种具体的方法来实现的，所有的网站推广方法实际上都是对网站推广工具和资源的合理利用。根据可以利用的常用的网站推广工具和资源，相应地，可以将网站推广的基本方法也可以归纳为八种：搜索引擎推广方法、E-mail 推广方法、资源合作推广方法、信息发布推广方法、病毒性营销方法、快捷网址推广方法、网络广告推广方法、综合网站推广方法。

网站推广的八种基本方法（常规网站推广方法）简介如下：

1．搜索引擎推广方法

搜索引擎推广是指利用搜索引擎、分类目录等具有在线检索信息功能的网络工具进行网站推广的方法。由于搜索引擎的基本形式可以分为网络蜘蛛型搜索引擎（简称搜索引擎）和基于人工分类目录的搜索引擎（简称分类目录），因此搜索引擎推广的形式也相应地有基于搜索引擎的方法和基于分类目录的方法，前者包括搜索引擎优化、关键词广告、竞价排名、固定排名、基于内容定位的广告等多种形式，而后者则主要是在分类目录合适的类别中进行网站登录。随着搜索引擎形式的进一步发展变化，也出现了其他一些形式的搜索引擎，不过大都是以这两种形式为基础。

搜索引擎推广的方法又可以分为多种不同的形式，常见的有登录免费分类目录、登录付费分类目录、搜索引擎优化、关键词广告、关键词竞价排名、网页内容定位广告等。

从目前的发展趋势来看，搜索引擎在网络营销中的地位依然重要，并且受到越来越多企业的认可，搜索引擎营销的方式也在不断发展演变，因此应根据环境的变化选择搜索引擎营销的合适方式。

2．E-mail 推广方法

以 E-mail 为主要的网站推广手段，常用的方法包括电子刊物、会员通讯、专业服务商的 E-mail 广告等。

基于用户许可的 E-mail 营销与滥发邮件（Spam）不同，许可营销比传统的推广方式或未经许可的 E-mail 营销具有明显的优势，比如可以减少广告对用户的滋扰、增加潜在客户定位的准确度、增强与客户的关系、提高品牌忠诚度等。根据许可 E-mail 营销所应用的用户电子邮件地址资源的所有形式，可以分为内部列表 E-mail 营销和外部列表 E-mail 营销，或简称内部列表和外部列表。内部列表也就是通常所说的邮件列表，是利用网站的注册用户资料开展 E-mail 营销的方式，常见的形式如新闻邮件、

① www.jingzhengli.cn/FAQ/2107.htm

会员通讯、电子刊物等。外部列表E-mail营销则是利用专业服务商的用户电子邮件地址来开展E-mail营销，也就是电子邮件广告的形式向服务商的用户发送信息。许可E-mail营销是网络营销方法体系中相对独立的一种，既可以与其他网络营销方法相结合，也可以独立应用。

3．资源合作推广方法

通过网站交换链接、交换广告、内容合作、用户资源合作等方式，在具有类似目标网站之间实现互相推广的目的，其中最常用的资源合作方式为网站链接策略，利用合作伙伴之间网站访问量资源合作互为推广。

每个企业网站均可以拥有自己的资源，这种资源可以表现为一定的访问量、注册用户信息、有价值的内容和功能、网络广告空间等，利用网站的资源与合作伙伴开展合作，实现资源共享，共同扩大收益的目的。在这些资源合作形式中，交换链接是最简单的一种合作方式，调查表明也是新网站推广的有效方式之一。交换链接或称互惠链接，是具有一定互补优势的网站之间的简单合作形式，即分别在自己的网站上放置对方网站的LOGO或网站名称并设置对方网站的超级链接，使得用户可以从合作网站中发现自己的网站，达到互相推广的目的。交换链接的作用主要表现在几个方面：获得访问量、增加用户浏览时的印象、在搜索引擎排名中增加优势、通过合作网站的推荐增加访问者的可信度等。交换链接还有比是否可以取得直接效果更深一层的意义，一般来说，每个网站都倾向于链接价值高的其他网站，因此获得其他网站的链接也就意味着获得了合作伙伴和一个领域内同类网站的认可。

4．信息发布推广方法

将有关的网站推广信息发布在其他潜在用户可能访问的网站上，利用用户在这些网站获取信息的机会实现网站推广的目的，适用于这些信息发布的网站包括在线黄页、分类广告、论坛、博客网站、供求信息平台、行业网站等。信息发布是免费网站推广的常用方法之一，尤其在互联网发展早期，网上信息量相对较少时，往往通过信息发布的方式即可取得满意的效果，不过随着网上信息量爆炸式的增长，这种依靠免费信息发布的方式所能发挥的作用日益降低，同时由于更多更加有效的网站推广方法的出现，信息发布在网站推广的常用方法中的重要程度也有明显的下降，因此依靠大量发送免费信息的方式已经没有太大价值，不过一些针对性、专业性的信息仍然可以引起人们极大的关注，尤其当这些信息发布在相关性比较高的网站。

5．病毒性营销方法

病毒性营销方法并非传播病毒，而是利用用户之间的主动传播，让信息像病毒那样扩散，从而达到推广的目的，病毒性营销方法实质上是在为用户提供有价值的免费服务的同时，附加上一定的推广信息，常用的工具包括免费电子书、免费软件、免费FLASH作品、免费贺卡、免费邮箱、免费即时聊天工具等可以为用户获取信息、使用网络服务、娱乐等带来方便的工具和内容。如果应用得当，这种病毒性营销手段往往可以以极低的代价取得非常显著的效果。

6．快捷网址推广方法

即合理利用网络实名、通用网址以及其他类似的关键词网站快捷访问方式来实现网站推广的方法。快捷网址使用自然语言和网站URL建立其对应关系，这对于习惯于使用中文的用户来说，提供了极大的方便，用户只需输入比英文网址更加容易记忆的快捷网址就可以访问网站，用自己的母语或者

其他简单的词汇为网站“更换”一个更好记忆、更容易体现品牌形象的网址，例如选择企业名称或者商标、主要产品名称等作为中文网址，这样可以大大弥补英文网址不便于宣传的缺陷，因为在网址推广方面有一定的价值。随着企业注册快捷网址数量的增加，这些快捷网址用户数据可也相当于一个搜索引擎，这样，当用户利用某个关键词检索时，即使与某网站注册的中文网址并不一致，同样存在被用户发现的机会。

7. 网络广告推广方法

网络广告是常用的网络营销策略之一，在网络品牌、产品促销、网站推广等方面均有明显作用。网络广告的常见形式包括：BANNER 广告、关键词广告、分类广告、赞助式广告、E-mail 广告等。BANNER 广告所依托的媒体是网页、关键词广告属于搜索引擎营销的一种形式，E-mail 广告则是许可 E-mail 营销的一种，可见网络广告本身并不能独立存在，需要与各种网络工具相结合才能实现信息传递的功能，因此也可以认为，网络广告存在于各种网络营销工具中，只是具体的表现形式不同。将网络广告用户网站推广，具有可选择网络媒体范围广、形式多样、适用性强、投放及时等优点，适合于网站发布初期及运营期的任何阶段。

8. 综合网站推广方法

除了前面介绍的常用网站推广方法之外，还有许多专用性、临时性的网站推广方法，如有奖竞猜、在线优惠券、有奖调查、针对在线购物网站推广的比较购物和购物搜索引擎等，有些甚至采用建立一个辅助网站进行推广。有些网站推广方法可能别出心裁，有些网站则可能采用有一定强迫性的方式来达到推广的目的，例如，修改用户浏览器默认首页设置、自动加入收藏夹，甚至在用户电脑上安装病毒程序等，真正值得推广的是合理的、文明的网站推广方法，应拒绝和反对带有强制性、破坏性的网站推广手段。

范例

中国珍珠粉产业的国际品牌——长生鸟的网络营销[①]

在 2003 年之前，珍珠粉市场由于没有龙头企业的引领，处于诸侯混战的局面，残酷的价格战，使经营者已无利润，造假者蜂拥而起；有人用贝壳做珍珠粉，有人用滑石粉做珍珠粉，消费者对这个行业早已失去了信心，一斤珍珠粉，竟然只卖到几十元钱！一个前景广阔的产业，顷刻间毁于一旦。在长袖善商的浙江，没有人认为，谁能在这一片市场废墟上，重建人们对使用珍珠粉的信心大厦。

“珍珠粉市场已经做烂了！”很多人发出痛苦的哀叹。然而，最为痛心疾首的还是当地养珠的农民，因为卖不上价钱，满大街都是低档珍珠，在人们眼里，高贵而神秘的珍珠，竟然像大米一样随地堆放。

消费者信心的丧失，对一个行业来说，意味着灭顶之灾，众多的企业家对珍珠粉的开发，避之唯恐不及。然而，就在此时，祖籍浙江诸暨，上海复旦大学博士毕业的阮华君却高调宣布：进行珍珠粉的开发，投资创办浙江长生鸟。

2003 年，长生鸟通过长期科技攻关，成功地开发出国际首创的纯物理法超细粉体技术，探索出一套既能保证珍珠成分的全天然性和完整性，又可有效提高珍珠粉被人体的肠胃或皮肤吸收率的全天然

① www.tinlu.com/n3856c44.aspx

纳米珍珠粉的制备方法，解决了传统珍珠粉吸收率差或珍珠有效成分被破坏的弊端。同年 8 月，全天然纳米珍珠粉通过了浙江省科技厅组织的成果鉴定，由三名中科院院士组成的专家组一致认为该产品技术工艺处于国际领先水平。

携有高科技“利剑”的阮华君，自然不愿意去参加价格惨烈的红海竞争，由于没有可以匹敌的竞争对手，他一步跨入了蓝海领域。每公斤珍珠粉 2500 元！优质优价，对于市场上任何一个国际名牌来说，都是通行的准则，而如果放弃了这样一个原则，就等于放弃了对品牌价值的追求。在第一次就以数千元的高价元卖出了 30 公斤的珍珠粉后，诸暨人都十分佩服这个能将珍珠粉升值到原先 125 倍的阮博士。

然而正在十分鼓舞人心，并想着进军中国台湾、中国香港、东南亚展翅高飞的时候，阮博士的笑容越来越少，越来越僵。

因为卖出了那 30 公斤珍珠粉后，博士就再也没有开张过。他在当地连发了十多篇推销文章，在大大小小的街道上竖满了广告牌，免费送给别人试用，到最后，博士亲自出马推销，东南亚、欧洲、美国，最后连非洲也去了，一次次的辛苦换来的却是一次次的失望。

然而，命运就在这一瞬间，却因为一个偶然的事件，悄悄地发生了改变。

有一天，一个员工突然跑过来告诉他一个消息：有一个顾客通过企业的网站购买了 2000 元的珍珠粉。听到这个消息，博士不禁心中一动。心想，现在公司的营销模式都是基于传统的卖场，或者是商场的专柜，或者是自营的专卖店，这样的销售渠道成本高昂，使得初创企业无法迅速开拓市场。因此公司的营销模式需要创新，而这个网络营销模式是否可以改变现状呢？

互联网最大的特性就是透明而公开，信息传播速度非常快，如果产品没有优良的品质做保证的话，消费者就不会被持续地欺骗下去，也不会持续购买你的产品。

但是，作为第一个纳米珍珠粉的生产者，阮华君对自己的产品充满了自信，他要把互联网的双刃剑变成单刃剑，变成企业腾飞的翅膀。阮华君聘用专人在互联网上，与消费者对话，在解答消费者疑问的同时，也进一步了解消费者的需求。

于是，阮华君把所有的宝都押在了网站上，不要卖场，不要专柜，也不再满世界地赔本赚吆喝了，现在，就守着这个网站不出去了，果不其然，网上的销售逐渐多了起来。博士一不做二不休，索性把企业的网站改造成购物网站，博士甚至每天亲自在网上回答客户提出的问题。就在他几乎忘掉地推广的时候，突然接到了一个消息。

2005 年年底，一个有着两千多家医药连锁店的海王星辰公司，要买长生鸟的珍珠粉。虽然这个消息极具诱惑力，不过，阮博士在这个大公司面前依然坚持着自己的价格底线。在谈妥条件后，从此阮博士的长生鸟公司开始跟大型连锁企业进行合作。而让整个公司兴奋的事是，第一张单子就是 120 万元，这一天，离阮博士建厂的日期足有两年的时间了，而与上一次单子的间隔时间也有一年半的光景，同时阮博士还收到了当地政府领导和弟弟的祝贺。

在阮华君看来，长生鸟之所以成功，是因为自己始终有一个执着的梦想，更重要的是，探索出了一个传统企业创新的经营模式。现在，长生鸟公司的产品是网上珍珠粉第一品牌，销量占了珍珠粉品类 70%，借助网上的销售，阮华君成功地打开了地面销售，很多经销商，通过网络认识了企业，并最

终购买了公司的产品。

阮华君终于用自己的行动，重新树立了人们对诸暨珍珠粉的信心。把一个已经做烂了的市场，做出了最高的品位。目前，长生鸟产品已经在世界近 20 个国家和地区销售，顾客满意度始终保持在 99%以上。然而阮博士则谦逊地说道，正是长生鸟顾客所给予的高度评价和期望，才能使得长生鸟持续改进，不断完善，努力为更多的人带去健康、幸福和欢乐。

参 考 文 献

包政，吴春波，彭亚拉．1994．现代管理．制度·程序·方法·范例全集（市场营销卷）．北京：中国人民大学出版社

单凤儒主编．2005．营销心理学．北京：高等教育出版社

单凤儒著．2008．管理学基础．北京：高等教育出版社

付亚和，许玉林．1994．现代管理．制度·程序·方法·范例全集（劳动人事管理实务卷）．北京：中国人民大学出版社

刘艳良．2009．市场营销基础．北京：科学出版社

张海英．2009．企业营销实务．北京：科学出版社

张艳玲．2009．商场销售实务．北京：科学出版社

中国就业培训技术指导中心组织．2006．营销师国家职业资格培训教程．北京：中央广播电视大学出版社